LEONARDO DA VINCI
Y LOS PROFETAS DEL RENACIMIENTO

Édouard Schuré

LEONARDO DA VINCI Y LOS PROFETAS DEL RENACIMIENTO

Dante · Rafael · Miguel Ángel · El Correggio

EDICIONES ABRAXAS

Título original:
Les prophètes de la Renaissance

© 2007 by Ediciones Abraxas

Traducción:
Loto Perrella
Infografía y diseño de cubierta:
Vanesa Diestre

La presente edición es propiedad de
Ediciones Abraxas
Polígono Industrial Ca N'Oller
c/ Menorca, 4 - Planta 2
08130 - Santa Perpètua de Mogoda
Barcelona (España)

Impreso en España/ Printed in Spain
ISBN: 978-84-96196-92-6
Depósito legal: B-21.600-2007

Impreso en:
VALLESTEC, S.L.
C/Lisboa, nº 8
08210-Barberà del Vallès
Barcelona

¡Italia! ¡Italia! Tierra de renacimientos,
donde el fénix de la Belleza renace
de sus cenizas.

Prefacio

La gran conmoción de la guerra de 1914-1918 se ha acabado con la victoria clamorosa de la Libertad y del Derecho. La sacudida eléctrica que ha acompañado esa formidable lucha ha conmovido todas las conciencias e iluminado todos los valores intelectuales y morales de la humanidad, haciendo clarear un nuevo día. No se puede evitar identificar una ola inmensa de vida espiritual que recorre el globo y muestra su carácter de fenómeno mundial. Por ello mismo hace presagiar una transformación tan radical y tan universal de la humanidad como la que siguió al advenimiento del cristianismo.

Con la llegada de Cristo, en el profeta sublime, en el más grande hijo de Dios, tuvo inicio la ola de esa transformación. El fin de su revelación fue el de inculcar en los hombres la idea de la fraternidad con un sentimiento a la vez más profundo y más inmediato de lo Divino. Hoy, el nuevo movimiento espiritual ha tomado como centros de expansión las almas nacionales de los pueblos con el objeto de conducirlos a una comprensión más íntima de sus relaciones psíquicas, y de crearles nuevos órganos sociales. La guerra europea de las naciones, que también podríamos llamar la guerra de los dos mundos, ya que Estados Unidos ha tenido una participación tan brillante, y todavía más porque fue la guerra de dos mundos eternamente enfrentados, de dos fuerzas eternamente contrapuestas, en la tierra como en el cielo, de la Libertad contra la Opresión, del Amor contra el Odio, del Bien contra el Mal, esta guerra mundial, en el sentido múltiple, absoluto y trascendente de la palabra, ha sido en verdad una llamada a las conciencias de todos los pueblos.* Porque todos, grandes y pequeños, se encontraron en la necesidad de remontarse a las fuentes, de hacerse conscientes de su propia originalidad, de medir sus fuerzas materiales y morales, de formular su derecho a la vida. Pero para justificar ese derecho al mismo tiempo tuvieron que tomar conciencia de sus obligaciones hacia los demás, es decir tener presentes los objetivos universales de la humanidad, reconocer sus diferentes papeles y destinarles sus categorías de colaboradores.

La Revolución francesa, y antes que ésta la Revolución inglesa, ya habían proclamado *la libertad individual.* La guerra de las naciones ha proclamado de un solo plumazo *la libertad de los pueblos* y *la solidaridad humana.*

En esta cruzada heroica, en la que Francia tuvo el soberbio papel de corifeo y de timonel, ¿cuál es el francés cuyo pensamiento no habría corrido primero al destino de su patria y al enigma de su alma cuando se estaba gestando un nuevo ideal? Ese fue mi caso así como el de todos los que estuvieron implicados en esa lucha. Más de una vez, ante el embate de emociones angustiosas por la lucha de gigantes, donde la estrella de Francia tan pronto parecía estar en lo más alto como asomándose al abismo, me sentí tentado de esbozar una historia del *Alma celta* a través de las épocas, para intentar bañarme, como en un manantial de juventud, en nuestras fuentes originales. Renuncié provisionalmente a ese sueño temerario, no sólo porque me agobiaron las innumerables dificultades y la inmensidad de la tarea, sino sobre todo por una consideración

---

* Se refiere a la Primera Guerra Mundial. [T.]

primordial. ¿Es posible, me planteé, comprender la quintaesencia del alma francesa sin haber comprendido, penetrado y definido en primer lugar el *Alma latina*, que es uno de sus factores esenciales?

Cuanto más reflexionaba sobre este problema, tanto más se me hacía evidente la primacía de Italia en la educación de Europa. En efecto ¿no fue Italia por tres veces la institutriz de la civilización desde el advenimiento de la era cristiana? Lo fue una primera vez gracias a la Roma antigua, que transmitió a los pueblos del Norte la quintaesencia de la civilización grecolatina. Lo fue una segunda vez por la influencia soberana de Roma como metrópolis del cristianismo en Occidente. Lo fue una tercera vez, con energías redobladas, por el Renacimiento, que restauró el culto de la belleza perdido y desprestigiado en la Edad Media, y que, de un solo brochazo, reveló al mundo un arte nuevo, el arte heleno-cristiano.

Quise profundizar en el tema zambulléndome en los grandes maestros del Renacimiento italiano, a los que añadí como precursor a Dante, el mayor genio de Italia y el más universal. De esta manera hice revivir en mí las obras maestras arquitectónicas, plásticas y pictóricas de esos genios maravillosos, a la sombra de los cuales con anterioridad había escrito las páginas capitales de mis *Grandes Iniciados*, y comprendí mejor que nunca la importancia soberana que el Renacimiento italiano había tenido para el mundo moderno.

Su síntesis en efecto no es sólo una síntesis plástica de arte y de belleza. Es además el preludio necesario de la renovación filosófica, social y religiosa que es la obra de nuestro tiempo y del próximo ciclo humano. Si miramos al fondo de las cosas veremos lo siguiente. La síntesis heleno-cristiana, que devuelve sus derechos a la ciencia independiente, al pensamiento libre, a la inspiración individual, cumple sin saberlo ni quererlo *un trabajo prometeico y luciferino*. El Renacimiento remata esta obra audaz en el centro mismo de la metrópolis cristiana, en el corazón del Vaticano. Lo hace de manera ingenua, tranquila, sin quebrantar las bases esenciales del cristianismo, pero añadiéndole un montón de fermentos nuevos.

Bajo este punto de vista, nos damos cuenta de que detrás del Renacimiento se esconde un número de Ideas Matrices que lo esclarecen y vivifican, como la luz oculta detrás de las imágenes pintadas de una linterna mágica o de un cine animan y hacen mover las figuras cambiantes que el objetivo proyecta sobre la tela o sobre la pantalla. Esas Ideas Matrices brillan también sobre nuestra época bajo formas muy distintas y hacen surgir todo tipo de fenómenos imprevistos. En su conjunto se puede ver la aurora del mundo, donde la idea prometeica y la idea cristiana, reconciliadas y unidas la una a la otra, marcharán al paso. Se presiente ahí una época en la que Cristo, después de impregnar completamente la humanidad, y Lucifer, levantado después de su caída, reinarán fraternalmente sobre los hombres.[1] Es el hogar incandescente de esa luz ardiente que he buscado detrás de las soberbias evocaciones mitológicas lo mismo que detrás de las fulgurantes apoteosis cristianas del Renacimiento.

Enumeraré aquí las ideas principales que se hallarán más ampliamente expuestas y desarrolladas en los últimos capítulos de este libro.

1. *La unidad constitutiva del Universo y del hombre (del macrocosmos y del microcosmos)*, por su estructura íntima y por sus correspondencias profundas. Esta ley nos muestra en el ser humano un extracto maravilloso, un minúsculo pero vivo espejo del Cosmos que refleja y reproduce, en grande y en pequeño, física, moral y espiritualmente. Una relación magnética une cada parte del hombre a la parte correspondiente de nuestro mundo planetario y del Cosmos, aunque los tres estén ligados mientras evolucionan diversamente y por separado. Gracias a esta idea el dicho apolíneo del templo de Delfos: «Conócete a ti mismo» y las palabras del Gé-

---

1 Lucifer, que no se ha de confundir con Satán-Ahrimán, como se hace habitualmente, en el mito cristiano tiene el papel de Prometeo.

nesis: «Dios creó al hombre a su imagen» se explican recíprocamente y abren en los dos sentidos unas perspectivas inmensas.

2. *La ley de las metamorfosis, de los renacimientos y de las reencar-
naciones*, que con sus variadas modalidades se aplica a los astros
lo mismo que a los pueblos y a las almas. Es la gran ley de la evolución, vista desde el lado espiritual. Este aspecto nuevo amplía
también en proporciones infinitas el concepto de la evolución
puramente física y material, tal como la entiende la ciencia de hoy.

3. *El misterio del Eterno Femenino*, que se abre y resplandece por
las manifestaciones y las cristalizaciones sucesivas del Alma del
Mundo, en la luz astral, en la Virgen Madre del Verbo divino, en
la Madona y en la Mujer inspiradora (tanto si se llama Beatriz
como Gioconda). En esta el principio femenino, de haber sido
exclusivamente pasivo y receptivo, se vuelve activo y creador por
la intuición y el amor consciente.

Veremos como esas ideas evolucionan y resplandecen de maneras
diversas en los cinco grandes corifeos del Renacimiento y en sus
cinco Musas. Porque cada uno de ellos tuvo su Amada y su
Inspiradora. Dante tuvo a su Beatriz, Leonardo a su Mona Lisa,
Rafael a su Desconocida, Miguel Ángel a su Vittoria Colonna y
Correggio a su Girolama. Cada una de esas parejas tiene su ritmo
particular y su nota personal, que a veces da una especie de diso-
nancia respecto a su vecina. Y sin embargo de su conjunto se desprenden una belleza y una música maravillosas. Es por turnos una
armonía de ultratumba similar a una cantata de Palestrina, o una visión deslumbrante, llena de dulzura y de majestuosidad, sobre la
cual se cierne la paz del empíreo.
    En cuanto a los cinco genios de primer orden de los que he
hablado, ni de lejos he mostrado todas sus caras, son demasiado

numerosas. Esos colosos del Renacimiento superan en mucho su propia nación y su propio siglo. Se salen del marco del espacio y del tiempo. Me he esforzado aquí por presentarlos por encima de las modas pasajeras, fuera del patriotismo local y nacional y de contemplarlos únicamente bajo el ángulo de lo Eterno, *sub specie aeterni*.

***

Así, de una manera imprevista y completamente involuntaria estas páginas dan forma a la idea primitiva y pronto abandonada de dar una continuación a los *Grandes Iniciados* y a la *Evolución Divina*, escribiendo un libro sobre la evolución esotérica de la humanidad después de Cristo. Porque las subcorrientes espirituales tienen en la historia el mismo papel que *las intenciones ocultas* en la vida del hombre. Éstas dominan al individuo y lo conducen a su pesar, de la misma manera que las subcorrientes determinan los grandes acontecimientos históricos. Estas corrientes y estas ideas se ven reflejadas en una gama maravillosa en el prisma del Renacimiento.

Hoy se prepara un nuevo Renacimiento, que será, creo yo, una verdadera Resurrección. Porque en vano los carceleros del alma humana, los ateos de todo tipo, hábilmente camuflados y enmascarados, que presumen de su miopía para asumir una superioridad dudosa, han organizado hasta hoy la conjura del silencio alrededor de las Ideas Matrices del espiritualismo que renace y abarca la totalidad. De nada les servirá multiplicar las tuercas de su ciudadela y elevar los muros que impiden que entre la luz. El río impetuoso de los deseos y de las voluntades arrasará todas las barreras. Librará a Aquella que ellos encierran para explotarla según sus intereses y devolverá la libertad de volar y la profundidad del cielo a su prisionera: la divina Psique.

París, mayo de 1919.

CAPÍTULO I

ROMA A VUELO DE PÁJARO CRISTIANIZACIÓN DE ITALIA EN LA CIUDAD ETERNA

¡Oh Roma! ¡Mi patria! ¡Ciudadela del alma!
Byron

A pesar de las peripecias extraordinarias y de la aparente confusión de sus gestos contradictorios, ninguna historia muestra una unidad más grandiosa que la de Italia, con sus eclipses totales y sus fulguraciones deslumbrantes. Si la estudiamos de manera fragmentada, esta historia parece disparatada y tumultuosa. Vista en conjunto, desprende una síntesis poderosa.

Esta unidad en la variedad la hallamos manifestada y como petrificada en la arquitectura de la capital, en esta ciudad de Roma, donde hay tres mil años de historia convertidos en piedra, pero presentes y todavía sugestivos en las ruinas y los monumentos de una elocuencia imperiosa.

Echemos un vistazo a los grandes aspectos de la Ciudad Eterna, antes de crearnos una imagen del alma italiana con un resumen de su evolución.

***

Toda la Roma pagana se agrupa, atenta y concentrada, alrededor del Monte Palatino, ese altivo guardián de las siete colinas, cada una de las cuales es como otra cara del alma romana y un fragmento de su historia. Erigida entre el Foro y el Coliseo, frente a la inmensa campiña romana, este conglomerado de construcciones superpuestas forma la ciudadela más colosal e imponente. Sin embargo no da la impresión de ser desproporcionada respecto a su entorno. Es simplemente el centro legítimo del cuadro histórico más grandioso.

El monte, cargado de crímenes y de gloria, tiene como base la *cloaca massima* construida por Tarquinio. En su base oculta el supuesto sepulcro de Rómulo y la gruta legendaria de su loba nodriza. En su cima tiene palacios suntuosos, con columnatas de jaspe y pórfido, con capiteles dorados, que sirvieron de morada a más de sesenta césares. Unas rejas formidables protegen la entrada de la ciudadela imperial. En sus entrañas están excavadas las prisiones siniestras en las que se cometieron tantos asesinatos. En el palacio de Augusto está disimulado, aún intacto, el dormitorio donde la emperatriz Livia recibía a Ovidio. Sobre las paredes de esta habitación íntima, un fresco admirablemente conservado muestra al acogedor Mercurio que le anuncia la llegada de Júpiter, mientras que Argos, enviado por Juno, los vigila con mirada sospechosa y lasciva. Desde la pendiente del Monte Palatino se observa todo el teatro de la historia romana: el Capitolio, donde cientos de triunfadores subieron a recoger los laureles considerados casi divinos, y en sus flancos la roca Tarpeya, desde donde fueron arrojadas tantas víctimas ilustres. La fortaleza de los emperadores domina a pico el Foro del pueblo, donde en comicios tempestuosos se creaban tribunos y cónsules. Se ven las columnas rostradas, desde donde hablaban los Graco y Cicerón, Julio César y Bruto. Entre las columnas truncadas del templo de Vesta una vestal de mármol, con los brazos cortados y el gesto adusto, parece meditar aún sobre el destino de Roma. Un poco más lejos se levantan las ruinas formidables del Coliseo, el circo gigante, modelo de todas las arenas del mundo, donde los gladiadores de todas las naciones luchaban entre ellos y con los animales feroces ante trescientos mil espectadores. No lejos de este monumento colosal de la fuerza y la grandeza de Roma, los arcos de triunfo de Tito y de Constantino parecen pequeños y casi aplastados.

Estos son los restos fósiles, pero elocuentes, de catorce siglos de tormentas humanas. ¿Qué relato, qué libro, podrá compararse a este resumen de piedra de una historia, que es ella misma el resumen de la historia de tantos pueblos?

Vayamos ahora a la terraza de Domiciano que corona el monte Palatino. Contemplemos desde allí el paisaje inmenso que se extiende alrededor de la ciudad, y luego intentemos abarcar el horizonte con una sola mirada. Ahí tenemos ante los ojos todo el Lacio, de donde salieron los conquistadores del universo. Más allá de la campiña romana, desierta y atravesada sólo por acueductos, el ojo lo recorre siguiendo el majestuoso semicírculo de las montañas, de delicados matices malva o azulados, desde los montes Sabinos, donde se ocultan el templo de la Sibila, las cascadas del Anio y la casa de Horacio, hasta los salvajes montes Volscos, donde el tránsfuga Coriolano vino a morir, apuñalado por la Némesis de Roma, en el hogar mismo de los enemigos de su patria. En el medio del arco de círculo formado por ese vasto panorama de montañas se elevan los montes Albanos. Apenas se distinguen las casas de Frascati y de Albano, la antigua Alba Longa, abuela y rival de Roma. En el flanco de esa cima majestuosa, se acurruca la casa de campo de Lucio Cornelio Sila y de Cicerón, cerca de un pequeño y encantador anfiteatro cavado en la montaña. Allí se pavonea la espléndida villa Aldobrandini, desde donde la Roma lejana no parece más que un conjunto de túmulos coronados por algunas cúpulas. Desde la misma Roma no se ven todos esos monumentos clásicos, pero sus imágenes sobrevuelan las lejanas fortificaciones del Lacio y conforman casi un cinturón de recuerdos sagrados. Bajo la vasta bóveda del cielo romano, de un azul más luminoso y más profundo que los demás cielos, todo habla de fuerza y de dominación en una armonía suprema. Y se comprenden las palabras de Dante: «Roma es el lugar escogido por Dios para el gobierno del mundo».

Desde allí atravesamos una parte de la ciudad, salimos de sus murallas por la Vía Apia, y para ver *la otra Roma* bajamos a las catacumbas de San Calixto, pasillos interminables y oscuros panteones que recorremos a la luz de los cirios. En las tinieblas reina el silencio de los muertos. Pisamos osamentas, tumbas de mártires. Cabezas exangües de Cristo, pintadas en las paredes, miran con una expresión estupefacta. Este fue el refugio y el templo de los primeros cristianos. Pero de esas grutas fúnebres salió el cristianismo que iba a conquistar el universo. Las fortalezas, los palacios y los templos paganos iban a derrumbarse ante los apóstoles que al principio se escondían en esos subterráneos malditos. Fuerza del Alma y triunfo del Espíritu. ¿Qué otra ciudad podría darnos tal lección de las cosas? Pero, para ver ese cristianismo finalmente triunfante, subamos a la explanada de San Pedro. Si el interior de la basílica abruma por la enormidad de sus proporciones, por su esplendor dorado y pontifical, el techo del edificio oprime todavía más por su grandeza zafia y toda apostólica. Los peregrinos que se pasean por esta explanada parecen hormigas al lado de los doce apóstoles gigantes alineados sobre la rampa del techo. En medio de ellos el Cristo colosal que sostiene la cruz los supera en medio cuerpo. Roídos por el viento y la lluvia, negros, barbudos, casi en andrajos por el desgaste de los siglos, el Maestro y sus discípulos de Galilea miran la ciudad de Roma que se extiende a sus pies y cuyos innumerables caserones que atestan las siete colinas, desde aquí no parecen más grandes que setas. Éstos son los nuevos triunfadores. Y sin embargo esos colosos no triunfan. Humildes, tristes y poderosos, invitan a las generaciones que se suceden en la Ciudad Eterna a la penitencia y la expiación.

Si queremos tener de manera improvisa la sensación fulgurante del genio del papado y de su historia, habremos de visitar Castel Sant'Angelo.

Desde el puente Sant'Angelo, adornado por una serie de ángeles de mármol, aparece el enorme bastión circular que el emperador Adriano hizo construir para que le sirviera de tumba. Ese mausoleo gigantesco se convirtió en la fortaleza que domina la ciudad de Roma con su corona de matacanes. Primer símbolo: el poder espiritual se desliza en el formidable caparazón del poderío romano y se instala como dueño. Y ¡de qué manera ese símbolo queda definido en las entrañas lóbregas de ese temible torreón! Primero en la cámara mortuoria, la cabeza colosal de Adriano (el único resto de su estatua gigantesca, destrozada por los bárbaros), cabeza hueca en la que casi podría caber un cuerpo de guardias. Luego las mazmorras donde eran arrojados los prisioneros; luego el camino circular por donde podían subir los caballos; luego el camino que sube recto, detrás de una puerta flanqueada por cañones. Es el que construyó Alejandro VI Borgia. Por encima de los calabozos tenebrosos conduce a la estancia lujosa del papa, decorada con los frescos voluptuosos pintados por Julio Romano sobre los dibujos de Rafael y que representan la historia de Psique. Furtivamente el renacimiento griego se acurruca en el antiguo mausoleo de un emperador romano, transformado en torreón feudal y convertido en la ciudadela de los grandes pontífices de la cristiandad. En el piso superior se llega a la *loggia** del papa Julio II, que domina el Tíber a pico. Desde allí el papa guerrero, el imperioso y magnífico protector de Bramante, de Rafael y de Miguel Ángel, podía contemplar como un amo su ciudad y sus dominios, sus creaciones y su criatura. Pero es también desde allí que uno de sus sucesores, el papa Clemente VII, pudo ver el

* El término *loggia* indica aquí una terraza cubierta que comunica con el exterior con uno o más lados abiertos y sostenidos por columnas. [T.]

saqueo de Roma, puesta a sangre y fuego por las hordas de lansquenetes lanzados contra él por Carlos V, y estremecerse de horror al
ver cardenales arrastrados sobre el empedrado por la soldadesca
teutona. Reflujo terrible de las fuerzas desencadenadas por el
poder espiritual utilizando los instrumentos del poder temporal.
Contragolpe de un pasado lejano que fue el reverso de Canossa.
Si, asomados al vacío en el balcón de la *loggia* de Julio II, recor-
damos esas escenas de terror y de carnicería, el Tíber tortuoso,
encajado entre sus orillas verdeantes, llevando sus aguas amarillas
entre los palacios y las chabolas, se antoja un río maldito de la ciudad infernal de Dante, que rodea una prisión de condenados.

Pero subamos la estrecha escalera situada sobre el techo circular del siniestro torreón, y todo cambia de aspecto. Como por
arte de magia un cuadro maravilloso se extiende ante nuestros ojos.
Aquí, la Roma del Renacimiento se nos aparece de repente en toda
su grandeza y en toda su serenidad. Al centro de la terraza redonda, sobre un pedestal que parece él mismo un pequeño torreón, se
levanta un coloso blanco, san Miguel Arcángel enfundando su
espada. A derecha e izquierda pirámides de bolas de cañón de
mármol blanco, que antaño sirvieron para la defensa del castillo,
duermen el sueño de las piedras después de su pasado heroico.

Pero observemos el panorama circular. Las siete colinas, sobre-
edificadas y sobrepobladas, ondulan armoniosamente. El conjunto
de la ciudad forma un revoltijo de casas de color ocre, alegradas
aquí y allá por jardines con sus terrazas de palmeras y de pinos
marítimos. Por encima emergen las masas sombrías de los palacios,
como naves inmóviles llevadas por un océano petrificado. Aún más
arriba se levantan las iglesias con sus cúpulas elegantes, todas imitando la de San Pedro, que las supera con su cúpula majestuosa y
las mira de lejos como un pastor que observa a su rebaño.

En todos esos edificios, e incluso en los movimientos del
suelo, hay una especie de deseo secreto, como una emulación para
elevarse a la altura de la cúpula dominante. El Palatino, el Pincio

y el Janículo encuadran la gran metrópolis con sus orlas de verde
y de cipreses. El sol de Roma juega sobre la ciudad con mil reflejos y penetra en todos sus rincones, al igual que satura el cielo resplandeciente con su luz.

Una sensación sintética pero superficial del Renacimiento.
Aunque recorriéramos los museos del Vaticano y del Capitolio,
los tesoros de las villas con sus cenadores poblados de estatuas,
saludáramos a los Dióscuros del Quirinal, domadores sobrehumanos de caballos gigantescos corcoveando sobre sus colinas, nos
detuviéramos en las fuentes burbujeantes que los dioses de mármol siempre jóvenes vierten sobre las plazas públicas, no tendríamos la medida de las riquezas inagotables de esta Roma del
Renacimiento. Parecería que las sombras ilustres de esta época
memorable entre todas, donde se consuma el primer maridaje
entre el cristianismo y la Antigüedad, se hayan citado sobre la plataforma del Monte Pincio, entre Villa Borghese y Villa Médicis.
Porque se rozan, por cientos, sus bustos mezclados con los de
todos los grandes hombres de Italia. Nos paseamos con ellos a la
sombra de esos robles verdes, de esas adelfas y de esos arrayanes,
desde donde se goza de la vista más suntuosa sobre la ciudad y
donde podemos sumergirnos en la sonrisa de Roma.

Pero desgraciadamente no podemos entretenernos. El tiempo corre a velocidad vertiginosa, los siglos aceleran su movimiento y nos arrastran. Allá abajo, frente a nosotros, al otro lado de la
Ciudad-Matriz, el Janículo cierra el horizonte. En la más alta de
las siete colinas, hoy cubierta con numerosas villas, en tiempos
de la Roma antigua se levantaba el templo de Jano, el dios con dos
rostros, uno de ellos mirando al Oriente y el otro al Occidente, el
pasado y el futuro del mundo. Las puertas de ese templo permanecían cerradas en tiempos de paz y sólo se abrían en los días de
guerra, cuando las puertas del tiempo se apartan y nuevos efluvios
de la Eternidad irrumpen en el presente. De este a oeste cruzamos

la ciudad con un golpe de ala y llegamos a la cima del Janículo, donde nos atrae el monumento histórico en el que culmina la Italia del siglo XIX. La estatua ecuestre de Garibaldi nos ofrece la imagen viva del *Risorgimento*. Es la Italia nueva, la Italia del norte, ligur, celta y piamontesa, que vuelve a apoderarse de la Roma antigua... y esta vez de manera definitiva. El general intrépido y en calma tiene la cabeza ligeramente inclinada y mira de lado. Sin énfasis, su rostro de soldado valiente y su frente pensativa, rostro de león humano, lleno de fuerza y de dulzura, de una mansedumbre inconmovible, contempla Roma sin sorpresa y sin orgullo. La saluda como la capital de la patria de la que ha defendido la unidad con ese sentimiento infalible del deber que le hizo decir: *¡Roma o morte!* Roma o la muerte. En la parte frontal del zócalo una tropa de garibaldinos se lanza con sus bayonetas por delante, como si el pensamiento del general libertador los hiciera brotar del pedestal. A sus pies se extiende en su inmensidad la Ciudad Eterna, que ellos contemplan por primera vez. Detrás de ellos la imaginación evoca todos los héroes del *Risorgimento*, pensadores y poetas, mártires de las prisiones y de los campos de batalla, de Silvio Pellico a Cairoli, de Mazzini, el cerebro organizador, a Garibaldi, la espada liberadora, del adalid incansable que sacudió el alma italiana de su entumecimiento al vencedor persuasivo que le devolvió su tierra y su capital.

La Roma antigua conquistó Italia. La Italia moderna ha reconquistado Roma y de esa manera ha puesto el sello a su unidad.

Así, para quien los recorre con una mirada circular, los más violentos contrastes de Roma se matizan y se funden en una armonía grandiosa que retumba como una llamada a una síntesis intelectual.

El aspecto y la imagen de Roma nos han mostrado una cristalización de Italia en un escorzo monumental. Es el resultado de tres mil años de pensamientos y de luchas, condensados en un relieve plástico. Esta evolución del alma italiana hay que considerarla ahora en su historia recorrida a grandes zancadas, deteniéndonos sólo en las cimas que marcan el apogeo de sus impulsos y las paradas de su vuelo.

Pero frente a esta Roma al mismo tiempo contradictoria y sintética, intentemos en primer lugar captar la idea maestra de esta evolución, porque la impresión total de Roma nos da la clave. El alma italiana ahonda sus raíces en el suelo y en el alma de la Roma antigua, pero se trata de una planta de otra semilla, diferente en esencia y en frondosidad, porque el pueblo italiano se parece tan poco al pueblo romano como un laurel a un roble, o la vid trepadora al olmo que le hace de soporte. Y a pesar de ello, el suelo latino y la patria romana transmitieron a la Italia de la Edad Media, luego a la Italia del Renacimiento y finalmente a la Italia de los tiempos modernos, esa idea que por una serie de ampliaciones, de fecundaciones y de metamorfosis anima toda su historia y le confiere su unidad espiritual. Esta idea es *la idea de universalidad*. Roma la había perseguido a lo largo de doce siglos en su esfuerzo por conquistar el mundo, primero por *las armas*, luego por *el derecho*. Afinando y espiritualizando esta idea, Italia la aplicaría sucesivamente a *la religión*, a *la poesía* y *al arte*.

La tercera de esas épocas es la del *Renacimiento* y marca el apogeo de la ascensión italiana de un punto de vista intelectual. Esta ascensión es el objeto de este estudio. Echaremos solamente un vistazo a las dos épocas anteriores que le sirvieron de preparación.

En la cuarta fase de Italia, que inicia en el siglo XIX con el *Risorgimento*, la idea de la universalidad intelectual, que constituye la grandeza incomparable del Renacimiento, pasa a un segundo plano. Para el alma italiana se trata ya de reconstituir su unidad nacional y su finalidad se vuelve esencialmente *política*. Esta página de su historia no es ni menos grande ni menos instructiva que las anteriores. Italia despliega en ella una energía nueva y más grande que en todas las demás etapas, porque en adelante será todo el pueblo, con todas sus fuerzas y todas sus clases sociales que entrará en escena y en acción.

Los estudios de este libro están consagrados únicamente al Renacimiento, pero esto no es sólo a causa de la abundancia de temas y a la falta de espacio, sino sobre todo a causa del carácter esencialmente universal de esa época, en la que el genio de la humanidad proclama, por medio de los grandes artistas del momento, verdades trascendentes que todavía no han sido comprendidas hasta la fecha, y que están destinadas a ejercer una influencia capital sobre el porvenir.

Para empezar convendrá echar un vistazo a la Edad Media. No se puede comprender todo el alcance del Renacimiento sin haber sondeado primero toda la profundidad de la obra de Dante, ese gran precursor del alma moderna, que fue al mismo tiempo un apóstol de la individualidad libre y de la universalidad intelectual.

✳✳✳

De esta manera todo termina y todo vuelve a empezar en la Ciudad Eterna. Roma es verdaderamente «la Ciudadela del Alma», como tan poéticamente la ha llamado Byron. Lo es no sólo porque los sufrimientos del individuo se apaciguan aquí ante los grandes lutos de la humanidad y que «los huérfanos del corazón» encuentran una segunda patria en la Níobe de las naciones. Lo es sobre todo porque, por encima de las tragedias y de las catástrofes, magnificadas por sus ruinas gloriosas, promete todos los renacimientos y todas las resurrecciones.

CAPÍTULO II

LA EDAD MEDIA, EL PAPA, EL EMPERADOR Y LAS CIUDADES LIBRES

Entre el poder imperial y la tiara papal,
crece el laurel orgulloso.

El decrépito imperio romano ya estaba dando sus últimos estertores cuando Alarico entró a saco en la Ciudad Eterna en el año 404, permitió que las tropas godas saquearan los tesoros acumulados de Europa, Asia y África y masacraran una tercera parte de sus habitantes. Sin embargo, después de que las hordas germanas marcharan y que su jefe muriera en Calabria, Roma pareció recuperar una semblanza de vida, tan grande era su prestigio que deslumbraba a los propios bárbaros. Cuando el rey de los hérulos, Odoacro, sometió Italia, y el último emperador romano, Augústolo, se proclamó rey de Roma, la ciudad imperial no se sintió sometida. Moralmente, seguía resistiendo. No soltó su cetro milenario ni perdió realmente su poder más que reconociendo su decadencia con un homenaje al bárbaro vencedor. Ese día el senador Casiodoro escribió en su crónica latina: «Este año el rey de los godos, Teodorico, *llamado por los deseos de todos*, invadió Roma. Trató al senado con consideración y mostró su generosidad al pueblo». Este mismo Casiodoro, que enseñó a Teodorico el arte de gobernar a los romanos repartiendo la tercera parte de las tierras de Italia entre sus soldados, ocupó su vejez en la fundación de una academia monástica, donde los religiosos aprendían a copiar los manuscritos griegos y latinos.

Este doble rasgo nos muestra Roma haciendo de institutriz a los bárbaros y legando la tradición grecolatina a la Iglesia.

Pero si el imperio romano ya no era más que un cadáver, ¿de donde iba a nacer el alma italiana? De las ciudades y de la vida municipal que jamás se apagaron del todo en Italia. Pero del siglo V al VIII esta vida parecía ahogada. La península devastada se hundió en un silencio fúnebre después del huracán de las invasiones. Como nubes arrastradas por el viento, los Dioses antiguos habían huido de las cimas altivas de los Apeninos y de los golfos resplandecientes de Parténope y de Sicilia. Derribados los templos, destrozadas las estatuas de las diosas, arrojadas al fondo de los pozos las cabezas augustas de Marte y de Júpiter, enterrada a seis pies por debajo del suelo la demoníaca Venus y su torso voluptuoso. Esos mismos bárbaros, que en otros tiempos habían muerto como gladiadores ante el populacho romano, se mueven ahora como vencedores en los circos. Las eminencias de tiempos pasados, senadores y caballeros, ahora están obligados a rendir pleitesía a los reyes teutones. Jefes ostrogodos, hérulos o longobardos reprenden ásperamente a los decuriones. La plebe de obreros y esclavos liberados por el cristianismo llena las ciudades y los conventos. Los campos abandonados hacen que el país se parezca a un vasto cementerio donde las ciudades en ruina son las tumbas y los fantasmas del pasado arrastran sus sudarios. El papa Gregorio I, contemplando ese espectáculo desde lo alto de su iglesia, tuvo que exclamar horrorizado: «¡La tierra toda está abandonada! *In solitudine vacat terra!*»

En esta soledad agobiante, en esta humillación de los hombres, sólo un poder crecía de manera desmesurada. Sobre las ruinas del imperio romano, por encima del torrente de las invasiones, la Iglesia se levantó como el arca de Noé llevada por el diluvio. «Ofrecía a los bárbaros el consuelo de la patria eterna y de la pureza moral. En ese tiempo la Iglesia representa el vínculo de la unidad y la patria espiritual de la humanidad. Por ello el clero tan a menudo está encargado de las funciones civiles, mientras que los bárbaros se reservan los mandos militares. Porque Roma había sido la metrópolis de Europa, el obispo de Roma se convirtió en papa. El prestigio de Roma hizo al papado. Entonces la elección del papa se consideraba de interés vital para la comunidad. Fue necesaria la larga elaboración de la Edad Media para sustituir entre las masas la idea de la moral cristiana a los instintos ciegos y a la fe supersticiosa.»[1] De esta manera, y durante un tiempo, pareció tomar cuerpo el sueño de san Agustín. Por encima de la ciudadela terrestre de *Mammón* (o Mamón), donde los Saturnales antiguos todavía bullían bajo los furores bárbaros, se vio construir *la Ciudad de Dios*, es decir la Iglesia. Siglo tras siglo se levantó lenta, majestuosa, invencible, con sus basílicas, sus conventos, sus monjes blancos y negros, su jerarquía poderosa, capaz de utilizar todas las fuerzas humanas y de abarcar todas las clases sociales. En la cima del edificio dominaba el papa, cabeza espiritual de la humanidad. ¿Cómo no iban a girarse todos los ojos de Italia hacia ese nuevo soberano, que parecía destinado a sustituir, en el gobierno del mundo, al césar destronado por los bárbaros? El obispo de romano convertido en el gran pontífice de la cristiandad, el sucesor de san Pedro, el vicario de Jesucristo, el heredero del Antiguo y del Nuevo Testamento, conectado a la maravillosa leyenda de Galilea, gozaba de un prestigio que ningún monarca de Asia o de Europa había conocido.

Sin embargo, el césar romano no había muerto del todo. Su fantasma, con coraza de bronce y revestido con el manto de púrpura, precedido de sus lictores, parecía seguir reinando en el Foro

---

1 Marguerite Albana Mignaty, *Sketches of historical past of Italy*.

desierto y en el Capitolio consagrado a la Virgen. Seguía apareciéndose a la imaginación del siervo y a la del patricio, así como a la de los extranjeros de todas las razas y de todos los países que se habían convertido en ciudadanos romanos, y a la de los bárbaros mismos. Cuando una idea ha creado un molde en un poderoso tipo humano, sobrevive largo tiempo a la institución que ha creado y se protege de las vicisitudes inesperadas a largo plazo. Cuando Julio César, que había alcanzado el poder absoluto, cayó en medio del senado bajo los puñales de los conjurados, y envolviéndose en su manto para morir exclamó: «¡Tú también, Bruto!» no dudaba que legaba durante seis siglos la púrpura a los emperadores de Roma, y que después de la caída de esa Roma y de su imperio, durante un milenio y más, cualquier gran soberano no tendría ambición más grande que de parecérsele. El fantasma de César no ha dejado de aparecerse a las generaciones humanas, como se le apareció a Bruto en la batalla de Filippi. Los soberanos bárbaros, convertidos en amos y señores de la Europa central, utilizaron el nombre de «césar» como una fórmula mágica para someter la antigua tierra de Saturno a su dominación. Por su parte, Italia olvidó a los monstruos imperiales, como Nerón, Heliogábalo y Caracala, para recordar sólo a los césares bienhechores de la humanidad, como Trajano y los Antoninos. El emperador de Alemania, en el momento en que traspasaba los Alpes para hacerse coronar en Roma, adquiría a los ojos de los italianos todo el prestigio de un emperador romano.

Del año 804 al 1106 la historia de Italia, fragmentada en varios reinos y en no sé cuantas pequeñas repúblicas, está dominada por la lucha entre el imperio y el papado. Todavía no existe la patria italiana, pero los destinos de Europa se deciden en el teatro de la península en la lucha de esos dos grandes poderes enfrentados que dominan toda la Edad Media.

Ese drama intenso entre el poder espiritual y el poder temporal, que se disputan el imperio del mundo durante tres siglos, tiene tres momentos culminantes que representan los tres actos esenciales: 1) empieza por un pacto de alianza entre los dos poderes bajo Carlomagno; 2) sigue con una lucha a muerte entre el papa Gregorio VII y el emperador Enrique IV; 3) termina bajo el emperador Barbarroja y su sucesor, Federico de Hohenstauffen, con el triunfo decisivo de la tiara sobre la corona.

Durante todo ese tiempo, del siglo IX al XII, el alma italiana se manifiesta sólo en estado embrionario y caótico. La lucha grandiosa que se despliega bajo sus ojos, la remueve y la excita hasta lo más hondo. Es al mismo tiempo espectadora y beligerante, porque se divide en partes iguales entre los dos campos, el Güelfo y el Gibelino. Pero su conciencia empieza a palpitar en las ciudades libres que se desarrollan con fuerza en medio de esa lucha encarnizada y de esos combates violentos.

Resumiremos los tres actos del drama histórico y mundial, que fue al mismo tiempo el adversario y el educador del alma italiana.

**

La coronación de Carlomagno como emperador de Roma en el año 800 por el papa Adriano en la iglesia de San Pedro estableció una estrecha alianza entre el poder espiritual y el poder temporal. Con su victoria sobre Desiderio, rey de los longobardos, el emperador se convirtió en el libertador de Italia. Carlomagno se convirtió ante todos los pueblos en el todopoderoso protector del papado y, a cambio, el papa le confirió el título imperial que, a los ojos de todo el mundo, le convertía en el sucesor de los césares. La escena era solemne. Era el día de Navidad del año 800. El rey de los francos asistió a la misa en San Pedro, donde las luces ardían en los altares en medio de nubes de incienso. El pontífice supremo de la cristiandad avanzó hacia el rey Carlos y le colocó la corona imperial sobre la cabeza, mientras el pueblo aclamaba: «¡Larga vida a Carlos Augusto, coronado por la mano de Dios! ¡Larga vida al gran emperador de los romanos!» y el pueblo de Roma se creyó otra vez dueño del mundo. Así actúa el poder del pasado, creando ilusiones, pero también como propulsor hacia acciones nuevas e imprevistas.

Durante mil años Italia tuvo que identificarse con el poder absoluto de esos dos soberanos, por los cuales se partió en dos campos opuestos. Espejismo engañoso, quimera tormentosa. Fue inútil. Pero no nos engañemos. Si los dos poseedores del poder espiritual y del poder temporal tuvieron un peso temible sobre Italia e impidieron durante siglos su unidad nacional, el espectáculo de su lucha grandiosa representó para Italia una educación singular, una fuente de grandeza intelectual, un factor poderoso de su sentido de universalidad. Porque la historia universal que se desarrolla en la Roma antigua con la lucha de la realeza, la república y el cesarismo, sigue desarrollándose durante la Edad Media con la lucha entre el imperio y el papado. Los ojos del mundo entero estaban fijos sobre ese drama, en el que Italia era el teatro, y que la sacudió profundamente.

La liberación de Roma por Carlomagno, vencedor de los longobardos, y la coronación del emperador por el papa habían establecido un nuevo orden de cosas: la solidaridad de la corona y de la tiara. La pretensión de los jefes del Sacro Imperio Romano a la dominación universal, por una parte, y la pretensión de los papas a la supremacía espiritual del mundo, por la otra, se remontan a ese momento y a la alianza de los dos poderes. La pretensión de los emperadores alemanes se basará sobre el poder de los césares, la pretensión de los papas sobre la palabra de Cristo a Pedro: «Lo que ates sobre la tierra será atado en el cielo; lo que liberes sobre la tierra será liberado en el cielo». *Quidquid ligaveris suber terram, erit ligatum et in coelis; quidquid solveris super terram, erit solutum et in coelis.* Jamás había existido sobre la tierra un poder más formidable que el del papa. En teoría, los dos poderes habían de ser independientes el uno del otro, y sus dominios separados, pero en la práctica no fue así. El jefe de la iglesia se había convertido en un soberano temporal, y el jefe del imperio quería dirigir a los obispos, con lo cual los dos poderes pronto llegaron a las manos. El espiritual aspiraba a dominar el temporal, y el temporal quería aplastar al espiritual. El emperador quería nombrar a los papas, y el papa quería hacer a los emperadores. De ahí se derivó la célebre disputa de las investiduras que duró varios siglos.

Unos trescientos años después de Carlomagno la lucha alcanza su punto más alto. ¡Qué cambio de decorados, de puesta en escena y de actitud de los dos adversarios! Ya no estamos en San Pedro, entre el humo del incienso, ante un pueblo arrodillado, sino en el castillo de Canossa, en medio de los Apeninos, en un crudo invierno. Las montañas están cubiertas de nieve y hace un frío atroz. En el patio del castillo el emperador de Alemania, Enrique IV, descalzo, con hábito de penitente, temblando de frío y de hambre después de tres días y tres noches, espera inútilmente que el papa le conceda la audiencia que ha implorado. Los otros peregrinos, pobres y mendigos, hacen burla de él y lo injurian, sin que él se atreva a contestar. Lo han excomulgado y ha venido para obtener la gracia con el levantamiento de la interdicción que lo ha marginado de toda la cristiandad. Después de su revuelta desesperada, el monarca violento y débil, presuntuoso y tiránico, abandonado por su propio pueblo, ha caído al último peldaño de la indigencia, la impotencia y la humillación. La cabeza del Sacro Imperio Romano ya no es más que un guiñapo de emperador, un mendigo miserable. Y quien le ha llevado hasta ese punto ha sido un pontífice romano, con su energía y su voluntad implacable.

El monje Hillebrand, hijo de un carpintero toscano, convertido en prior de Cluny y luego en papa con el nombre de Gregorio VII, no es sólo la más fuerte encarnación del genio del papado, sino también una de las manifestaciones más poderosas del genio sintético y organizativo de Italia. Este representante de la autoridad absoluta de la Iglesia, por medio del celibato eclesiástico y una disciplina de hierro, fue también de manera indirecta e involuntaria el primero en despertar el alma italiana. En efecto, para llevar a cabo las reformas eclesiásticas tuvo que apoyar la libertad de las ciudades. Volvió a situar la sociedad destruida por los bárbaros y amenazada por el régimen feudal sobre bases municipales. Hizo revivir leyes, tradiciones, costumbres y sentimientos que no se habían apagado del todo en las tinieblas de la barbarie. El predominio del elemento municipal y democrático en Italia estaba alejado del feudalismo y del patriotismo moderno a partes iguales. La península estaba entonces dividida bajo distintos señores en distintas razas, en intereses opuestos, y no podía tener sentimientos comunes. El genio de Hillebrand consistió en comprender que era de interés para la Iglesia, para la civilización y para Italia combatir el despotismo militar representado por los emperadores de Alemania.

Entre 1004 y 1039 hubo no menos de doce viajes de dictadores germánicos a Italia. Tenían su dieta en Roncaglia, cerca de Piacenza, exigiendo pagos a las ciudades sometidas a su yugo, y saqueando y prendiendo fuego a las que se negaban. Como consecuencia de la querella de las investiduras, Gregorio VII había citado a Enrique IV a comparecer ante su tribunal. El emperador replicó con el concilio de Worms, donde se acusó a Gregorio VII de todas las infamias y se le declaró depuesto por el clero alemán. En 1056 el papa, sentado entre sus cardenales en el trono pontifical, fue injuriado por el heraldo del emperador, que lo trató de «lobo devorador» y lo conminó a bajar de la Santa Sede. Gregorio VII replicó a este ataque lanzando la interdicción sobre el rebelde. El emperador, que tenía muchos enemigos en su país, intentó inútilmente reunir a sus vasallos bajo los truenos pontificales. A su vez fue depuesto por el concilio de Trèves. Despojado de todo su poder, abandonado por los suyos, deshonrado por el pueblo, tuvo que decidirse a hacer el peregrinaje de contrición pasando los Alpes para salvar la corona.

Año 1078: espectáculo único en la historia en el castillo de Canossa. Se vio al emperador germánico prosternarse bajo la mirada terrible de Gregorio VII, ante la cual, según cuentan las crónicas, los que se atrevían a desafiarlo retrocedían como ante un rayo. En esa postura humillada, se oyó al lamentable soberano acusarse de todos sus crímenes e implorar la gracia entre lloros y gemidos. Sólo la obtuvo declarándose un humilde vasallo del pontífice y jurándole fidelidad eterna. En ese acontecimiento Italia y el mundo pudieron medir la formidable victoria de la ambición papal y del poder espiritual, sostenidos por un asceta genial, sobre el orgullo de un tirano loco de rabia impotente, abatido por una voluntad más fuerte.

Se puede admitir que el papa abusó de su situación para imponer al vencido la humillación más cruel… cosa que más tarde él mismo habrá de expiar. Sin embargo la escena pone en evidencia la superioridad de uno de los dos poderes sobre el otro: es la superioridad del Espíritu sobre la Materia.

Los historiadores alemanes se consuelan fácilmente de la humillación de su emperador magnificando la revancha del destino, porque seis años más tarde, gracias a los periplos políticos de Alemania, Enrique IV abjura de su promesa, regresa a Italia a la cabeza de un ejército, pone Roma a sangre y fuego, y se hace coronar en Letrán por el antipapa, en medio de los incendios y de las matanzas peores que las que hiciera Alarico, forzando a Gregorio VII a morir en el exilio de Salerno, entre los normandos. Represalias salvajes, verdadera venganza de un bárbaro por la humillación sufrida. Sin embargo, en el transcurso del tiempo esas escenas terribles palidecerían en la memoria de los pueblos ante la escena de Canossa. Ésta permaneció grabada en la memoria de la Italia güelfa como una gloria nacional, y en la memoria de Alemania como la cicatriz de un hierro incandescente. Imagen elocuente, sello ardiente de una victoria imborrable de la fuerza moral sobre la brutalidad bárbara.

Demos otro salto de siglo, y la Italia de la Edad Media nos aparecerá burbujeante de vida en una fase nueva frente a otro emperador.

Del siglo XI al XII las ciudades italianas se desarrollaron tan poderosamente gracias al comercio, la industria y el arte, en medio de los señores feudales que reinaban sobre la península, que esta intensa vida cívica rivalizaba con la vida feudal y empezaba a superarla. Las asociaciones comerciales entre ciudades se llamaban *corti*. Además, las distintas ciudades cerraban tratados *(patti)* con los nobles concediendo a éstos el derecho de residir dentro de sus muros por algunos meses. Y aparece ya la gran diferencia entre Italia y los pueblos del norte en la Edad Media. En Francia, en Alemania, en Inglaterra, el señor que vivía en su castillo era superior al burgués, independientemente de la riqueza de éste, y quien permanecía bajo la protección del noble. En Italia se dio el fenómeno inverso. Allí el señor ambicionaba el título de ciudadano y de alguna manera se convirtió en el protegido de las ciudades. Gracias a estas relaciones tan estrechas y esta influencia recíproca, nobles y burgueses se civilizaron y las ciudades prosperaron.

La mayor parte de los nobles hubieron de someterse al gobierno de alguna ciudad. El emperador de Alemania tenía un palacio en todas las grandes ciudades donde residía durante sus desplazamientos, pero muchas ciudades gibelinas consiguieron que ese palacio estuviera situado extramuros. Otra diferencia entre las ciudades italianas y las de los pueblos nórdicos. Allí las ciudades, libres de ataduras feudales hacia el señor del país, estaban obligadas a ponerse bajo la protección del soberano, el emperador o el rey. En Italia podían escoger entre el emperador y el papa y así hacerse gibelinas o güelfas. Esto les daba una mayor libertad y un sentimiento más fuerte de independencia. Por el contrario, no tenían espíritu militar y había un gusto mediocre por la caballería. Al otro lado de los Alpes, ésta mantuvo un carácter puramente ceremonial. El idealismo italiano permaneció realista en sus fines y siempre ligado a la vida presente, mientras que el idealismo de los pueblos nórdicos fue trascendente y poco práctico, por lo menos en la Edad Media. Por esta razón la caballería no tendrá ningún papel en la historia italiana de la Edad Media y más adelante no será más que un juego intelectual para el Tasso y el Ariosto, en tiempos del Renacimiento. Estar inscrito en el libro de oro de una gran ciudad tenía más valor para un noble italiano que ir a liberar el Santo Sepulcro. Para defender sus intereses cada ciudad mantenía un ejército mercenario, los hombres de la manada (*masnadieri*) con los que se batían los nobles de la ciudad. Éstos eran pues los sirvientes de la ciudad, de la misma manera que en Francia o en Alemania los vasallos lo eran de la corona y los *valvassori* de un señor feudal.

En esas pequeñas repúblicas reinaba el patriotismo más ardiente, un patriotismo puramente local concentrado en las tradiciones de la ciudad, en su santo o su santa, sus antepasados y sus grandes familias patricias. Florecía en las corporaciones de menestrales, en sus costumbres y en sus artes. Estaba simbolizado de manera visible por su catedral y su campanario, que dominaba desde lejos la campiña como un centinela vigilante. El alma de la patria acompañaba a la milicia municipal en la guerra y estaba representada por el *carroccio*, un gran carro con ruedas macizas arrastrado por bueyes, que llevaba el estandarte de la ciudad junto con las banderas de las ciudades aliadas. Durante la batalla un sacerdote oficiaba y decía misa sobre ese carro. Lo más selecto de la juventud de la ciudad, la flor y nata de la nobleza, defendían ese bosque de banderas brillantes de las ciudades unidas, y, si hacía falta, lo regaba con su sangre y lo ennoblecía con sus muertos heroicos. ¡Pobre de la ciudad que perdía su *carroccio*! El adversario lo cortaba a trozos y hacía de él una hoguera llameante, llevándose triunfalmente la bandera del enemigo a su municipio, como recuerdo imperecedero de su victoria. Siena sólo consintió en devolver en 1886, en el jubileo de Dante, un estandarte que le había sido arrebatado a Florencia seis siglos antes, y Ravena no devolverá jamás a Florencia los huesos del mismo Dante muerto en el exilio en la ciudad rival, donde exclamó: «¡Ingrata patria, nunca tendrás mis huesos!»

Se puede imaginar la anarquía que había de resultar de pasiones tan violentas en un país tan dividido. Las repúblicas italianas formaban cuatro grupos principales alrededor de cuatro grandes centros: la rica y espléndida *Milán* que agrupaba a su alrededor Tortona, Bergamo, Brescia y Piacenza; la altiva *Verona*, que reunía a Padua, Vicenza, Treviso y Mantua; la opulenta *Bolonia*, justamente orgullosa de su universidad, la más erudita de la Edad Media, que aglutinaba a Reggio, Módena, Ravena y Faenza; la bella y orgullosa *Florencia*, a la cabeza de las ciudades libres de Toscana, Pistoia, Arezzo, Volterra, Crotone, Perugia y Siena. Alianzas flotantes, a menudo rotas y entrecruzadas, porque la mayor parte de esas ciudades fueron de vez en vez güelfas y gibelinas. Su derecho más preciado era el de poder hacer la guerra a quien fuera y por lo que fuera, sobre todo a sus vecinos, así como pequeñas guerras y venganzas implacables entre esas repúblicas celosas. Milán victoriosa hizo arrasar hasta el suelo a Pavia y Lodi, sus dos rivales. Roma no iba a la zaga de ese movimiento. Empezó a traducir los autores antiguos, a recalentar lo mejor que pudo su gran pasado. El prefecto de Roma era nombrado según las circunstancias, por el papa o por el emperador. La administración fue remodelada por un patricio a la cabeza de cincuenta senadores. Roma se dio un gobierno republicano con unos privilegios de los que, hasta ese momento, sólo había gozado el papa. Los palacios y las torres de los prelados corruptos fueron destruidos.

Italia, fragmentada de tal manera, era un bocado tentador para los emperadores de Alemania.

Federico I Hohenstauffen, llamado Barbarroja, es el tercer monarca germánico que dejó en Italia un recuerdo imborrable, porque sus obstinadas invasiones acabaron aportando el triunfo de la libertad municipal. Un personaje grande y temible, no menos tiránico que Enrique IV, pero más inteligente y más hábil, con un desarrollo perseverante de sus ideas y de sus actos, el legendario Barbarroja no fue a Italia menos de siete veces, la primera en 1154, y la última en 1176. Una anécdota referida por un cronista muestra que el primer Hohenstauffen perseguía la dominación universal con el mismo ahínco que el emperador germano-prusiano Guillermo II lo haría ocho siglos más tarde. En un paseo a caballo con dos jurisconsultos de Bolonia, Barbarroja les planteó esta pregunta embarazosa: «¿Soy el legítimo poseedor de la tierra?» El primero le contestó con una frase evasiva: «Todavía no de manera *real* y *activa*». El segundo, mejor cortesano, le contestó: «Sí, lo sois, incluso con relación a la propiedad *real* y *actual*». Como recompensa por este cumplido, el hombre de ley complaciente recibió como regalo del emperador el caballo que había montado durante el paseo. El otro regresó andando.

No menos característico es el diálogo de Barbarroja con el enviado del senado, cuando el emperador estaba acampado frente a la Ciudad Eterna, pendiente de ser coronado emperador de los romanos. El senado le había enviado su heraldo con este mensaje: «Eres extranjero y yo hago de ti un ciudadano. Te he buscado en regiones lejanas, más allá de los Alpes, para proclamar tu poderío imperial. Entrando a Roma tu primer deber es de jurar la *observancia de las leyes* y de mantener nuestros privilegios, y de comprometerte con un juramento a la defensa de nuestras libertades contra toda agresión bárbara, aun a riesgo de tu vida. Además, habrás de pagar la suma de cincuenta mil libras de plata a los que proclaman tu título de emperador romano en el Capitolio».

Ante este discurso, impregnado de la antigua fiereza romana, el emperador Barbarroja tuvo un violento acceso de cólera, interrumpió al mensajero del senado y le dijo:

—Había oído hablar de la sabiduría y la grandeza del senado romano, pero tus palabras son más la expresión de una locura arrogante que de un conocimiento exacto de la situación presente de Roma. Como consecuencia de las vicisitudes de la fortuna, tu ciudad *obedece* ahora allí donde antes *mandaba*. Ahora es en Germania donde hay que buscar la renovación de la gloria de la capital. La sabiduría del senado depende del valor de nuestros guerreros. Fue Carlomagno, fue Odón el Grande quienes expulsaron de Italia a los longobardos, a los griegos y a otros tiranos. Yo, su sucesor, soy el príncipe legítimo y el soberano señor de los romanos. ¿Creéis acaso que el brazo de los germanos ha perdido su fuerza original? ¿Quién se atrevería a arrancar la maza del puño de Hércules? Si alguien piensa así, mis valientes guerreros harán que se arrepienta. Pretendes imponerme el respeto de las leyes, costumbres y privilegios para hacerme justicia, y ante todo quieres hacerme pagar un tributo, como si fuera un prisionero a merced del senado. ¡Aprende que le corresponde al soberano dictar las leyes, y no recibirlas![2]

El senado y el pueblo se negaron a abrir las puertas a Federico Barbarroja, pero el prefecto de Roma, de acuerdo con el papa, lo introdujo secretamente con un millar de soldados en la ciudad leonina. Federico I Hohenstauffen fue coronado por el papa en la iglesia de San Pedro el 18 de junio de 1155. En el puente Sant'Angelo, que separaba la república romana de la ciudad del papa, se desencadenó un combate violento. Se vencieron todos los obstáculos, los imperialistas atrincherados en la ciudad leonina fueron rechazados. El papa hubo de huir. Federico luchó junto con sus tropas a las puertas de Roma y murieron más de mil soldados romanos, pero el emperador no se atrevió a entrar en Roma y regresó a Alemania con un ejército diezmado sin haber podido castigar la rebelión de Milán.

La liga lombarda, fundada en 1167 como consecuencia del saqueo de Milán, fue la primera manifestación del espíritu nacional en Italia. En base a ella las ciudades libres de Lombardía se compro-

2 Otto Frising, cronista alemán al servicio del emperador Federico de Hohenstauffen, quien escribía en latín.

metían bajo juramento «*a luchar hasta la extinción contra Federico y sus herederos*». En la batalla de Legnano la victoria correspondió a la liga gracias a los ochocientos jóvenes milaneses que defendieron el *Carroccio*. Cuando Barbarroja, al que le habían matado el caballo que montaba, regresó a Pavia con los restos de su ejército derrotado, encontró a su mujer en duelo, en efecto la emperatriz lo había creído muerto.

Ante esa vista, y bajo el golpe de la batalla perdida, el emperador alemán tuvo la sensación de una derrota irreparable. Su sueño hegemónico, basado en el aplastamiento de las ciudades italianas, herederas de la tradición grecolatina y precursoras del genio moderno, acababa de derrumbarse.

Aunque el pueblo italiano tuviera que dejar pasar otros ocho siglos antes de hallar la unidad, la nación italiana adquirió la conciencia de su libertad en la batalla de Legnano, en los campos de Lombardía.

Italia todavía no era más que un protoplasma, un cuerpo inorgánico, pero había hallado *un alma*. Y cuando existe el alma, pronto o tarde se creará un cuerpo organizado y una cabeza que la dirija.

CAPÍTULO III

DANTE Y EL GENIO DE LA FE

O voi che avete gl'intelletti sani
Mirate la dottrina che s'asconde
Sotto il velame degli versi strani.
Dante

I

FLORENCIA Y SU GENIO

Venezia la bella, Genova la superba, Firenze la vezzosa,
(Venecia la hermosa, Génova la soberbia, Florencia la graciosa)
dice el proverbio italiano para distinguir la ciudad encantadora
entre todas las demás reinas de Italia. La situación privilegiada de
Florencia la designaba para convertirse en reina de las ciudades
toscanas.

El paisaje y la ciudad difieren completamente de la ciudad
que fue el centro de la civilización helénica. Florencia sólo se le
parece por su distinción aristocrática. Atenas se amontona alrede-

dor de la Acrópolis en la llanura de Ática, entre los montes Himeto y el Parnes, bajo la majestuosidad lejana del Pentélico. Hay espacio a su alrededor y, aunque la ciudadela donde se asienta el Partenón es pequeña, rivaliza con todas las cimas. Por el contrario, Florencia está arrellanada en un valle verde del Apenino, entre el promontorio elegante de Monte Oliveto y las alturas luminosas de Fiesole. A lo lejos, las cimas redondeadas del monte Morello la protegen contra los vientos del norte. Sobre las colinas que ciñen la ciudad de las flores, se perfilan los cipreses severos, el olivo con su follaje ralo cubre de una sombra discreta sus flancos, el iris silvestre crece entre la hierba, las rosas trepan por las paredes y engalanan los jardines. Cercada y acariciada en su cuna, cual princesa friolera, parece como si la ciudad quisiera defenderse contra toda influencia extranjera, para permanecer como algo exquisito, altivo y único. Sin embargo, la ciudad altanera y delicada no está separada del resto del mundo. De sus villas, de sus torres y de sus terrazas la vista se extiende por la llanura fértil como un vasto vergel, donde el Arno serpentea perezoso, después de haber cruzado rápido y alegre bajo los puentes esbeltos de la ciudad. Más allá, la vista presiente el mar Tirreno, detrás de las nubes ligeras que el soplo del *libeccio* arrastra en el claro azul del cielo.

Roma, acampada sobre sus siete colinas, en el centro del Lacio, observa el mundo con una mirada circular. Florencia, desde el fondo de su valle florido sonríe al Occidente y lo llama. Así acurrucada al abrigo de las grandes rutas de las invasiones, esta ciudad era el lugar escogido donde podían prosperar, lejos de la fealdad de la vida banal, el arte y la ciencia de la Edad Media. Allá iglesias, campanarios y museos, mármoles, bronces y cuadros podían rivalizar con su encanto y su belleza con el cuadro suntuoso de la naturaleza y superarlo con las más ricas floraciones del alma humana. Emulación poderosa, armonía sutil, concentrada en un rincón de tierra de donde había de salir la Atenas de Italia. Ya lo he dicho antes, pero hay que repetirlo, porque esta ciudad encantadora fue el primer molde del más alto genio italiano: en Nápoles *se vive*, en Venecia *se sueña*, en Roma *se piensa*, en Florencia *se crea*.

La realeza del arte, adquirida por Florencia en el curso de su historia, tuvo como primera base su habilidad en el comercio y su supremacía en la banca. La perfección de las artes se basó en primer lugar en la excelencia de sus oficios. Sus talladores de piedra se convirtieron en arquitectos, sus orfebres en escultores y fundidores de bronce, sus guitarristas en compositores, sus cantores en poetas. Los florentinos no tuvieron, como los pisanos, los genoveses y los venecianos, barcos para piratear por el Mediterráneo y conseguir las perlas y la púrpura de Oriente. Pero no fueron menos emprendedores ni menos audaces que Marco Polo, y viajaron por todo el mundo abriendo sus sucursales hasta en las partes más recónditas de Asia. El comercio estaba entonces lleno de peligros, era una aventura y una conquista. Elocuentes oradores y filosofadores sutiles, los patricios de Florencia proporcionaban a los soberanos de Europa los mejores embajadores. En el jubileo de 1300, que atrajo a Roma tres millones de peregrinos, el papa Bonifacio VIII se sorprendió mucho al comprobar que los embajadores de casi todos los príncipes nórdicos, e incluso el del Khan de Mongolia, eran florentinos.

Las riquezas y el oro de Oriente y Occidente afluían a las tiendas del Ponte Vecchio y a las fortalezas patricias de la ciudad. Se adivinan los celos y los odios que este lujo había de suscitar entre Florencia y las ciudades rivales, como Pisa y Siena, y también las luchas intestinas dentro de la misma ciudad. Luchas de partidos políticos, de Güelfos y de Gibelinos, luchas de familias enemigas con sus clientes, como la de los Blancos y los Negros, se sucedían y se mezclaban, se entrecruzaban, se contrarrestaban y se enredaban en una confusión inextricable. Estas guerras implacables y feroces ensangrientan tres siglos de historia. Pero ello no impidió que la nueva poesía penetrara en la ciudad de las flores, y que ciñera con una aureola la frente de los florentinos ya coronada de rosas.

Este aire de una poesía desconocida y sutil venía de Provenza. Palabras y melodías lánguidas, parecidas a las de ese Sordello, que fue amigo de Dante, y en cuyos brazos quiere arrojarse al Purgatorio, desconsolado de abrazar sólo una sombra. Bajo la influencia de las cruzadas y de la caballería, los trovadores habían descubierto una manera nueva de sentir el amor. La aspiración ideal, a través de la belleza y el encanto de la mujer, sustituía el instinto sexual, esa fuerza del amor de la poesía griega y romana. El amor sensual no estaba suprimido, pero sí relegado a la sombra y dominado por un sentimiento lleno de delicadeza y de ensoñación. Este tipo de contrastes abundan en la historia. La mujer, el ser débil por excelencia, iba a convertirse en la diosa de esos tiempos de costumbres rudas y bárbaras. En la alta sociedad un hombre sin amor se considera como un hombre sin valor. El que ama es un caballero que obedece a las leyes del amor y sufre cuando la dama lo decide, y por ella se convierte en defensor de la justicia y protector de los débiles. El amor se convierte en un principio de educación y de iniciación.

Así nació en Francia el nuevo código de amor de los caballeros finos y corteses. Imitadores de los trovadores, los poetas toscanos Guido Guinizelli, Guittone d'Arezzo y Cino da Pistoia, crearon en su lengua elegante el nuevo estilo toscano, *il dolce stil nuovo*. Los más distinguidos, los más eruditos entre ellos, Brunetto Latini y Guido Cavalcanti, fueron los maestros de Dante. Pero al adoptar la estética provenzal, los toscanos añaden las sutilezas metafísicas y escolásticas que les vienen de la Universidad de Bolonia, donde se estudia con fuerza a Aristóteles, Platón y santo Tomás con el gusto de la alegoría. Lo que en Dante será una pasión profunda, además de una iluminación espiritual, para ellos es todavía un juego de la inteligencia y un pensamiento abstracto. Se trata de filósofos y pensadores que buscan y huelen el sentido divino del Amor. Su discípulo, que bajo el flechazo de la pasión se convertirá en el gran poeta y sublime vidente de Italia, busca con ellos y sigue sus pasos cuando murmura en un sendero florido:

… io mi son un che, quando
Amore spira, noto ed a quel modo
Ch'ei detta dentro, va significando.

«Cuando Amor suspira dentro de mí, me dice algo que yo noto y de lo cual busco el sentido.»

Se puede imaginar que con elementos tan ricos, desde finales del siglo XIII y principios del XIV, Florencia se convirtió en un centro de vida elegante y ardiente. Mientras el populacho se divertía con las representaciones grotescas del Infierno, del Purgatorio y del Paraíso que llenaban las plazas con su jaleo, las fiestas aristocráticas y privadas mostraban una gracia sobria y refinada. En la primavera, las jovencitas de las casas patricias se coronaban de rosas y trenzaban sus danzas, sonrientes bajo los cipreses y los olivos, a la música de las mandolinas entre los grupos de iris y de gladiolos. Al atardecer cantaban el *Salve Regina* en la puerta de las iglesias. Pero cuando la campana del Palazzo Vecchio daba la alarma de guerra se asomaban inquietas a las ventanas para asistir a la marcha del *Carroccio*, con el cual marchaba, reluciente de armas y de trajes resplandecientes, la flor de la juventud masculina. Sobre la bandera brillaba, junto con la imagen de la Madona, el lirio rojo, símbolo de Florencia. Esas tres corolas flameantes anunciaban a todos: «Soy la savia de la raza, la sangre roja de la libertad. ¡Hay que luchar para ser libres!» Pero la Madona azul que sonreía entre los pliegues del estandarte flotante parecía añadir: «Hay que amar y sufrir para ganar el cielo».

Así el trabajo y la guerra, la religión y la poesía se conjugaban bien en esa ciudad alerta e infatigable, desgarrada por las luchas incesantes, pero al mismo tiempo unida en su ideal. El instinto de la belleza la dominaba y el arte le imprimía su sello aristocrático.

De todas las ciudades de la península, Florencia es la que ha producido el mayor número de genios de primer orden en Italia, en las ciencias, en las letras, en las artes. Dante, que surgió a finales del siglo XIII e ilumina el principio del XIV, está impregnado del espíritu florentino y sacado con ese molde. Pero si se ha convertido en el gran poeta nacional del pueblo italiano, se lo debe no sólo a ese molde admirable, sino también a su espíritu universal y a su propio genio.

II

DANTE, BEATRIZ Y LA *VITA NUOVA* LA INICIACIÓN POR MEDIO DEL AMOR

Como en el molde de una campana, donde los metales fundidos se precipitan en un río incandescente, los elementos más variados han venido a fundirse en el gran poeta florentino. La ciencia y la teología, la filosofía y la religión, el paganismo y el cristianismo, el pasado y el presente, se combinan en él en una síntesis imprevista, magnífica y precisa. Allí hallamos a Homero y el Evangelio, la Sibila y David, Platón y santo Tomás, Averroes y Avicena. Pero estos personajes no son más que sus comparsas, los ministros de su reino. Como si fuera san Miguel en persona en el Juicio Final, Dante distribuye y clasifica en su Infierno y en su Paraíso, con una desenvoltura perfecta, los sabios de la Antigüedad y los Padres de la Iglesia. Junta los contrastes más violentos en una figura de rasgos agudos hasta la rigidez, en un rostro cuya dulzura y finura están a la par con la fuerza. Ciudadano patriota, poeta y filósofo, hombre de acción y de pensamiento, doctor sutil, embajador elocuente de su ciudad natal, pero al mismo tiempo alma encerrada hasta el mutismo despectivo, apasionado hasta el delirio y al mismo tiempo impasible en su apariencia, razonador sutil pero sensible hasta el éxtasis místico, así nos aparece Alighieri en su vida. Y si queremos definir con una sola frase todo el alcance de su inteligencia, diremos que reunía el sentido minucioso de la realidad con el análisis y la síntesis de las ideas trascendentes y la fuerza plástica que les confiere la forma y el color.

Pero todo esto no explica el genio de Dante, que con materiales tan diversos y un caos de contradicciones supo hacer un mundo nuevo de una armonía maravillosa. Porque el genio se eleva por encima de sus materiales como el águila se cierne por encima de un sistema de montañas que se entrecruzan, o como el pájaro migratorio sobre el Océano encrespado. *La Divina Comedia*, su obra maestra, sin embargo no nos da la llave del misterio, ésta se halla en la *Vita Nuova*, que escribió a la edad de veinticinco años. Esta confesión íntima e ingenua del poeta nos revela el arcano de su vida y la llama motriz de su obra. Ese fuego revelador, ese «móvil primero» que cae «del cielo inmóvil» fue el Amor, pero un amor de una especie nueva, que ni la Antigüedad ni el mismo cristianismo no habían conocido todavía.

Un día un astrónomo me mostró, por medio del gran telescopio del Observatorio de París, un sol amarillo y un sol azul que giraban el uno alrededor del otro, no lejos de la estrella Vega, en la constelación de la Lira. El genio de Dante es parecido a esas dos estrellas lejanas de la esfera celeste. Es un sol doble. Por ello este genio no se llama con el nombre de sus antepasados Alighieri, ni siquiera con su solo nombre de pila. Se llama *Dante y Beatriz*. Porque estos dos nombres conjugados se han vuelto inseparables como esos astros misteriosos que una rotación irresistible encadena el uno al otro en la profundidad del espacio. De belleza diferente forman un todo único en su dependencia recíproca y absoluta. Sin el descendiente de Cacciaguida no conoceríamos a Beatriz, pero sin Beatriz Dante tampoco habría concebido *La Divina Comedia*. En ellos el Eterno Femenino se revela por vez primera en toda su fuerza a través del amor de una mujer y de un poeta.

Recordemos los encuentros fugaces que marcan las etapas de esta iniciación. La poderosa vida interior del poeta se manifiesta en su candor apasionado, en su inocencia de azucena. Los motivos son de una simplicidad extrema, pero sus efectos son prodigiosos.

La primera vez conoce a la hija de Folco Portinari en una fiesta infantil. Sólo tenía nueve años y Beatriz tenía su misma edad. «Nueve veces después de la hora de mi nacimiento la luz del cielo había completado su revolución, cuando la gloriosa dama de mis pensamientos apareció ante mis ojos por primera vez. En ese momento el *Espíritu Vital,* que habita la cámara más secreta de mi corazón, empezó a temblar violentamente y el miedo sacudió todos mis sentidos, mientras mi voz desmayada pronunciaba estas palabras: *Ecce deus fortior me, qui veniens dominabitur mihi.* (Este es el dios más fuerte que yo que me dominará). A partir de entonces el Amor tomó sobre mí un dominio tan absoluto que estuve obligado a cumplir todas sus voluntades.»

En los años siguientes la vio varias veces, pero siempre de lejos, y no parece que jamás hayan cruzado ninguna palabra significativa entre ellos. Por otra parte dice en su confesión que no ha guardado «en las tablillas de su memoria» más que los recuerdos que significaron un cambio notable en su vida. A propósito de este primer encuentro dice: «En esta rúbrica está escrito: *Incipit vita nova.* – Aquí empieza una vida nueva.»

El segundo encuentro importante se verificó nueve años más tarde, por tanto Beatriz tenía dieciocho años. La vio en una calle de Florencia, ataviada con un vestido blanco deslumbrante, entre dos mujeres mayores. Mientras caminaba «giró su mirada hacia donde yo estaba de pie temblando, y con una cortesía inefable (que ahora tiene su recompensa en la eternidad) me saludó de una manera tan conmovedora que creí alcanzar la felicidad suprema»

[...] De sus ojos manaba a mi corazón una dulzura tan grande, que nadie podría comprenderla sin probarla», diría más tarde en un soneto célebre. Este encuentro silencioso, iluminado por un saludo y una mirada que le sumergieron, produjeron sobre el adolescente tímido una impresión tan fulgurante que se retiró a su habitación para meditar sobre lo que le acababa de suceder.

Durante esa meditación se durmió y tuvo una visión todavía más sorprendente que el encuentro imprevisto con su amada. «Vi como mi habitación se llenaba con una nube de fuego rojo, en medio del cual discernía la figura de un hombre que me daba miedo, a pesar de su aspecto alegre. Me habló de muchas cosas, entre las cuales distinguí lo siguiente: *Ego dominus tuus* (yo soy tu señor). En su brazo había una figura dormida, semidesnuda, cubierta únicamente con un ropaje rojo. Al considerarla con más atención la reconocí como la dama de mi felicidad. El hombre tenía entre sus manos algo que parecía todo en llamas y me dijo estas palabras: *Vide cor tuum* (mira tu corazón). Entonces despertó a la mujer dormida y la obligó, no sin dificultad, a comerse el corazón llameante, cosa que ella hizo dudando y con temor. Pero la alegría del hombre se transformó pronto en amargas lamentaciones. Cogió la joven entre sus brazos y con ella se elevó al cielo. Entonces mi angustia fue tan grande que me desperté.»

Quizás un solo hombre haya comprendido el carácter trascendente y la belleza realmente divina de esta visión. Es el pintor-poeta inglés Gabriel Rossetti. El célebre cuadro donde pintó esta escena es de una suavidad encantadora, pero también se percibe la emoción desgarrada, el lado a la vez trágico y celeste. Intentaremos explicar con palabras el sentido sublime de esta visión que la imagen expresa con toda su fuerza. El flechazo del amor de Dante por Beatriz, ese golpe recibido en el plano físico, se traduce en el plano astral en una repercusión sorprendente. El destino terrenal y la misión divina del poeta están resumidos en un cuadro vivo de una elocuencia suprema. Es el Amor en persona, es

Eros, el dios del Deseo que conduce a la amada hasta Dante. Esta está dormida, todavía inconsciente de su misión sublime. El genio del Amor la obliga a absorber el corazón ardiente de ese amante tímido y apasionado que tiembla ante ella. Ella morirá por esa llama devoradora, pero esto le dará la fuerza de convertirse en la redentora de su Amado y de atraerlo a su cielo. El poder superior que rige estas dos almas no reside en ellas mismas sino en el Amor que dispone sus destinos según la ley soberana. Sin embargo, al hacer morir a Beatriz de manera prematura, sometiendo toda la vida de Dante a esa muerte, el Amor se convierte en el instrumento de la doble transfiguración. Despierta las fuerzas más profundas de esas dos almas, lleva a cabo su deseo más secreto, les confiere la divina libertad de los elegidos.

La continuación de la *Vita Nuova*, donde las argucias escolásticas se mezclan con lo patético y lo sublime de los sentimientos, demuestra por su misma puerilidad la espontaneidad y la sinceridad perfectas del poeta. Mientras, se recoge, sueña, reflexiona. En una serie de sonetos de una gracia musical, vuelve a su primer encuentro con la amada y a las visiones que le siguieron. La vista de Beatriz había despertado en él una fuente de inspiración muy superior a la de su maestro Guido Cavalcanti. Ya es plenamente consciente de la grandeza de ese acontecimiento, aunque todavía está lejos de poder abarcar todo su alcance, pero siente que con él empieza una nueva era del amor, porque anuncia su aventura «a todos los corazones y a todas las almas prendadas de la cortesía» para comunicar su alegría a la hermandad de los verdaderos amantes. A todo esto Beatriz se había casado con *messer* Simone Bardi. No parece que este hecho haya molestado lo más mínimo a Dante. Su sueño continúa. Por el contrario se aflige de manera desmesurada por la muerte de Folco Portinari, el padre de Beatriz, imaginando el dolor de la hija. En esta ocasión tuvo un nuevo sueño premonitorio. Le pareció ver a Beatriz muerta, tendida sobre una cama fúnebre y rodeada de familiares acongojados. En realidad Beatriz murió poco después, a la edad de veinticuatro años. El poeta se enteró en el momento mismo en que terminaba una estrofa en honor de la Amada. Esta noticia consiguió destrozarlo y lo hundió en un abismo de tristeza. De tanto llorar los ojos se le enrojecieron y secaron.

Este dolor le llevó a dar el gran paso de su iniciación. Si «el saludo inefable» de la gloriosa dama de sus pensamientos había sido la revelación primera, su muerte lo llevó a otro mundo. Del flechazo de la alegría había nacido el poeta, del flechazo del dolor salió el iniciado. Esto fue al principio una especie de aniquilamiento que expresa con estas palabras de Jeremías: «La viuda del Señor, la ciudad santa, está en soledad». Pero de la nada de esta muerte temporal había de surgir una verdadera resurrección. Fue entonces cuando tomó la decisión de dedicarse a la teología y a la filosofía y a no tener más guía que el alma radiante de Beatriz.

Pero el neófito no podía eludir la fase de las pruebas y de las tentaciones. El joven patricio estaba rodeado de un círculo escogido de amigos inteligentes y de mujeres encantadoras. Estos confidentes, hombres y mujeres, se interesaban apasionadamente por la producción de su Musa y por los detalles más nimios de su vida íntima. Entre ellos había una mujer de nombre Giovanna, que tenía el sobrenombre de *Primavera* a causa de su resplandor primaveral. Era de una gran belleza y, como suprema seducción, ¡se parecía a Beatriz! Giovanna le mostró una compasión tan honda al poeta infeliz, que éste se dejó mecer por sus palabras de consuelo. Bebió profundamente de esas miradas encantadoras. Pronto el deseo insidioso vino a mezclarse con el concierto de suspiros y de lágrimas derramadas a dúo. Al mismo tiempo, el amante en luto se dio cuenta de que la imagen de la dama elegida se difuminaba a medida que la bella Giovanna se apoderaba de su alma. Una Beatriz de carne y hueso, una Beatriz vibrante de deseo y pletórica de vida ¿sustituiría a la diáfana y celeste aparición de su adolescencia? «Un día en que meditaba en soledad, Beatriz se apareció a mi imaginación con el vestido rojo que llevaba la primera vez que nos vimos, y más joven que nunca. Mi corazón se sintió fulminado por la vergüenza. Derramé torrentes de lágrimas y permanecí mucho rato abrumado por la pena.» Sobre esta aventura escribió el soneto que empieza con estas palabras: «Más allá de las esferas más lejanas, mis suspiros salían del corazón y subían. *El Amor me dio una percepción nueva* que atrajo mi corazón hacia el cielo mientras derramaba lágrimas...»

Oltre la sfera che più larga gira.
Passa il sospiro ch'esce dal mio core:
Intelligenza nuova, che l'Amore
Piangendo mette in lui, pur su lo tira...

»Pronto, después de escribir este soneto, tuve una visión maravillosa en la que vi cosas que me decidieron a no escribir nada más sobre la dama beatificada antes de poder hablar dignamente de ella. *Espero poder decir de ella lo que nunca se ha dicho de ninguna mujer.*»

Esta es la conclusión de la *Vita Nuova* que anuncia *La Divina Comedia*. La última visión, de la que habla aquí el poeta, es la que describirá al final del *Purgatorio*, amplificándola en un contexto suntuoso y con un significado más vasto, cuando al llegar con su guía, Virgilio, al *Paraíso*, el peregrino de los tres mundos encontrará otra vez finalmente a Beatriz en un carro triunfal, rodeada de un divino cortejo y deslumbrante de una belleza tan intensa, de una luz tan fulgurante, que al principio sus ojos no podrán soportarlo.

Esta quintaesencia física de la iniciación dantesca muestra su singular originalidad, la profundidad sorprendente y el inmenso alcance. Ahí se reveló una nueva especie de amor que no ha sido nunca superada. Se ve con qué fuerza impulsiva Beatriz se ha convertido en la despertadora e iniciadora del alma del poeta, el centro de su vida y la clave de su obra maestra. El mundo exterior y terrestre sirve de punto de apoyo a esta revelación, pero todo sucede en el mundo interior y en una esfera trascendente, que deja percibir poco a poco sus rayos a través del velo espeso de la realidad, para desvelarse finalmente en todo su esplendor. El alma lo es todo, el cuerpo es un simple accesorio. Sirve de vez en vez y al mismo tiempo de contrapeso y de prisma, de sustancia plástica y de símbolo elocuente de las verdades espirituales. En esta novela de simplicidad infantil, no hay ni confesión, ni juramento, ni promesa, ni contacto material de ningún tipo. Un saludo, una mirada, y nada más. Pero a continuación un prodigioso intercambio de almas, un influjo torrencial de esta fuerza amorosa que no conoce ni mesura ni freno. Dante está tan seguro del vínculo sublime que lo une a esta muchacha, que no da importancia a su casamiento con *messer* Simone Bardi, y ni siquiera habla de ello. En el umbral del paraíso, Beatriz tampoco se inquieta por el casamiento de Dante con Gemma Donato, que tuvo lugar algunos años después de la muerte de Beatriz. Por el contrario, ella le reprocha amargamente el haber permitido que momentáneamente otras mujeres ocuparan el sitio que le correspondía a la amante divina en el corazón del iniciado. Porque ella sabe que para él es el Alfa y el Omega, la fuente y el trono de la Verdad. Para salvar su alma ella ha removido cielo y tierra, y él mismo ha atravesado el Infierno y el Purgatorio para unirse a ella.

Hemos visto la iniciación del poeta a través de su gran amor. Echemos un vistazo a su vida sucesiva antes de seguir con un aletazo rápido su viaje infernal y celeste.

III

LA VIDA POLÍTICA DE DANTE
EXILIO Y MUERTE

Al sueño divino de la juventud de Dante le sucedieron las duras luchas y las decepciones crueles de la edad madura. La *Vita Nuova* sólo permite ver su alma femenina de una sensibilidad trepidante y de una ternura infinita. Su vida pública, entre los veinticuatro y los treinta y cinco años, pone en evidencia de golpe su lado masculino, sus pasiones violentas, la indomable combatividad de esta naturaleza tan completa, que une los extremos y reencuentra siempre su equilibrio en medio de las tempestades más fuertes. El hombre de acción y el teórico político compartieron en él las contradicciones y la estrechez de miras de su tiempo. Si leemos su tratado sobre la *Monarquía* comprobamos que su ideal político era de una sencillez tan audaz como ingenua. El papa, vicario de Cristo, manda en el mundo espiritual; el emperador, que manda en el mundo material, obedece al papa; y Roma, capital del mundo, manda en todas las naciones. Al proponer este mecanismo social, Dante da por sentado que el papa es un santo infalible, el emperador un rey de justicia y Roma una ciudad ideal, tan perfecta como la Jerusalén celeste y *La Ciudad de Dios* de san Agustín, y calcada sobre ella. Los desastres de su vida política darían un cruel desmentido a estas ilusiones sin hacerle renunciar a sus ideas, que se remontan a ciertas verdades espirituales desvirtuadas por el cesarismo romano. No obstante, estas experiencias le mostraron el abismo que separa el ideal de la realidad y, al hacerle ver la vida real, proporcionaron la base sólida e indispensable para su obra poética.

Las luchas entre Güelfos y Gibelinos hacían estragos en Florencia, los Güelfos apoyándose en el papa, y los Gibelinos en el emperador. La familia de Dante, y él mismo, pertenecían al partido güelfo, que tuvo casi siempre la supremacía en la ciudad toscana y que defendía con más energía que el otro la independencia de las ciudades. Las pasiones estaban enardecidas hasta el punto de que el triunfo de un campo en el gobierno popular de Florencia significaba infaliblemente el exilio de todas las familias del campo contrario y la confiscación de todos sus bienes. Esta lucha entre los dos grandes partidos, que dividía entonces a toda Italia, se complicaba además con querellas implacables entre ciertas familias rivales. Esas luchas intestinas, más encarnizadas y más peligrosas que las otras, esos odios fratricidas empezaban a menudo con un ultraje sangriento, como en el caso de la lucha entre los *Blancos* y los *Negros*, que fueron la causa de todas las desgracias del poeta. Dante, que entonces era *prior*, es decir miembro del gobierno, fue enviado al papa Bonifacio VIII para solicitar su intervención y apaciguar los contendientes. Pero pronto se dio cuenta de que el papa, en lugar de favorecer a su propio partido, los Blancos (todos Güelfos), se había entendido por intereses propios con Carlos de Anjou, para hacerlo entrar en Florencia con sus tropas, lo que les permitió a los Negros (todos Gibelinos) retomar el poder y exiliar a sus adversarios. Dante, acusado falsamente por los Negros vencedores de haber participado en la intriga que hizo entrar a Carlos de Anjou en la ciudad, compartió la suerte de los vencidos, su casa fue confiscada y saqueada, y él mismo desterrado de su ciudad natal bajo pena de muerte.

Incluso se cuenta que los tres primeros cantos del *Infierno*, que se habían quedado en la casa, se salvaron gracias al arrojo de un compañero generoso, el poeta Frescobaldi, que arrancó el manuscrito de las manos de aquellos que querían quemarlo y se lo envió al ilustre rival.

Después de esta catástrofe, y después de varios años de inútiles esfuerzos para que su partido exiliado a Arezzo retomara el poder, Dante se hizo Gibelino, pero no hay que atribuir esta conversión a un interés personal (porque de ello no sacó ningún provecho) sino a la indignación y al disgusto por las cosas humanas que se apoderó de él al ver venirse abajo todas sus esperanzas. Rechazado por el papa, maldecido por sus enemigos, abandonado por su propio partido, desdeñado por el emperador Enrique de Luxemburgo, desterrado de la ciudad de Beatriz, el descendiente de Cacciaguida vivió sólo en el mundo y despojado de todo. Sólo le quedaba su talento. En ese momento le pareció que la tierra se abría bajo sus pies. Entrevió la negrura del infierno, donde se había propuesto bajar, y de una vuelta a otra, y de espiral en espiral, sus ojos se hundieron hasta el fondo del abismo. Al inicio de su largo martirio, en esos primeros años de desesperanza, expresa su tristeza en una carta de súplica patética dirigida a sus conciudadanos. Empieza con estas palabras: «Mi amado pueblo ¿qué te he hecho?» *Popule mee, quia feci tibi?* Pero más adelante, cuando los magistrados de Florencia, deslumbrados por su fama y siendo presa de los remordimientos, le propusieron regresar a su ciudad natal *a condición de hacer enmienda honorable y de pedir perdón por sus errores*, el exiliado contestó orgullosamente: «*No es así como Dante regresará a su patria*. Vuestro perdón no vale esta humillación. Tengo mi honor por morada y por escudo. *Acaso ¿no puedo contemplar el cielo y las estrellas en cualquier lugar?*»

El político había muerto, pero el poeta soberano había tomado conciencia de su fuerza y de su misión. Había perdido su patria terrenal, pero tomaba posesión de su patria eterna. En los duros caminos del exilio, de Arezzo a Pisa, de Pisa a Pavia, de Pavia a Verona, luego, a través de los bosques de castaños y de pinos de los Apeninos hasta las altas soledades del monasterio de Gubbio, y de allí finalmente a su último asilo en la austera Ravena, la vieja ciudad bizantina que dormita entre el Adriático y sus pinares sombríos, el poeta errante, a veces acogido por ilustres protectores, pero siempre incomprendido en el fondo, y siempre encerrado en sus visiones sublimes, el peregrino solitario pudo meditar a su gusto su poema sobrehumano, itinerario de una patria celeste, pero también presagio, por su fuerte estructura y su maravillosa unidad, de la patria italiana que todavía no existía. Nadie entonces podía adivinar su alcance, pero su autor presentía que sería para el mundo futuro lo que la *Ilíada* y la *Odisea* habían sido para el mundo antiguo.

IV

LA DIVINA COMEDIA Y SU SENTIDO INICIÁTICO

La concepción grandiosa de *La Divina Comedia* se nos presenta al mismo tiempo como una aventura personal y como una representación del cosmos. En su viaje al Más Allá, el viajero atraviesa los tres mundos, pero del uno al otro cambia, se transforma y se transfigura bajo el golpe de las maravillas contempladas. En el *Infierno* no es más que un espectador doliente y aterrado; en el *Purgatorio* se convierte en un paciente inteligente y purificado; en el *Paraíso* se eleva por grados al estado de vidente y de elegido. Formidable *crescendo* por el cual el iniciado penetra poco a poco en los arcanos de los tres mundos. De manera gradual comprende y descifra el lenguaje de las tres esferas, que corresponden a las tres partes esenciales de su ser íntimo, esferas cada vez más amplias que se expanden a su alrededor. Los rayos de su alma, que se zambullen en ellas para sondearlas, le devuelven imágenes al principio aterradoras, luego familiares y consoladoras, por fin luminosas y espléndidas. La enumeración de esos diferentes estados del alma, bajo forma de ideas puras, sería árida y fastidiosa, pero aquí todo es pintoresco y patético porque todo está vivo y vivido. El poeta no razona, cuenta sus visiones. Más adelante se dedicará a filosofar. El arcano de su vida interior es su gran amor. Este es el centro fecundante de su obra, el sol en el cual enciende la antorcha de sus misterios. Es Beatriz quien le envía a Virgilio en el bosque tenebroso, en el camino de perdición en el que sus pasos se han extraviado y donde la Pantera, el León y la Loba, que simbolizan la Voluptuosidad, la Ambición y la Avaricia, le cierran el paso. Empieza entonces el viaje temible por la puerta oscura donde están escritas las palabras terribles: «Dejad toda esperanza, los que entráis». El espectáculo de los condenados, que por propia culpa han perdido la luz de la inteligencia y la fe del amor, dará comienzo a la iniciación del poeta.

El *Infierno*. Dante lo imagina como un cono invertido. Fantasía vertiginosa, pero de una precisión geométrica. En el borde superior, el perímetro de la sima tiene un diámetro que va de Roma a Jerusalén. En el fondo, su punta llega al centro de la tierra. La inmensa caverna se divide en nueve círculos que se van estrechando a medida que se baja. Cada una de esas zonas es una vasta región, que tiene montañas, valles y ríos. Cada una tiene su atmósfera particular y cuando se baja de grado en grado a ese reino de las tinieblas, la luz confusa se va haciendo cada vez más oscura. Ahí vuelan por los aires, se revuelven en las ciénagas o se agitan bajo una lluvia de fuego los supliciados del otro mundo. Aquí cada uno es castigado según su pecado, y la naturaleza de sus pasiones se explica por sus consecuencias últimas. Psicología rigurosa, de una lógica despiadada en su jerarquía. Los guardianes de esos lugares son los dioses y los monstruos de la Antigüedad, mezclados con los demonios de la Biblia. Grandes personajes de todas las épocas se mezclan con la multitud de las sombras. Los papas simoníacos se pasean con los tiranos de Asia, Ecelino se codea con Atila, pero todos están en su rango según la escala de los crímenes. Las emociones del peregrino se corresponden con las cosas espantosas que ve. Se detiene a hablar familiarmente con los muertos que ha conocido y comparte sus sufrimientos. Se aflige, llora, se desmaya. En ocasiones, asustado por la amenaza de los demonios o los insultos de los malvados, se agarra a la túnica del buen Virgilio, que lo sostiene, lo anima y lo tranquiliza. Al iniciar la bajada peligrosa sus ojos «se abren por la curiosidad» pero cuando ven el fondo del abismo «se cierran por el espanto».

En la orilla yerma del Aqueronte, el rudo barquero Caronte, «el anciano de piel arrugada y ojos de brasa», hace entrar a las almas de los difuntos en su barca golpeando con el remo a su ganado de ultratumba. Y desde la otra orilla el Infierno envía a su visitante su hálito precursor. «Entonces un viento terrible se levantó sobre esa tierra de lágrimas, un relámpago rojo salió y caí como un hombre dormido.» Sin embargo esta conmoción no es más que un débil anticipo de las angustias que pronto habrán de golpearle. Después de la travesía, el viajero se despierta en la otra orilla en el primer círculo infernal, donde se mueven las almas de las personas indiferentes, aquellas que son incapaces tanto del bien como del mal, rechazadas por igual por el cielo y por el infierno, y que están condenadas a vagar para siempre en los espacios vacíos. Pero en una alta montaña el poeta ve un castillo rodeado de siete murallas. Este castillo-fuerte aloja a los héroes, los sabios y los poetas de la Antigüedad, que no conocieron el Evangelio y a los que la teología de la Edad Media negaba el acceso al cielo de Cristo. Dante, que los reverencia como a maestros, los sitúa por encima de todos los demás habitantes del infierno, en una región intermedia donde perseguirán sus sueños de heroísmo, de sabiduría o de belleza.

Los tres versos que evocan a este grupo regio, presidido por «el gran Homero», delatan la emoción del poeta con su ritmo musical:

Genti v'eran con occhi tardi e gravi
Di grande autorità ne' lor sembianti,
parlavan rado con voci soavi.

«Eran hombres con los ojos lentos y graves, de gran autoridad en
sus gestos. Hablaban claramente con voces suaves.» Sólo contem-
plándolos «su alma se exalta en sí misma» y se siente orgulloso
«de ser recibido como uno de ellos».

Pero al salir de la caverna de Minos, el juez infalible de
los muertos, Dante se ve bruscamente sumido en el círculo de los
Incontinentes, donde reina la tormenta infernal, *la buffera infernal che mai non resta*, imagen y prolongación de su delirio. Éste es
el reino de los desgraciados que se entregaron sin reserva a la
pasión de los sentidos. Una tormenta sin descanso reina soberana.
Desde un promontorio avanzado el poeta y su guía contemplan el
abismo. No se ve nada en esa negrura si se excluyen débiles resplandores que pasan como nubes ligeras. El viento furioso los
persigue y los retuerce en remolinos y en espirales a través del
espacio. De esta manera ellos persiguen sus deseos insaciables.
Mejor que nadie Dante conoce esa pasión, que en sus dos extremos alcanza de igual manera el cielo y el infierno. Conoce «ese
amor todopoderoso que obliga al amado a amar a su vez».

Amor ch'a nullo amato amar perdona.

Asimismo, el episodio de Paolo y Francesca, el más patético y el
más popular de su poema, está creado para remover el poeta hasta
las entrañas. La aparición de la pareja adúltera y desgraciada
«pero que la eternidad no podrá separar», el relato inmortal de
Francesca y las lágrimas de su amante dan al poeta una tal sacudida que cae «como cae un cuerpo muerto».

Pero pronto nos zambullimos junto con el peregrino en otro
mundo. Los círculos 4°, 5°, 6° y 7° se corresponden a pasiones más
odiosas y mucho más temibles. Son las que afectan no sólo los

sentidos, que son los órganos y el envoltorio del alma, sino su sustancia y su esencia. Allí se encuentran juntos los pródigos y los avaros, los ambiciosos y los violentos, los sodomitas y los suicidas. Allí fluye el río Estigio, el río negro de la Muerte, donde no puede subsistir nada que esté vivo, ya que todo lo que se arroja a él es destruido inmediatamente. Allí reinan Plutón y el fuego infernal. Este fuego se manifiesta de las formas más diversas, porque está por todo, visible u oculto. Brota de la tierra, burbujea en los lagos de sangre donde los violentos se ahogan los unos a los otros y llueve del aire en forma de granizo en llamas. Sorprendente ciudad, Dite. El Estigio la encierra en un bucle. Unas torres en brasas, con las almenas rojas, la dominan. Alrededor de esas torres voltean los demonios que se divierten anunciando el número de nuevos huéspedes por medio de pequeñas pavesas, una especie de telégrafo sin hilos del infierno de Dante. En el interior de ese castillo se observa un cementerio extraño. A lo largo de los muros enormes y sin ventanas se extienden hileras de sepulcros, de donde surgen luminosidades inquietantes. Son las tumbas ardientes de los orgullosos. Una de las lápidas se levanta y por encima del foso se yergue hasta la cintura la figura soberbia del indomable Farinata «que mira a su alrededor como si tuviera el infierno en gran desprecio». Dante lo puso allí no sólo a causa de su orgullo, sino también porque fue herético y negó obstinadamente a Dios y a la inmortalidad del alma. Pero no puede evitar hacerle justicia y noblemente lo inmortaliza, porque este Gibelino salvó a Florencia de la destrucción, en contra de su partido, cuando los Güelfos subieron al poder. A pesar del Infierno que brama a su alrededor, a pesar del torrente de pasiones que los separa, el valor y la fiereza de esos dos personajes hace que fluya entre ellos una corriente de simpatía. Pero ¡qué cuadro del estado del alma de los orgullosos es la tumba de fuego de Farinata! En esta sola imagen está toda la psicología del orgullo. Vale tanto como cien tratados de moral y un drama de Shakespeare.

En es séptimo círculo, el de los violentos, el furor de los demonios y de los condenados contra el intruso vivo que los desafía es tal que Virgilio sube con su compañero a lomos del centauro Neso para recorrerlo. Aquí los centauros traspasan a golpe de flechas a los rabiosos, que luchan en un río de sangre haciéndola hervir con su cólera insensata. El espanto del poeta aumenta cuando ve a los suicidas convertidos en troncos de árbol que gritan mientras las harpías se comen sus hojas.

Pero todavía no hemos llegado al fondo del abismo. La última y más temible forma de la malicia demoníaca es la que ataca no sólo los sentidos y el alma, sino que pervierte la inteligencia y destruye así la raíz divina del ser humano. Allí hay que bajar para sondear el misterio último del Mal.

De repente los viajeros se detienen ante un abismo que se abre a sus pies. Las paredes perpendiculares de la roca se pierden en las tinieblas del pozo. No hay ni escalera ni rampa para bajar. Pero al borde de la sima se engancha un monstruo extraño, que es uno de los inventos más sugerentes del poeta: es Gerión, el genio del Fraude. Este saurio de un nuevo género tiene cabeza humana de rostro noble con cuerpo de serpiente y una enorme cola de escorpión. Unas largas alas de dragón le permiten volar. Con su hermoso rostro y sus ojos cariñosos engatusa y seduce a sus víctimas. Con el dardo venenoso de su cola, que se gira en todas las direcciones, mata a los que consigue engañar. Imagen elocuente de la Mentira pérfida, autor de los más grandes crímenes. El mago Virgilio conoce a Gerión. Con un gesto magnetiza a la Bestia, luego se sienta sobre su lomo escamoso y Dante se agarra a su maestro. El monstruo extiende las alas y lentamente, silenciosamente los viajeros bajan con vuelo planeado y largos círculos a las profundidades del abismo.

Así los dos peregrinos llegan a la ciudad de Malebolge, donde los fraudulentos, los rufianes corruptores de mujeres y los aduladores están inmersos en el fango, donde los traficantes de justicia están sumidos en la pez hirviente, bajo el cuidado de demonios crueles y guasones, donde caminan los hipócritas bajo sus capas de plomo, donde los ladrones y los falsarios de todo tipo se retuercen enroscados en serpientes que les muerden. El fondo del abismo, el de los traidores, ya no es un infierno de fuego sino un infierno de hielo. El Arcángel de la luz divina, convertido en príncipe de las tinieblas, Lucifer, que Dante confunde con Satán como todos en la Edad Media, se halla allí, hundido hasta los hombros en un lago helado. El poeta quiere mostrarnos que el último grado del Mal es la muerte del alma por exceso de orgullo, el aprisionamiento y la petrificación del espíritu en el hielo del egoísmo, de donde resulta la anarquía universal por la división de las fuerzas y la destrucción por el odio.

El Purgatorio. En el pensamiento del poeta, que simboliza y geometriza las verdades espirituales trascendentes, el centro de la Tierra es el centro del Mal y de la magia negra. El iniciado, que ha de conocerlo todo para llegar a ser dueño de sí mismo y de las cosas, ha tenido que penetrar en él. Una vez forzado y desenmascarado en su arcano, el Mal está vencido. Desde el fondo del Infierno el iniciado se lanzará a la conquista del Cielo.

La ficción audaz y singular del poeta representa el Purgatorio como una montaña cónica, surgida del fondo del mar en el hemisferio austral. Por una estrecha fisura, que va del centro de la Tierra hasta la superficie, Dante y Virgilio alcanzan una isla desde donde se percibe el cono majestuoso que emerge del Océano. Una barca conducida por un ángel los lleva hasta allí. ¡Con qué alivio el neófito, lavado de los vapores fuliginosos del infierno y adornado por su maestro con una corona de juncos, saluda los matices de zafiro del cielo austral!

Dolce color d'oriental zaffiro.

En la puerta del primer círculo, cuyos tres escalones dan acceso al Purgatorio, el Ángel del arrepentimiento escribe siete veces la letra P sobre la frente de Dante. Son las marcas de los siete pecados capitales. Cada vez que acceda a un círculo desaparecerá una letra de la frente del penitente. «¡Entrad! —dice el Ángel a los viajeros—. Pero os advierto que aquel que mire atrás volverá afuera.» Tantas son las atracciones del pecado que podrían reconducir al peregrino a sus fallos pasados y tanta es la energía necesaria para la dura ascensión. En el estrecho sendero ascendente que recorre, el viajero ve en primer lugar unas esculturas sorprendentes, en forma de bajorrelieves tallados en la roca. Recubren las dos paredes e incluso el suelo que pisa. Por un lado es la historia de la rebelión de los Titanes y de su combate contra los Dioses, por otro la historia de la caída de Lucifer y de sus Ángeles. Leyendas con el mismo sentido, símbolos paralelos de una misma idea y de un mismo acontecimiento cósmico. «A un lado vi a aquel que había sido creado con más nobleza que cualquier otra criatura, cayendo del cielo zigzagueando como un relámpago; al otro lado veía a Briareo, atravesado por el rayo celeste pesar sobre la tierra entorpecida por el frío de la muerte.» Ve los miembros dispersos de los gigantes. Ve a todos los orgullosos: Saúl que se suicida con su propia espada, y Roboamo arrebatado en su carro lleno de espanto, y Níobe rodeada por los cadáveres de sus siete hijos. Ve a Tamiris que arroja la cabeza de Ciro en una tina llena de sangre mientras le grita: «¡Has tenido sed de sangre y yo te lleno de ella!» Ve la derrota de los asirios después de la muerte de Holofernes; ve Troya arrasada por el fuego y sus ruinas. Hay una especie de profecía de Miguel Ángel en el siguiente pasaje: «¿Cuál es pues el maestro del pincel o del cincel, capaz de trazar las sombras y las poses, que en este lugar llenaría de asombro al más sagaz? Los muertos parecen muertos y los vivos, vivos. El que vio la realidad de estas cosas no vio mejor que yo todo lo que pisaba, mientras avanzaba con la cabeza agachada.»

Esta es la lección que le dio el iniciador a su discípulo. En el Purgatorio tiene que pisotear con sus pies, en sus tentaciones insensatas, el orgullo y la revuelta para los que ha visto los suplicios terribles en el Infierno. Ahora tiene que vencerlos en su conciencia para elevarse en la serenidad del Espíritu, en el esplendor del Amor divino. Y lo sorprendente es la frase que Dante añade: «Y ahora, mostrad orgullo y caminad con la cabeza erguida, ¡oh hijos de Eva! Y no bajéis la vista para ver los malos caminos por los que discurrís.» Después de haber vencido el pecado del orgullo, Dante no termina con una palabra de humildad, una oración, un caer de rodillas como en tantos otros sitios, sino con una palabra de fiereza. Es el *yo regenerado* que ya está seguro de la conquista de lo Divino con la victoria sobre sí mismo. Y Virgilio le dice: «¡Levanta la cabeza! Ya no es tiempo de caminar así soñando. Ve aquel Ángel que se prepara para venir a nosotros. Recompone tu rostro y tu actitud con respeto, para que se digne conducirnos hacia lo alto. Piensa que este día ya no volverá a brillar».

«La hermosa criatura (el Ángel) venía hacia nosotros, vestida de blanco, y su rostro resplandecía con el temblor de la estrella de la mañana.» Abrió los brazos y extendió las alas diciendo: «Venid, aquí cerca están las gradas y a partir de ahora la subida se hace fácil». Y el poeta añade: «Pocos contestan a esta llamada. ¡Oh raza humana! Nacida para volar en lo alto ¿por qué caes así al menor viento?» El Ángel nos condujo donde la roca estaba tallada, allí me golpeó la frente con sus alas y me prometió un viaje tranquilo. Y habiendo llegado a esa comarca donde se sube por una escalera entre dos murallas, Dante exclama: «¡Ah, cuán diferentes son estas puertas de las del Infierno! Se entra en unas con cantos y en las otras con gritos de rabia». Se siente más ligero y le dice a Virgilio: «Maestro, ¿qué es el peso que me han quitado, que ya casi no siento la fatiga al caminar?» Me contestó: «Cuando las P que están todavía en tu frente, medio borradas, hayan desaparecido del todo como las otras, el deseo superará de tal modo tus pies que no sólo no sentirán ya ninguna fatiga, sino que será una alegría para ellos avanzar hacia arriba». Entonces Dante se lleva la mano a la frente y ya no encuentra más que la cicatriz de las seis P que el guardián de las llaves le había grabado. Los pecados que se expían en el Purgatorio son los mismos que los que se castigan en el Infierno con penas eternas (cólera, avaricia, gula, embriaguez y lujuria) pero que no se han llevado a los últimos excesos. Han sido cometidos por ignorancia y por error, no por malicia y por maldad. El poeta encuentra allí antiguos conocidos, trovadores, músicos, alcaldes y papas. Están castigados con el suplicio de Tántalo, quemados o helados por el antiguo deseo, que no pueden satisfacer. Así expían y se purifican. A medida que el poeta y su guía van subiendo «las aves divinas», los Ángeles, se dejan ver con mayor frecuencia y las hileras de almas que se elevan hacia ellos entonan sus cánticos sobre melodías más apacibles.

Ya han llegado a la cima de la montaña escarpada en forma de cono. Los peregrinos se encuentran en un vasto jardín con grandes enramadas, es el paraíso terrenal. En un prado perfumado dos mujeres exquisitas, Lía y Raquel, recogen prímulas y rosas y tejen guirnaldas con ellas. Virgilio le dice a su protegido: «Has visto el fuego eterno (el Infierno) y el fuego efímero (el Purgatorio) y has venido a este lugar donde ya no distingo nada con mis propios ojos. Te he conducido hasta aquí gracias a mi genio y a mi arte. De ahora en adelante tu placer será tu guía. Ves el sol que reluce sobre tu frente, la hierba, las flores y los arbustos que esta tierra produce espontáneamente. Antes que lleguen los ojos que me han hecho venir a ti llorando, puedes sentarte o marchar. Ya no esperes mi palabra o mi indicación. Eres libre, derecho, sano y tu propio árbitro, y el pecado ya no tiene poder sobre ti. Eres señor de ti mismo por la corona que pongo sobre tu frente».

De repente el bosque se ilumina. Bajo las enramadas del paraíso terrenal, donde una brisa ligera hace temblar las hojas y se desliza como una melodía celestial, avanza una procesión maravillosa rodeando un carruaje todavía más maravilloso. Es arrastrado por un grifo, animal apocalíptico que aquí simboliza al Cristo, en su naturaleza a la vez humana y divina. Los ancianos y las mujeres que lo rodean llevando candelabros, representan los Santos y las Potestades de la Iglesia triunfante. Encima del carruaje aparece por fin Beatriz, la Amante terrenal sin mancha, transfigurada en Novia celestial. Él la ve primero a través de un velo de flores que los ángeles derraman sobre ella. Como en su primer encuentro con el poeta, ella lleva un vestido de púrpura, *color di fiamma viva*, bajo un manto verde con un velo blanco. El velo, al tamizar su resplandor, permite que Dante pueda fijar su vista en Ella. Ante su conmoción interior, él reconoce «la fuerza de su antiguo amor y los signos de su llama primera», *dell'antica fiamma*. Pero pronto su alegría se transforma en confusión profunda y en aguda tristeza cuando Ella le reprocha con términos hirientes sus infidelidades. Sólo después de haber atravesado el río que lo separa de este ser divino y haber bebido las aguas leteas, que borran incluso el recuerdo de sus faltas, tiene la fuerza de mirarla sin velo y de sostener el brillo de su nueva belleza. Entonces percibe que los ojos fulgurantes de su amada reflejan la imagen del grifo (símbolo de Cristo) y reproducen por turnos su naturaleza humana y su naturaleza divina en sus pupilas dilatadas. La fusión perfecta de lo Divino y lo Humano, misterio y fin de la creación y de la evolución, se le aparece así al iniciado en los ojos de la Mujer, por el prisma del Amor. Ese espectáculo se imprime en el alma del observador «como un sello en la cera blanda» y completa su iniciación.[1]

1 Esta visión de Beatriz en su carro triunfal, rodeada por los dignatarios de la Iglesia triunfante, describe la última visión de la vida amorosa de Dante, visión que el poeta adolescente no se había atrevido a describir en la *Vita Nuova*, porque todavía no se sentía digno de ella.

Esta gradación de ideas e imágenes, fundidas en el crisol de una emoción intensa, muestra la fuerza trascendente del pensamiento esotérico del poeta.

Ni siquiera en el paraíso terrenal hay alegría sin su opuesto, y Virgilio ha desaparecido durante el arrobamiento de Dante. Con el corazón destrozado, el discípulo llora la pérdida de su maestro amado y fiel, que ya no puede seguirle. Permanecerán unidos a distancia, en el Espíritu, pero ya no volverán a verse, ya que hay una barrera infranqueable entre los dos mundos que habitan. Separación muy dolorosa para el discípulo tierno y apasionado… Pero estas serán sus últimas lágrimas, ya que la gloriosa Beatriz será de ahora en adelante su guía en las esferas celestes.

El Paraíso. El encuentro con Beatriz, transfigurada en su esencia divina, ha sido para el poeta la culminación de su larga y dolorosa prueba. Habiendo llegado a las puertas del cielo, cuyos primeros rayos acarician su rostro, el peregrino se gira un instante para echar un vistazo atrás, al profundo abismo del cual ha subido, y otro vistazo hacia delante, a las esferas celestes que vislumbra. Aliviado del peso de la tierra, armado con una visión nueva, comprende sólo ahora la razón y el sentido de los tres mundos que está recorriendo. Le revelan la estructura íntima, las interioridades del universo, pero también le revelan la esencia de su propio ser, que reproduce y refleja esos tres mundos como en un cristal claro. El *Infierno*, con sus tinieblas, sus luchas y sus horrores, se corresponde al *mundo de la materia*. El *Purgatorio*, con su luz tamizada, sus arrepentimientos y sus pruebas, se corresponde al *mundo astral del alma* ya liberada de las cadenas materiales. El *Paraíso*, con sus esplendores, sus gozos y sus éxtasis, se corresponde al *mundo divino del Espíritu puro*. Es el reino de la Luz increada y del Amor soberano. Porque aquí el Amor irradia Luz y la Luz rebosa Amor. Confundidas en un solo poder esas dos fuerzas primordiales se manifiestan como la Verdad misma y como la Palabra creadora, «la Palabra que según el primer versículo del Evangelio de San Juan, era al principio, estaba con Dios, y era Dios», la Palabra que fue Sonido antes de ser Luz.

> *Luce intellettual piena d'amore,*
> *Amor di vero ben pieno di letizia,*
> *letizia che trascende ogni dolzore.*[2]
> Paraíso, XXX, 40.

Puesto que el Cielo y Dios, que lo llena animándolo, son la fuente y el principio de los tres mundos, por la emanación, la creación y la involución, el alma humana que ha bajado al mundo material ha de remontar todos sus grados para liberarse y reconocerse en su hogar primitivo.

Además en esos tres mundos todo es distinto: los elementos, la sustancia y la esencia de las cosas. Todo cambia de órgano: la naturaleza, el alma y Dios, y de ello se deriva otro tipo de simbolismo, de psicología, otro método de conocimiento.

En el mundo opaco del Infierno, que es en gran parte el de la tierra, el hombre sólo conoce las cosas por sus enemistades, sus choques y sus combates. En las regiones confusas del mundo astral y del Purgatorio se presiente lo Divino a través de las formas cambiantes de los seres y de sus apariencias fantasmales. En el Cielo, por el contrario, en el mundo del Espíritu puro, hay una concordancia inmediata y perfecta entre el alma y lo que la rodea. Es la región de la armonía, de la compenetración y de la fusión de las almas. Los santos ven a Dios y la Verdad directamente en la Luz espiritual. El amor, la beatitud, la contemplación adquieren formas de luz. Los espíritus se calientan a los rayos del amor. La

---

2 Luz intelectual llena de alegría, amor del verdadero bien lleno de alegría, alegría que trasciende toda dulzura.

beatitud y el gozo brillan en sus ojos, resplandecen en su sonrisa. La Verdad se refleja como en un espejo bajo su aspecto eterno.[3]

Los tres mundos forman un conjunto completo e indisoluble, y se contrarrestan en un equilibrio perfecto. Porque en el Cielo como en los otros mundos, el que los atraviesa percibe una gradación poderosa. Según los órdenes de espíritus y los grados de virtudes, las almas y las formas se espiritualizan. Como ellas, el éter se hace cada vez más transparente y la luz cada vez más intensa. Hay un *crescendo* de intensidad y de poder en la sonrisa de Beatriz y en las fulguraciones de las falanges celestes y en las melodías cada vez más amplias y suaves que envuelven y elevan a los dos amantes. Las almas de los grandes santos no se manifiestan ya bajo forma humana, sino que se ocultan en la llama y en la luz. A veces se agrupan por miles en configuraciones grandiosas cuyo signo expresa su sentimiento común. Su masa acumulada se despliega alternativamente ante el visionario sorprendido bajo forma de un águila, de un león, de un círculo o de una constelación. Entonces el entusiasmo que brilla en todos y en cada uno se sacia y apacigua en la comunión de las almas. Y los cánticos llenan el espacio. Dios y su Verbo, el Cristo glorioso oculto en todos, son invisibles y sólo hablan con voces o coros lejanos. Cuando el poeta escucha el *Gloria* de las almas al Padre, al Hijo y al Espíritu Santo, le parece escuchar *la risa del universo*. Entonces se gira una última vez hacia el Abismo y ve la Tierra a lo lejos. La ve entera como «colinas y hondonadas». ¡Ahí! ¡Qué pequeña y oscura le parece! La llama «ese callejón que nos hace tan feroces» y rápidamente vuelve a los hermosos ojos de Beatriz, que mira hacia arriba, cada vez más arriba.

---

3 Se puede leer un desarrollo análogo y más detallado de estas ideas en el hermoso capítulo sobre *La Divina Comedia* en la *Storia della letteratura italiana*, de Francesco De Sanctis, I, pág. 205 y siguientes.

Observemos aquí que, aunque el Paraíso de Dante esté conformado de acuerdo con la más estricta ortodoxia católica, particularmente con la doctrina de santo Tomás de Aquino, él la vivifica y la amplía de manera singular, introduciendo las ideas matrices de Hermes Trismegisto, de los Órficos y de Pitágoras, que identificaban las fuerzas cósmicas con las esfera graduadas de los siete planetas. En Mercurio, Venus, el Sol, Marte y Júpiter residen las virtudes activas. Los contemplativos reciben la corona de la perfección en Saturno. En Mercurio, el planeta más próximo al Sol, la sonrisa de Beatriz hace resplandecer todo el planeta y Dante ve venir hacia él multitudes de almas, «como peces en un vivero». Entonces le dirige a la angélica Amada la siguiente petición: «Mujer, en quien vive mi esperanza y que consentiste para mi salvación en dejar tus huellas en el Infierno, reconozco la virtud de todas las cosas que he conocido gracias a tu poder y a tu bondad. Por todas las vías y por todos los medios que posees, guarda en mí tu magnificencia, haz que mi alma se desvincule de mi cuerpo para complacerte». Esa es mi plegaria, y Ella desde muy lejos, así me pareció, me miró sonriendo, luego se giró hacia la fuente eterna.

En el mismo momento Dante percibe la rosa celeste, compuesta de almas elegidas, rosa abierta con un resplandor incandescente, sobrevolada por los ángeles como si fueran un enjambre de abejas que se zambullen sin cesar en su cáliz de oro y salen para volver a zambullirse. Por intercesión de Beatriz y tras la petición de san Bernardo, a continuación se le permite al poeta echar un vistazo al misterio de la Trinidad, que le aparece bajo forma de tres círculos concéntricos, en cuyo centro le parece distinguir una figura humana. «Y como golpeado por un rayo, mi espíritu fue atravesado por un resplandor que movió mi deseo y mi voluntad según el Amor que mueve el Sol y las otras estrellas.»

Así la iniciación del peregrino de los tres mundos se termina con la identificación consciente y voluntaria de su alma con el pensamiento y la voluntad divinos.

V

ALCANCE UNIVERSAL DE *LA DIVINA COMEDIA* LA GENEALOGÍA DEL ETERNO FEMENINO

Esta aproximación a vuelo de pájaro al viaje cósmico de Dante exige una conclusión histórica.

La Divina Comedia no sólo ocupa un lugar central en el desarrollo del alma italiana, tiene también un papel principal en la historia del espíritu humano. Como punto de luz en la noche de la Edad Media, este faro proyecta sus destellos giratorios en todas las direcciones. Para medir el alcance de sus rayos primero hay que comparar la concepción cristiana del cosmos de Dante con la concepción pagana que se hacía la Antigüedad griega y romana. No se trata, como apunta cierta escuela, de consideraciones ociosas y de simples fantasías teóricas. Porque, a pesar de que las ideas que se hace la imaginación humana del otro mundo no tienen más que un valor relativo de un punto de vista objetivo y estrictamente científico, éstas sin embargo ejercen una influencia indiscutible sobre el desarrollo de los individuos y de los pueblos. En efecto, constituyen las bases supremas del pensamiento y de los factores primordiales de la educación.

También la Antigüedad tenía un gráfico de los tres mundos, pero más limitado. Todo el interés y toda la atención de la civilización grecolatina se concentraban sobre la Tierra. Si en algún momento la mirada de los hierofantes y de los sabios se dirigía más arriba, rápidamente regresaba a la ciudad y a los horizontes familiares. Los Dioses paganos representaban ellos también las grandes potencias cósmicas de distintos órdenes. Pero permanecían agrupados, presionados y como inclinados hacia la humanidad. Arrastrados por su movimiento, se teñían con sus pasiones.

En cuanto al misterio de la Trinidad cósmica, bien conocido por las religiones y las filosofías de Asia, adivinado por Pitágoras y por Platón, permanecía oculto en las profundidades del cielo y quedaba velado tras el simbolismo complicado de los misterios. Con la revelación de Cristo y el trabajo de sus sucesores, el Más Allá había crecido de manera desmesurada y había ocupado el primer lugar en la imaginación humana. Esta nueva concepción de la vida de ultratumba y del mundo invisible había de contribuir a cambiar la vida humana y el aspecto del mundo real, por lo menos tanto como la moral cristiana. Por encima de la tierra y de su infierno se montó el andamiaje de la pirámide de los santos y se ampliaron hasta el infinito los círculos del mundo espiritual. Para comprenderlos, el alma humana se afanó durante más de mil años a sondear sus propios arcanos. Al espiritualizarse se elevó y se purificó en una metamorfosis prodigiosa y ascensión formidable. Pero por ello mismo se abrió y ensanchó una brecha entre el cielo y la tierra.

¿Cómo pudo san Agustín, el más grande fundador y verdadero organizador de la Iglesia, franquear ese abismo? Nos lo explica en sus *Confesiones* y en *La Ciudad de Dios*. Fue gracias al desprecio de la vida terrenal y al sacrificio de su belleza. Para hacerse cristiano tuvo que abandonar a su mujer y su hijo. Para conquistar la fe sacrifica su razón y se conforma con el sentimiento. *Credo quia absurdum*. Su fe es ardiente, pero triste y ciega. La elocuencia, la poesía, la filosofía, el esplendor del arte son a sus ojos atractivos engañosos, espejismos tentadores y corruptores de Satán. Sólo la gracia divina puede salvar al hombre de la perdición. Las conquistas de la Antigüedad son rechazadas por considerarlas peligrosas. No hay reconciliación posible entre *La Ciudad de Dios* y *la Ciudad de Mamón*. Esta última está condenada a desaparecer. Es verdad que el hombre está invitado a elevarse al cielo, pero mutilando su inteligencia y viviendo doblado bajo la ley de la predestinación y la amenaza de la arbitrariedad divina.

La escalada de Dante es completamente distinta. Aunque la finalidad sea la misma, los medios son muy diferentes. El punto de partida, el trampolín de la enorme ascensión es el deseo del poeta, su medio el esfuerzo, sus alas la fe con la audacia. ¡Qué sed de saberlo todo, de verlo todo, de atreverse a todo, de vencer por sí mismo siguiendo el pensamiento divino! Con la plenitud de su ser y de su razón emprende su viaje peligroso y esa plenitud se mantiene hasta el final. Le sirve para explicar su fe, y esta fe, por lo menos tan ardiente como la del obispo de Hipona, pero más libre y más brillante, ilumina su razón. San Agustín suprime el abismo entre la tierra y el cielo renunciando a una de sus facultades esenciales, Dante lo vence por una extensión de su ser íntimo. Para él el cielo es ciertamente una gracia divina, pero es también una iniciación gradual de su alma, una conquista de su inteligencia y de su voluntad.

Y ¿cuál es la fuerza que le da el impulso primero, que lo sostiene durante esa ascensión milagrosa y lo eleva hasta el empíreo? ¡El Amor! El amor por Beatriz y el amor de Beatriz por él, que le llega como la ola del océano en un reflujo que le sumerge. Amor puro, es cierto, amor ideal, pero más apasionado, más absoluto y sobre todo más fecundo que el simple amor de los sentidos. Concepción nueva del Amor y de la Mujer, una concepción desconocida en la Antigüedad, intuida solamente por el divino Platón y ya celebrada en las novelas de caballería. La Mujer hecha consciente de sus facultades trascendentes. La Mujer reveladora del amor divino, esa es la gran originalidad de Dante, la antorcha resplandeciente de su obra, el corazón mismo de su genio, por donde se adelanta a su tiempo, anuncia el porvenir e ilumina los siglos futuros.

Se podría escribir todo un capítulo, ¿qué digo? un libro, y ¡qué libro! sobre *la Genealogía del Eterno Femenino*. Este misterio se remonta por su esencia al corazón mismo de la Divinidad. En su bajada de esfera en esfera se va oscureciendo, para volver a iluminarse poco a poco en el alma humana y brillar ahí con una belleza nueva. India, Egipto y Grecia habían reverenciado esta fuerza de fuerzas, esta luz increada, emanación y espejo de Dios mismo para la creación de los mundos, molde y sustancia de los prototipos de todos los seres. Se llamaba Maya entre los hindúes, Isis entre los egipcios, Deméter entre los griegos. Los sabios de esos tiempos concebían *el Eterno Femenino como una fuerza cósmica intangible e inconsciente.* El cristianismo encarna el Eterno Femenino en la Virgen, madre terrenal del Verbo divino, manifestado bajo forma humana. En la Virgen Madre de Cristo, la Edad Media adora el Amor divino presente en la Mujer. Porque, con una humildad y una ternura infinitas, esta María, madre de Jesús, contempla en el hijo de su carne al Hijo de Dios, maravilla de la Vida. Aquí, *el Eterno Femenino se ha vuelto consciente en la Mujer, pero permanece puramente pasivo.* En el siglo de las cruzadas, los trovadores y los troveros perciben un reflejo de la Virgen en la castellana solitaria. Empiezan a amarla y a cantar de un amor confuso, mezclado con el deseo y una aspiración indefinida hacia una belleza y una perfección superiores e inalcanzables. El ídolo de la poesía caballeresca, *la señora de los pensamientos es un presentimiento del ideal femenino y de su esencia divina*, pero todavía no es más que un embrión, y poco más que un acertijo y un juego de sentimientos. Para Dante ese sueño se convierte en una realidad trágica y sublime. Lo vive, lo sufre, lo lleva a cabo a través de su Beatriz y con su ayuda. Al principio su alma se identifica plenamente con la Amada por la simpatía. Cuando Beatriz muere, poco le falta que muera él también. Pero del fondo de su Más Allá, Ella le devuelve centuplicado lo que no había podido darle como mujer en la vida. Transfigurada por su poeta, ella a su vez lo transfigura a él. Lo salva haciéndole atravesar el Infierno, el Purgatorio y el Paraíso. *La Amada pasiva* de los trovadores se convierte en la *Amante activa*, la reveladora del mundo divino, la redentora del Amado. Aquí el *Eterno Femenino se realiza en el plano espiritual, por el amor recíproco y fecundo del Hombre y de la Mujer.*

Hay que haber seguido el Eterno Femenino en estas tres fases de poder divino, de poder cósmico y de poder psíquico o humano, para medir toda la altura y toda la profundidad de ese arcano. Estas tres fases se nos muestran como tantas concentraciones sucesivas. En la última, presentada por la historia de Dante y de Beatriz, génesis de *La Divina Comedia*, parece que el Hombre, después de su largo descenso a la densidad y las tinieblas de la materia, encuentre su cielo perdido en el corazón de la Mujer, que se abre ante él como la flor maravillosa del Paraíso, como esa rosa blanca de mil hojas, de donde escapan torbellinos de perfumes y vuelos de ángeles como enjambres de abejas. No hace falta añadir que una parte esencial de la poesía moderna del siglo XIX, e incluso de la poesía contemporánea, procede de ese sentimiento y de esa fuerza nueva, puesta en marcha por Dante. Los rayos del sol pueden fraccionarse en matices infinitos, desde el color pardo y el naranja oscuro hasta el violeta y el azul de ultramar. Pero en el prisma atmosférico, en ese calidoscopio eternamente cambiante y variado donde se lleva a cabo, ¡se reconoce siempre el alma multicolor: la Luz!

VI

ALCANCE NACIONAL DE *LA DIVINA COMEDIA* LA PATRIA ITALIANA

Con relación a este arcano hemos marcado el más elevado significado universal y metafísico de la obra de Dante. Nos queda por decir algunas palabras sobre su significado para Italia.

Dante comparte con la mayor parte de los instructores de la humanidad el destino trágico de haber ejercido su influencia fecunda sólo después de la muerte. Fue célebre en su tiempo, pero totalmente incomprendido tanto en sus ideas maestras como en el fondo de su ser, y sólo después de su muerte llegó a reunir sucesivamente el sufragio de todos los partidos. Cada uno de los siglos siguientes le encontró una belleza nueva descubriendo nuevamente un aspecto de su obra donde podía reflejarse él mismo. En los siglos XIV y XV la Iglesia adoptó y consagró *La Divina Comedia* como la apoteosis del catolicismo, a pesar de sus audacias singulares y sus herejías notorias. En el siglo XVI se convirtió en uno de los inspiradores del Renacimiento, porque sus corifeos, como Rafael y Miguel Ángel, lectores asiduos del maravilloso poema, encontraron lo que ellos mismos buscaban tan ardientemente, una primera síntesis de la Antigüedad grecolatina y del cristianismo. La Italia del siglo XVII, caída bajo el yugo del Sacro Imperio Germánico, esa Italia más dividida que nunca y cuyo sentimiento nacional estaba casi asfixiado, en su sueño letárgico estuvo a punto de olvidar a su gran poeta. El siglo XVIII, antimístico, liberal e incrédulo, incapaz de comprender el *Purgatorio* y el *Paraíso*, no pudo evitar sin embargo contemplar las pinturas del *Infierno,* de un realismo tan poderoso.

En cuanto a las ideas sintéticas y trascendentes del amante de Beatriz y del conquistador del cielo nuevo, parecían sepultadas para siempre en la tumba del alma italiana, como la osamenta del fiero exiliado en su tumba de Ravena. Pero en cuanto el alma nacional despertó con la aurora del siglo XIX gracias al *Risorgimento*, la figura de Dante, salida de la tumba, se levantó en toda su estatura, espectro de luz que iluminaba el pasado y el futuro y mostraba con el dedo a Italia su destino, la creación de la patria nueva gracias a la resurrección de las almas y de las voluntades. Entonces el libro de este gran místico se convirtió en un apocalipsis laico, el breviario de los proscritos que conspiraban para la liberación de su país en las rutas del exilio y tras las rejas de las prisiones. Todos tomaron como modelo esta alma invulnerable, revestida de su conciencia como de una coraza irrompible y, como dijo Mazzini, «igual que el diamante que sólo puede ser atacado por su propio polvo».

Por ello Dante puede ser considerado como el centro, el pivote y la síntesis del alma italiana. Porque él le imprimió, con el sello de la universalidad, el sentimiento de la patria ideal y de la patria terrestre.

CAPÍTULO IV

EL GENIO
DEL RENACIMIENTO ITALIANO

*La que llevaba mil años muerta se despertó
en su ataúd, fresca como una doncella.*

I

DOS MUNDOS EN LUCHA
HELENISMO Y CRISTIANISMO

A finales del siglo XV se propagó una curiosa leyenda en la ciudad de Roma. Las gentes del pueblo contaban que en la vía Apia, no lejos de la tumba de Cecilia Metella, los albañiles lombardos habían desenterrado un sarcófago en las ruinas de un claustro. El sarcófago llevaba esta inscripción: *Julia, hija de Claudio*. Los albañiles habían huido con las piedras preciosas y los ornamentos hallados en la tumba. Pero el blanco ataúd contenía un cuerpo embalsamado de una belleza maravillosa que un milagro había salvado de la corrupción. Era el cuerpo de una muchacha de quince años. El rostro conservaba los colores de la vida. Con los ojos entrecerrados y los labios entreabiertos, parecía que la muchacha que llevaba mil años muerta todavía respirara. La llevaron piadosamente al conservatorio del Capitolio, que se convirtió en lugar de peregrinación. Vinieron pintores a retratarla «porque, decían los cronistas, era hermosa más allá de lo que se pueda decir o escribir, y si se dijera o se escribiera, los que no la hayan visto no se lo creerían». Alrededor de la figura exquisita se amontonaban las flores y los cirios, y ya se invocaba como una nueva Virgen. Para poner fin a ese escándalo, el papa Inocencio VIII tuvo que hacer enterrar, de noche y en secreto, a la peligrosa momia pagana detrás de Porta Pinciana. Pero ninguno de los que la habían visto la olvidaron jamás.

La historia ignora el hecho real que sirvió de punto de partida para esta leyenda. Quizá fue la máscara de cera, con la que los antiguos recubrían a veces el rostro de sus muertos, la que inflamó la imaginación popular al punto de darle la ilusión de la vida. Sea como fuere, esta leyenda simboliza de maravilla la resurrección de la Belleza antigua en el alma italiana, resurrección que es el hecho esencial y central de su historia, que pone la nota dominante y un acento especial en su civilización, hecho capital para la historia del espíritu humano, por lo rápido e irresistible del contagio. La orgullosa fiesta de belleza y seducción, que el mismo nombre de *Renacimiento* evoca en todos nosotros, demostraría por sí sola la universalidad de este hecho mundial ya imborrable.

Esta resurrección de la Belleza pagana, que había de producir una verdadera metamorfosis en la Psique humana, salió del corazón mismo de Italia. Intentaremos pues comprender el fenómeno que tuvo lugar en el alma colectiva de Italia en el Renacimiento, un fenómeno del que la leyenda de *Julia, hija de Claudio*, no es más que un pálido reflejo. Porque las grandes revoluciones están precedidas a menudo en el subconsciente de los pueblos por una imagen central, anunciadora del futuro, que se fragmenta luego en la vida real en innumerables episodios.

En pocos lustros la Belleza antigua salió realmente del limbo en el que dormitaba envuelta en un sudario y en un letargo profundo. Pero en cuanto se atraviesa ese limbo y se desgarra el sudario, ante nuestros ojos ya no tenemos el cadáver de una muchacha, sino a una mujer viva que actúa y habla. Se parece a la sacerdotisa antigua que hacía el papel de Perséfone en los misterios de Eleusis, coronada de narcisos y ofreciendo el néctar de los Dioses en su copa encantada. Doble magia, porque el *néctar del entusiasmo*, que ella sirve a sus adeptos, embriaga las almas y las hace lúcidas, y la *flor estrellada de la resurrección*, que brilla en su frente, lo atraviesa todo con sus rayos sutiles.

La naturaleza, los hombres y los Dioses quedan transfigurados. Invisible a los profanos, pero visible a los iniciados, la nueva Perséfone se instala en la vieja basílica cristiana. De repente todo cambia de aspecto. Unas pilastras colosales se elevan, los arcos se redondean en bóvedas gigantescas. Dios Padre, Cristo, la Virgen no desaparecen de la Cúpula, pero se encienden de un colorido intenso, se visten de gracias y de bellezas carnales. Dan la impresión de separarse de la bóveda incandescente y de abalanzarse sobre la penumbra de la nave donde bulle la muchedumbre de los fieles.

Fuera de la iglesia, se produce otro milagro. Como sepultureros alegres, los viñadores y los campesinos desentierran mármoles griegos, torsos de Hércules, Apolo y Venus que causan la admiración de los escultores. Y entonces, a semejanza de lo sucedido con la Julia de la Vía Apia, una muchedumbre de héroes romanos salen de sus tumbas y van a adornar, bajo forma de estatuas, los nichos, las escalinatas, la fachadas y los frisos de los palacios. En las orillas marinas, Tritones y Nereidas vuelven a aparecer sobre la cresta de las olas. Los jardines de las villas vuelven a poblarse de Ninfas y Faunos. En las paredes de las capillas, así como en los salones de los príncipes, ya no se distinguen los Ángeles de los Amorcillos. En la mesa de los papas, sirenas de plata hacen de asa a los aguamaniles de cristal, y bacantes coronadas de pámpanos enguirnaldan la vajilla de oro de los cardenales. Tal parece que, con un ímpetu formidable el mundo antiguo, con toda su mitología, haya subido al asalto del mundo cristiano y fraternice con los conquistados.

Esta descripción resume lo que tuvo que ser el Renacimiento para el desarrollo humano. Dos mundos opuestos se entrechocan y se mezclan, se combaten y se combinan de cien maneras diferentes para engendrar un mundo nuevo. Entre el genio cristiano y el alma pagana no hubo un casamiento desacertado, sino una unión borrascosa, seguida de una ruptura repentina. Porque las dos potencias en guerra desde hacía quince siglos, y reconciliadas por un momento, acabaron separándose bruscamente después de un abrazo apasionado, para volver a combatir en otros terrenos y buscar nuevas alianzas bajo otras formas en los siglos que siguieron. Hoy mismo la lucha está lejos de haber terminado y quizá dure hasta el final de los tiempos, porque está en el fondo de toda la evolución humana. Pero del maridaje temporal del helenismo y del cristianismo que tuvo lugar en los siglos XV y XVI, nacieron dos hijas inmortales: la escultura y la pintura italianas.

Para valorar con un solo vistazo el abismo que separa el espíritu cristiano de la Edad Media y el espíritu pagano del Renacimiento, recordemos por un instante los frescos sombríos del Campo Santo de Pisa, *El Triunfo de la Muerte, El Juicio Final,* y *El Infierno* de Andrea Orcagua, esas cabalgatas macabras, esos osarios horribles, esas cavernas de torturas, y pensemos luego al museo de antigüedades del Vaticano, donde toda la familia olímpica resalta sobre el rojo vivo de las paredes y sonríe en su blancura marmórea con la sonrisa victoriosa de los Inmortales. O bajemos a la cripta de Asís, donde Giotto nos muestra a san Francisco, que de las manos de Cristo recibe a la Pobreza como esposa, mientras que los demonios asedian a la Castidad en su fortaleza y la Obediencia, con un dedo sobre los labios, se rodea de ángeles arrodillados; y miremos en seguida a continuación *El Rapto de Europa*, de Paolo Veronese, y las *Venus* del Ticiano, esas desnudeces seductoras que calientan la languidez amorosa de sus lechos y hacen resplandecer todo un paisaje con la llama de su deseo.

Apenas dos siglos (del XIV al XVI) separan esos dos mundos. ¿Cómo pudo el genio italiano superar ese abismo en tan poco tiempo?

Un conjunto de circunstancias exteriores favoreció esta revolución intelectual, estética y moral.

• *Causas históricas.* Un gran ensanchamiento del horizonte intelectual tuvo lugar primero gracias a las Cruzadas y al comercio de Italia en Oriente. Los exploradores de Asia, como el veneciano Marco Polo, ampliaron la imaginación limitada de la Edad Media al vasto panorama del globo y prepararon el camino para el descubrimiento de América por Cristóbal Colón.

• *Causas políticas y sociales.* La transformación de los gobiernos republicanos en tiranías o en dictaduras, como los Sforza en Milán, la casa D'Este en Ferrara, los Médicis en Florencia, etc. De ahí salió la suntuosidad de las cortes, las costumbres más libres, el gran lujo de las artes, y por otra parte, la elevación de la clase burguesa a la vida intelectual y social. Eso causó la sustitución del ideal caballeresco por la guasa y el libertinaje y el inicio de la libertad del pensamiento. Esta transformación se puede observar en el *Decameron* de Boccaccio.

• *Causas estéticas.* Después de las invasiones bárbaras y el triunfo del cristianismo, durante el largo duelo entre el Imperio y el Papado el pueblo italiano había olvidado la historia romana. En las ruinas de Roma ya sólo veía montones de piedras. Se habían construido cientos de palacios con los ladrillos del Coliseo sin llegar a destruir ese coloso. Ahora, gracias a los sabios, a los poetas, a los artistas, esas ruinas volvían a poblarse de un hormiguero humano. Evocaban la grandeza de un pasado inaudito. Petrarca cuenta que subía con frecuencia con su amigo Giovanni Colonna sobre las ruinas de las Termas de Diocleciano, y ante ese vasto panorama discutía de la Roma de antaño. A partir de 1430 Poggio publicó en latín una descripción de sus calles, *Ruinarum Urbis Descriptio*. Poco después, Flavius Blondus de Forlí intentó reconstruir la figura de la Roma antigua en su *Roma Instaurata* (Flavio Biondo). Así, la metrópolis de Occidente, destruida por los bárbaros, resucitaba en la imaginación de las gentes. Cuando hacia finales del siglo XV, se desenterraron las estatuas griegas sepultadas durante tanto tiempo, los Donatello y los Ghiberti, los Rafael y los Miguel Ángel, quedaron estupefactos y encantados. Toda la Antigüedad parecía renacer con ellas, y entonces se habría podido decir que

Sus cuatro mil dioses no tenían un ateo.

• *Causas científicas.* Una ardiente curiosidad, un deseo intenso de saber se había apoderado de las mentes. Después de profundizar el alma por medio del sueño místico y la meditación, la razón reclamaba sus derechos. No se atacaba la fe, pero se quería sondear y comprender la naturaleza. Junto con la Biblia se reverenciaba a Homero y Virgilio. A los padres de la Iglesia se prefería a Cicerón. Aristóteles y Platón habían tomado el sitio de Alberto Magno y de Duns Scotto. Galileo y Giordano Bruno todavía no habían aparecido, pero no andaban lejos. La mente humana tenía sed de valorar y abrazar el mundo visible.

• *Causas profundas e impulso interior.* Todas estas influencias llegadas de fuera nos parecen como factores indispensables del Renacimiento, pero fueron centralizadas por un factor más poderoso todavía que las reunió en una sola gavilla. Este factor estaba en la voluntad del hombre de entonces, en el impulso profundo de su vida interior. Era la necesidad nueva del individuo de desarrollarse libremente, sin yugos ni trabas, de afirmarse en todos los sentidos en su plenitud e independencia. Durante todo el transcurso de la Edad Media, se había visto a través de una especie de bruma. En realidad sólo se había conocido a través de su ciudad, su familia, su raza y su religión. Ahora se descubría a sí mismo a través de todo el mundo y creía poder apoderarse de todas las riquezas de este universo para refundirlas a su manera, como creador libre. En la lengua de entonces apareció un término nuevo: *l'uomo universale*. Este es el secreto y el sentido profundo de ese movimiento que se llamó *humanismo*. Este hombre aspiraba a la perfección, tenía *lo gran disio dell'eccellenza*. Esto significaba que quería saberlo todo, atreverse a todo y superar a todos sus rivales. También quería distinguirse de todos los demás, ser *uomo singolare, uomo unico*, formar parte de lo que Montaigne denominaba «almas singulares y del más elevado nivel». El héroe del Renacimiento ya no pretende sólo ser ciudadano de su ciudad natal como el hombre de la Edad Media, o ciudadano del imperio como el romano de los tiempos de los césares: quiere ser ciudadano del mundo. En su exuberancia la individualidad humana reclama la universalidad. Alcanzada su fase final, el individualismo da a luz al cosmopolitismo.

Esta mentalidad dominó en la Academia Platónica de Florencia, fundada por Marsilio Ficino y Pico della Mirandola. Sin embargo esta academia fue sólo un intento en ciernes y un movimiento fracasado, porque el humanismo debía expresarse victoriosamente en el arte, no en la ciencia, ni en la filosofía ni en la poesía.

Hermosos libros muy eruditos, escritos en todas las lenguas, han analizado a cual mejor y bajo todos los aspectos el maravilloso florecer del arte del Renacimiento de un punto de vista técnico. Han mostrado cómo los Primitivos intentaron liberarse de la rigidez bizantina sin conseguir quitarse el corsé, a pesar de su fuerza de expresión; como con su solo talento y bajo la inspiración de san Francisco de Asís, Giotto supo introducir un patetismo profundo y en ocasiones una composición erudita en los cuadros de la historia religiosa y de la leyenda franciscana; como la pintura descubrió el sentido de la perspectiva con Paolo Uccello; la observación rigurosa y la firmeza del dibujo con Masaccio; como a continuación, el redescubrimiento de la escultura griega se reflejó en las esbeltas estatuas de Donatello y en los fascinantes bajorrelieves de bronce de Ghiberti; como por fin todas esas magias combinadas dieron nacimiento, con Rafael y Miguel Ángel, a un mundo nuevo e inesperado de gracia, de fuerza y de majestuosidad incomparables. Este cuadro no se volverá a pintar, pero detrás del lienzo multicolor, pintado con figuras y escenas innumerables, pasa algo. Me gustaría mostrar aquí la lucha de los dos genios que tiene lugar bajo ese velo, sus combates violentos, entrecortados con abrazos pasajeros y los alumbramientos singulares que resultaron de ello. Porque, por una proyección misteriosa de las formas-pensamiento, esa mezcla extraña, pavorosa, contradictoria de frescos y de cuadros, de mármoles y de bronces, es el producto de esa lucha ardiente que no vemos. Sin embargo es posible hacerse una idea penetrando en la vida interior y oculta de los grandes genios de entonces a través de sus obras maestras.

A este respecto se impone un hecho importante pero poco estudiado. El siglo XVI lo fomentan dos almas y dos pensamientos opuestos, el ideal cristiano y el ideal pagano. El descubrimiento de las riquezas materiales del globo, las primeras conquistas de la ciencia y el entusiasmo causado por la contemplación de la Antigüedad producen la embriaguez de los sentidos. Pero no se había olvidado ni el Antiguo ni el Nuevo Testamento, ni la tradición de la Iglesia, ni el Infierno ni el Cielo de Dante. Se había dejado de ser limitados e intolerantes, pero no por ello se había dejado de ser espirituales, se amaba la vida con frenesí, pero se creía en la inmortalidad del alma y en el cielo cristiano. Y al contrario de lo que sucedió en tiempos posteriores en que hubo un conflicto entre la fe y la razón, el resultado fue una lucha sorda, una fluctuación incesante en la sensibilidad de las gentes de la corte y de las mujeres de la alta sociedad, una lucha que parecía todavía más viva en la imaginación y en el corazón de los artistas. En la mayor parte de los casos los dos mundos se mezclaban de manera desigual. Hubo también los que vivieron exclusivamente en el uno o en el otro. De ello es testigo ese terrible Benvenuto Cellini, ese joyero maravilloso con alma de bandido, que apuñala a sus rivales, seduce a los papas con sus joyas exquisitas, aterroriza su siglo y termina tranquilamente su existencia atribuyéndose en sus memorias la aureola de un santo. En él triunfa, con un convencimiento ingenuo, el paganismo más feroz. Por el contrario, si vemos al pintor fraile y asceta, el dulce fra Angelico de Fiesole, que se arrodilla en su convento de San Marcos para pintar la cabeza del Cristo, acariciándola con el pincel mientras derrama sus lágrimas; véanse esos ángeles sobre fondo de oro, vestidos de púrpura, parecidos a vírgenes cándidas, que tocan la trompeta o el violín a las puertas del paraíso: en ellos veremos florecer los lirios más suaves del misticismo cristiano. En la obra de otros pintores notables, como el Sodoma o Botticelli, el sensualismo y el misticismo se mezclan y se combinan de manera inconsciente en matices sutiles y casi imperceptibles. Pero los genios superiores de la época, los creadores soberanos, aquellos en los que la agudeza del pensamiento iguala la profundidad del sentimiento y la fuerza de la imaginación, ellos están condenados a ver los dos mundos en toda su grandeza y en toda su verdad. ¿Qué digo? Son ellos mismos portadores, como la mujer embarazada de la Biblia que siente que dos niños enemigos se pelean en su seno. A ellos les corresponde la pesada tarea de conciliar a los dos adversarios, de encontrar la conjunción de las dos antípodas.

II

EL REY MAGO Y LOS TRES ARCÁNGELES DEL RENACIMIENTO

En su obra *Vidas de los más excelentes pintores, escultores y arquitectos*, Vasari menciona a ciento cincuenta artistas. Exuberante floración de talentos y de genios que iguala la de la Grecia antigua. No hay ninguno entre ellos que no tenga una personalidad distintiva y un encanto penetrante. Fácilmente, se podrían contar una veintena de escuelas y una docena de creadores de primer orden, como Giotto, Brunelleschi, Donatello, Fra Angelico, Mantegna, el Veronese, el Ticiano y el Tintoretto. Pero por encima de esta muchedumbre multicolor y de esos brillantes corifeos, se elevan como semidioses cuatro genios sobrehumanos que brillan de una luz de alguna manera sobrenatural. Porque, si los otros toman la antorcha prestada de su época, éstos consiguen la suya en una región inaccesible e irradian su luz hacia el más lejano futuro.

Sus nombres son: Leonardo da Vinci, Rafael, Miguel Ángel y el Correggio.

No se parecen entre ellos, no proceden el uno del otro y beben en fuentes distintas. Fueron rivales y a veces enemigos. Y sin embargo, estos solitarios sublimes, que se observan y se miden desde lejos, forman una serie y un todo armonioso, porque en ellos evoluciona el alma consciente del Renacimiento. A través de ellos se expresan sus aspiraciones más profundas y sus pensamientos más secretos. Los cuatro persiguieron la fusión del ideal helénico y del ideal cristiano, que fue su sueño ardiente y temerario. Pero esta fusión la persiguieron por caminos muy distintos.

Leonardo, genio universal, precursor del mundo moderno, intenta ese milagro alquímico a través del genio de la *Ciencia* y de la Intuición. Su enorme curiosidad, su simpatía grandiosa e imparcial, abarcan el mundo entero. Como mago y como sabio escudriña el temible misterio del Mal, el de la Mujer, del Andrógino y del Hombre-Dios, y aunque no llega a resolverlos nos deja unas visiones inolvidables y fascinantes.

Rafael, ángel platónico modelado con gracia y dulzura, realiza la fusión de los dos mundos enemigos como quien juega, por el prisma de la *Belleza*. Bajo su luz encantadora, el Parnaso y el Cielo cristiano, la Iglesia y la Escuela de Atenas se acercan y se completan en armonías luminosas.

Miguel Ángel, Titán resucitado como profeta bíblico, intenta remodelar los dos mundos por la fuerza de *la Voluntad*. Evoca la historia bíblica con la fuerza plástica de un Prometeo e introduce el genio del Dolor en la escultura moderna. En su carácter y en su obra se oyen bramar al mismo tiempo revueltas luciferinas y el rayo de Jehová.

El Correggio, Serafín caído de un mundo superior, pero que apenas roza nuestro globo maldito, nos eleva hasta las esferas celestes. Allí ya no hay luchas, no hay sufrimiento, no hay odio, sino la paz, el éxtasis y la luz suprema. Allí, gracias al *Amor* se realiza esta belleza del Alma, que recrea el cielo en la vida después de haberlo encontrado nuevamente en ella.

Este es el cuarteto de artistas de Italia que fueron sus grandes Videntes. Si el arte, en su potencia más elevada se convierte en una iniciación estética y espiritual, Leonardo entonces será el Rey Mago que nos introducirá ante los tres Arcángeles del Renacimiento, que traen a los hombres la revelación de la Belleza, de la Fuerza y del Amor. Con cada uno de esos cuatro guías, el infierno, la tierra y el cielo cambiarán de aspecto, a pesar de que seguirá siendo el mismo universo. Porque les corresponde a los grandes genios ver los Dioses que la muchedumbre no puede ver, y mostrarnos una metamorfosis de la naturaleza y del hombre bajo su influencia.

CAPÍTULO V

LEONARDO DA VINCI
Y EL GENIO DE LA CIENCIA[1]

Cuanto más se conoce más se ama.
Leonardo da Vinci

Hace cuatrocientos años, el 2 de mayo de 1519, Leonardo da Vinci moría en el castillo de Cloux, cerca de Amboise y lejos de su patria, en una soledad profunda, pero suavizada y como recalentada por el inteligente afecto del rey Francisco I.

El acercarse de esta fecha tiene para nosotros cierta emoción, incluso diría solemnidad. No sólo evoca a nuestros ojos en toda su grandeza uno de los más poderosos artistas del mundo, sino que nos recuerda además los vínculos eternos que unen Francia e Italia. Después de haber mezclado fraternalmente su sangre en las crestas de los Alpes del Friuli, en los barrancos de la Argona, y en las llanuras de la Champaña, por la gran causa de la justicia y de la libertad de los pueblos, las dos hermanas latinas ¿no querrán celebrar su victoria común y cimentar su nueva alianza con una

1 Este estudio se publicó en la *Revue des Deux-Mondes* del 15 de abril y el 1 de mayo de 1919, en conmemoración del cuarto centenario de la muerte de Leonardo da Vinci.

amistad más estrecha? De esta unión necesaria, inscrita en su larga historia, ¿no es Leonardo da Vinci el representante más alto y el símbolo más elocuente? ¿No halló él en nuestro país el asilo que inútilmente había buscado en su patria? ¿No nos legó algunas de sus más hermosas y más misteriosas obras maestras? ¿No halló en Francia sus más fervientes admiradores? Y finalmente, con su doble culto a la ciencia y al arte ¿no es acaso un precursor admirable de lo más elevado del alma moderna?

Por todas estas razones Leonardo nos parece, hoy en día, como la encarnación más ilustre de una idea rabiosamente actual, a saber: la íntima y necesaria cooperación del alma italiana y del alma francesa. De vez en cuando puede haber unas nubes ligeras que oscurezcan dicha alianza, a causa de malentendidos efímeros, pero es indisoluble porque está basada en los intereses más altos de la humanidad y en la tradición grecolatina, que se identifica con la civilización.

Este estudio, en el que se presenta a Leonardo bajo una luz nueva en su psicología secreta y en el laboratorio profundo de su pensamiento, es sólo un modesto homenaje que precede a los que voces más autorizadas rendirán pronto, de este y del otro lado de los Alpes, al pintor incomparable de *La Gioconda*.

I

LA MEDUSA Y EL MISTERIO DEL MAL
EL CRISTO DE LA ÚLTIMA CENA
Y EL MISTERIO DE LO DIVINO

Si alguien quisiera explicar el carácter, la vida y la obra de Leonardo basado en una vida precedente que habría sido una especie de preparación, debería imaginar su encarnación anterior bajo la figura de uno de esos reyes magos guiados por una estrella que, según el Evangelio, vinieron a ofrecer sus dones al Cristo recién nacido, y regresaron a su país después de haber saludado al niño divino. Esta leyenda podría por lo menos servir de profecía para la carrera del gran artista precursor del alma moderna. Sería como el esquema y la imagen simbólica. El pensamiento y la obra de Leonardo estuvieron secretamente gobernados por la obsesión de tres profundos misterios: *El misterio del Mal en la naturaleza y en la humanidad; El misterio de la Mujer; y El misterio de Cristo y del verbo divino en el hombre.* A primera vista la obra de da Vinci, dividida y desgarrada entre el tormento de la ciencia y el sueño del arte, parece un caos turbador de fragmentos incompletos y disparatados. Pero cuando la observamos a la luz de esas tres ideas que son su hilo conductor, ésta se aclara, adquiere un ritmo y se ordena en un todo armonioso.

Sigamos pues estos tres meteoros que tienden hacia un mismo fin y acaban uniéndose en una sola estrella. Así abrazaremos con una sola mirada el fondo trágico sobre el que se mueven las apariciones encantadoras evocadas por el gran pintor y las verdades radiantes que dominan su obra.

I. La juventud de Leonardo en Florencia. – El ángel que adora a Cristo y el monstruo de la rodela. – El genio de la ciencia.

Leonardo nació en la aldea de Vinci, cuyo modesto campanario apunta encima de una colina, entre Pisa y Florencia, en un paisaje elegante y severo. Detrás del collado, la alta cadena de los Apeninos se ondula en numerosos pliegues y levanta sus cimas abruptas. Al otro lado, la llanura fértil sonríe insinuándose entre las montañas que la protegen. Aquí y allá, entre el trigo y las viñas, hay olivares y casas rústicas. En este horizonte limitado, de líneas

sobrias y graciosas, todo habla de trabajo apacible y de una actividad feliz en equilibrio perfecto. Diremos enseguida que el autor de
La Virgen de las Rocas y de *La Gioconda*, que fue el inventor del
paisaje que refleja un estado de ánimo, no imitó la naturaleza toscana en sus cuadros, sino que se inspiró más bien en los vastos horizontes de la Lombardía, o en las quebradas atormentadas de los
Dolomitas en los Alpes, que respondían a sus emociones íntimas.

Nacido en 1454, Leonardo era hijo de un robusto notario y
de una campesina. Su padre adoptó al niño que había tenido de
su amante y luego se casó con una burguesa. Ésta murió al poco
tiempo sin haber tenido hijos, y *ser* Piero trató al bastardo como
a un hijo legítimo y le hizo dar una excelente educación. El pequeño Leonardo, por otra parte, era tan amable y tan inteligente que
habría cautivado a la madrastra más celosa. *Ser* Piero residía con
frecuencia en Florencia, donde encontró los mejores maestros
para su hijo, que sorprendía a todos por su increíble facilidad y
por el vigor precoz de sus concepciones. Estaba dotado en igual
medida para todo y todo le apasionaba: las matemáticas, la geo-
metría, la física, la música, la escultura y la pintura. Su único
defecto era la multiplicidad de sus dones y la inconstancia de sus
gustos. Pasaba con avidez de un estudio al otro como si quisiera
abarcar todo el saber humano. Pero su talento más extraordinario
se manifestaba en la pintura. *Ser* Piero mostró los dibujos de su
hijo al célebre Andrea Verrocchio, por aquel entonces el primer
pintor de Florencia. Éste se sintió confundido por la genialidad
precoz de los bosquejos. *Stupì Andrea nel vedere il grandissimo
principio di Leonardo*, dice Vasari. Verrocchio se apresuró a recibir al adolescente en su taller y lo nombró pronto ayudante para
sus trabajos. Tuvo por compañeros al Perugino, Lorenzo di Credi
y Sandro Botticelli, los tres alumnos de Verrocchio. Probablemente Leonardo no tuvo mucha simpatía por el Perugino, un pintor sin vivacidad ni convicciones, laborioso imitador de los
Primitivos, que trabajaba de manera imperturbable sobre un

esquema uniforme, ateo, avaro y ambicioso que, teniendo un talento limitado, gracias a su perseverancia consiguió hacer de la pintura mística un lucrativo medio de sustento. En cambio, da Vinci se encariñó con el tierno y encantador Lorenzo di Credi, lo animó con su entusiasmo y le transmitió su sentido de la vida. También se interesó por el caprichoso y versátil Botticelli, del que supo apreciar la exquisita suavidad. Como todos los grandes buscadores, a Leonardo le gustaba penetrar en la naturaleza de los demás y perderse en ella para conocerlos a fondo. En cuanto a él, estudiaba en el laboratorio de Verrocchio las propiedades químicas de los colores, la ciencia del color y de la perspectiva.

Pronto, su maestro Verrocchio le dio la ocasión para mostrar a la luz del día su genio incipiente. Los monjes de Vallombrosa le habían pedido un cuadro que representara *El Bautismo de Cristo*. Verrocchio realizó este cuadro de acuerdo con el gusto de la época, utilizando sus mejores habilidades. A orillas del Jordán el austero Precursor bautiza melancólicamente a un Jesús demacrado. Dos ángeles arrodillados contemplan la escena. Queriendo honrar a su mejor discípulo, y queriendo juzgar su fuerza, el maestro le pidió a Leonardo que pintara la cabeza de uno de los ángeles. El cuadro se ve aún hoy en la Academia de Bellas Artes de Florencia, y es una de sus curiosidades. Primero da la impresión de que un rayo de sol esté iluminando una vieja tapicería, dejando una mancha de luz, pues la cabeza del ángel resalta en un relieve deslumbrante por la intensidad de los colores y de la expresión en medio de los demás personajes, que parecen maniquíes con máscaras de cera al lado de un ser vibrante de encanto y de vida. El ángel arrodillado de Leonardo levanta el rostro hacia el Salvador predestinado. Sus bucles dorados, retenidos por una leve cinta, flotan sobre sus hombros en un gracioso desorden. Nada más arrebatador que ese delicado perfil de querubín y esa mirada perdida de amor, girada hacia el objeto divino de su adoración. Si no fuera por la aureola apenas perceptible bajo forma de un ligero aro de oro, parecería que ese ángel es un paje caído involuntariamente de rodillas, en su primer arrebato de amor ante la señora del castillo. Pero lo que vemos, lo que nos atrapa y nos llega al corazón, es que *esa mirada es de adoración* y pura como la luz del cielo. Es imposible mirar las otras figuras del cuadro después de haber visto ésa. Al obedecerle, el discípulo había *matado* la obra del maestro. Vasari cuenta que «despechado de ver que un muchacho lo hacía mejor que él, ese día Verrocchio tomó la resolución de no volver a tocar un pincel». Verdadera o no, la anécdota describe de manera admirable el tipo de impresión que produjeron sobre los contemporáneos las primeras obras de Leonardo, y el elemento nuevo que aportaron al arte, y con esto quiero decir: la seducción de la vida y el rayo concentrado del alma.

Vasari nos cuenta otra anécdota sobre los inicios de Leonardo, no menos característica que la anterior y todavía más curiosa. Es la historia de la rodela, y es bien conocida, pero es necesario recordarla aquí para sacar una indicación de la que nadie ha dudado hasta hoy y que es extremadamente significativa. En efecto, junto con la historia anterior, nos hará penetrar, al primer intento, hasta el corazón mismo del genio de Leonardo.

Un día, un granjero de *messer* Piero le llevó una pieza de madera cortada de una higuera y le pidió que hiciera pintar en Florencia algo bonito sobre esa rodela en forma de escudo. El notario le dio el trozo de madera a su hijo, expresándole el deseo del campesino. Leonardo le contestó que con mucho gusto se ocuparía de esa tarea y que intentaría satisfacer al mismo tiempo a su padre y al granjero. Hizo pulir y esculpir la rodela para darle el aspecto de un escudo, la cubrió con una capa de yeso y se dedicó a pintarla a su manera. Para ello se encerró en una habitación donde sólo podía entrar él. Reunió una colección de animales de lo más raros y espantosos que pudo encontrar, un zoológico de lagartos, salamandras, grillos, serpientes, saltamontes, cangrejos y murciélagos. Con esos elementos sabiamente combinados, el malicioso pintorcillo se divirtió en representar en la rodela un animal más horrible que todos los monstruos de la naturaleza y de la leyenda. Bregó tanto que el aire de la habitación se había vuelto fétido por el olor de los animales muertos. Pero el pintor, sólo preocupado por su creación, ni siquiera se dio cuenta. Una mañana le pidió a su padre que entrara en la habitación secreta para mostrarle un animal singular. La estancia estaba oscura, pero por la rendija de un postigo entraba un rayo de sol que caía directamente sobre la rodela dispuesta al fondo. *Messer* Piero creyó ver un animal espantoso que salía de la pared. La bestia escupía fuego por la boca, humo por los ollares y parecía envenenar el aire a su alrededor. *Messer* Piero se hizo atrás dando un grito de horror, pero su hijo le dijo: «No temas, no es más que la rodela que me diste para que la pintara. Un escudo ha de dar miedo y por lo visto he conseguido mi objetivo». Maravillado, *ser* Piero vendió el escudo a un mercader de cuadros de Florencia por cien ducados, y éste lo revendió por trescientos al duque de Milán. El granjero, por su parte, recibió otra rodela sobre la cual el astuto notario había hecho pintar por poco dinero un corazón atravesado por una flecha, lo cual dejó encantado al granjero.

En esta anécdota, que recorrió todos los talleres de Florencia y que desde entonces no ha faltado en ninguna biografía del maestro, se capta el gusto por la mistificación, con el cual el joven Leonardo amaba demostrar que sabía igualar e incluso superar a la naturaleza. Pero hay más. Si consideramos las dos anécdotas referidas, se descubre en su origen las dos corrientes salidas de los dos polos de su ser, corrientes simultáneas y opuestas, que habían de reinar al mismo tiempo en su pensamiento y en su vida. Por un lado, un idealismo apasionado le invitaba a traducir, bajo las formas seductoras de la belleza, los sentimientos más delicados, y le empujaba a interpretar por el amor y el entusiasmo los más altos misterios del alma y de la mente. Por el otro, su curiosidad ardiente le empujaba a comprender todas las manifestaciones de la naturaleza, a estudiar minuciosamente la estructura de todos los seres, a penetrar las causas profundas de todas las formas de la vida. El primer instinto es el del artista, que busca la verdad en la síntesis de la belleza, el segundo es el del hombre de ciencia que persigue la verdad en el análisis detallado de los fenómenos. El uno trabaja con la intuición y la imaginación, el otro con la observación y la lógica.

Toda la existencia de Leonardo se repartió entre el dominio del arte y el de la ciencia. Esas dos fuerzas se ayudaron y se combinaron en su obra. Obligadas por el hábil mago, pero circulando también en sus venas y encerradas en su corazón, no dejaron de pelearse y de luchar entre ellas. El arte invocaba las verdades inmutables que planean en el cielo infinito y hasta la luz sobrenatural que filtra del misterio cristiano; la ciencia lo atraía en el gran mar del ser, en el abismo hormigueante de la vida, en cuyo fondo el misterio inquietante del mal acecha al buscador asustado. Y Leonardo se zambullía en ese abismo con un escalofrío de horror teñido de voluptuosidad, para volver a salir con luminarias de entusiasmo y de éxtasis contemplativo. Nadie sabía nada de esa luchas íntimas y tampoco nosotros sabríamos nada, si no fuera por sus pensamientos escritos donde se traiciona. Pero él se decía a sí mismo con una resolución inquebrantable: «Venceré todos los misterios yendo hasta el fondo».

Por ello se puede decir que la mirada del ángel fija en el bautismo de Cristo, y el monstruo de la rodela, resumen por adelantado toda la obra de Leonardo, descubriéndonos los dos polos de su alma y los dos misterios alrededor de los cuales su genio había de gravitar como un brillante cometa alrededor de dos soles velados.

Ahora podemos imaginarnos la impresión que había de producir un artista tan extrañamente dotado y armado, en la flor de su juventud entre los veinte y los treinta años, sobre sus compatriotas florentinos, gentes inteligentes pero de pasiones mezquinas y de horizontes estrechos. Florencia era entonces el primer centro de arte de Italia, pero Rafael y Miguel Ángel no habían aparecido todavía, y el último movimiento de la pintura había desembocado en pequeñas escuelas. Los imitadores de Masaccio copiaban la realidad y caían en la aridez. La escuela de Umbría, representada por el Perugino, volvía a la rigidez bizantina con su devoción amanerada. Entre las dos, Botticelli oscilaba con una gracia ingeniosa, pero un poco empalagosa. Lo que les faltaba a todos esos hombres de talento era una vida intensa y una gran imaginación. Cada uno de ellos permanecía atado a una tradición y no salía de un cuadro limitado. Leonardo, con sus múltiples talentos y su vasto ingenio, les tuvo que parecer como un mago universal de todas las artes bajo la figura de un gran señor. Sus cualidades intelectuales y morales resplandecían a través de un físico seductor. Con su frente inmensa, sus largos cabellos rojizos, sus ojos fascinantes, era guapo, amable, generoso, fuerte en la esgrima, un perfecto jinete. Manejaba la espada con la misma habilidad que el pincel o el desbastador. Su palabra convencía por la razón y se insinuaba por la gracia. Su aspecto disipaba toda melancolía. *Lo splendor dell'aria sua, che bellissima era, rasserenava ogni animo mesto.* Su vigor físico igualaba su inteligencia. Detenía por las riendas un caballo en pleno galope, y esa mano, que podía doblar el badajo de una campana, sabía igualmente hacer temblar las cuerdas de una cítara, acariciar una piel delicada o jugar con una cabellera con una dulzura infinita. Adoraba los caballos y los pájaros.

En cuanto a éstos, no le gustaba verlos enjaulados. A veces iba adonde los pajareros del *Ponte della Carraia* a comprar palomas. Las cogía él mismo de la jaula, las ponía sobre la palma de la mano y las miraba como emprendían el vuelo por encima del Arno. Cuando habían desaparecido, a menudo se le veía pensativo durante unos instantes, con la mirada perdida en el horizonte. ¿Quizá soñaba ya con la aviación, que había de ser uno de sus tormentos? Se presentaba suntuoso y extraño, pero nadie se resistía a su encanto. A menudo, absorto en sus paseos y en sus pensamientos, dejaba que sus bocetos, sus retratos, sus fantasías corrieran por talleres y palacios. Los vendía cuando necesitaba dinero, pero más a menudo los regalaba a sus amigos y ya no pensaba en ello. Para medir el dominio de Leonardo sobre sus contemporáneos, volvemos a leer el inicio de su biografía escrita por Vasari. El autor de *Vidas de los Pintores* no dijo cosas tan hermosas de su maestro Miguel Ángel, por el cual sin embargo profesaba una admiración extrema. Esto da peso a los elogios que prodiga a su gran rival y garantiza su sinceridad.

«Vemos como los mayores dones llueven por influencias celestes sobre los cuerpos humanos, la mayor parte de las veces de manera natural y en ocasiones sobrenatural. Vemos como se reúnen sin medida en un solo cuerpo la belleza, la gracia y el talento, hasta tal punto que, haga lo que haga ese hombre, cada una de sus acciones es tan divina que deja atrás a todos los demás y resulta completamente evidente que actúa gracias a un don de Dios y no por un esfuerzo humano. Esto es lo que vieron los hombres en Leonardo da Vinci. Dejando de lado su belleza física, que admite todas las alabanzas, aplicaba en cada uno de sus actos una gracia más que infinita, y tenía un talento tal que, fuera cual fuera la dificultad que tenía que afrontar, conseguía resolverla sin esfuerzo. Tenía gran fuerza y destreza, su inteligencia y su coraje fueron siempre generosos, y la fama de su nombre se extendió de tal manera, que no sólo fue célebre durante su vida, sino que después de muerto su gloria ha ido en aumento. Verdaderamente admirable y celestial fue Leonardo, hijo de *ser* Piero da Vinci.»

Este hombre que todos admiraban, y que nadie conocía a fondo, podía emprender cualquier empresa. Estaba seguro de conseguir cualquier cosa si se concentraba en ello. Pero ¿cuál era su íntima voluntad? ¿Qué camino iba a escoger entre los muchos que se abrían ante él en perspectivas tentadoras? Bajo sus múltiples deseos, bajo sus fantasías cambiantes, se ocultaba una honda ambición, una sola, pero imperiosa y tenaz. Despreciaba lo que constituye el propósito ordinario de la vida: no lo atraían ni los placeres carnales, ni la riqueza, ni el poder, ni siquiera la gloria en el sentido vulgar del término. Pero una curiosidad inmensa ocupaba todos sus instantes y dominaba todo su ser. Su pensamiento abarcaba el mundo visible con una mirada circular y una vasta simpatía. Adivinar la esencia de los astros y de la luz, de la tierra y de sus elementos, de los reinos superpuestos, de los animales innumerables, del hombre y del alma invisible que lo lleva; penetrar el espíritu que gobierna ese gran todo con su armonía poderosa… y luego proporcionar a los hombres más alegría, más felicidad, transmitiendo por la magia del arte esa armonía conquistada… ese fue el sueño de Leonardo en el umbral de su carrera. Ese sueño un día llegó a adquirir la forma de una verdadera alucinación.

En el prefacio a su *Tesoretto*, Brunetto Latini, que fue maestro de Dante, cuenta un sueño que tuvo y que, según dice, le inspiró su libro, en el cual están reunidas algunas de las maravillas entonces poco conocidas del universo. A orillas de un bosque denso, del que buscaba inútilmente la entrada, vio a una hermosa mujer que parecía esperarle y le preguntó si no había ningún camino en ese bosque. Entonces ella le condujo por un pequeño sendero hasta un claro desde donde vio una gran montaña con cuevas profundas y cimas altivas.

—¿Quién eres? —le preguntó el viajero.

—Soy la Naturaleza —contestó la guardiana del grandioso paisaje.

Era la divinidad que la Edad Media había rechazado y maldecido para entregarse a Dios, y que iba a retomar el primer lugar en las inquietudes humanas. En el momento en que la loca juventud se aleja ante las graves preocupaciones de la edad madura, también Leonardo encontró esta divinidad. Pero en los últimos doscientos años había cambiado de nombre y de aspecto. Al crecer, se había vuelto más imponente y orgullosa. Con gesto majestuoso le mostró a su nuevo discípulo la tierra sombría rodeada de esferas resplandecientes que se perdían en el infinito en círculos de sombra y de luz. Entonces le dijo:

—Te revelaré todas las maravillas de mi reino con una condición, que sólo me ames a mí y de que no entregues tu alma a nadie.

—¿Quién eres? —preguntó Leonardo.

—Soy la Ciencia —murmuró la diosa impasible—. *¡Huye de las tormentas y teme a la Mujer!* Permanece dueño de ti mismo y conocerás el secreto de todas las cosas. Pon un sello sobre tu boca y entierra tu voluntad en tu corazón como en una tumba. Entonces tendrás el poder que deseas.

La curiosidad de Leonardo era insaciable. Jamás nadie le había hablado con tanta autoridad, tanteándolo hasta lo más hondo.

—Sé —dijo—, que no gustas mostrarte a los hombres, pero hoy te me has aparecido en todo tu esplendor. ¿Cuándo volveré a verte?

—Cuando hayas penetrado el misterio del mundo... entonces me poseerás completamente... y al poseerme conocerás la felicidad suprema... ¿Lo quieres?

Sorprendido y fascinado, Leonardo hizo un gesto de emoción que parecía un consentimiento. Con ello, la diosa desapareció con una sonrisa enigmática donde afloraba una punta de ironía.

De este sueño, que rozó su ojo interior durante una meditación profunda, Leonardo salió con un escalofrío de orgullo y de pavor. Nunca se había sentido tan fuerte. Parecía dotado de un nuevo poder, pero al mismo tiempo un eslabón de una cadena infrangible se había clavado en su corazón. ¿A qué poder temible se había entregado? Sin duda se había vuelto más grande, pero desgraciadamente ya no era libre.

II. La corte de Ludovico el Moro

Como acabamos de ver, en sus inicios Leonardo había tenido un éxito brillante en su patria. Pero la intelectual y escéptica Florencia, con sus magistrados puntillosos, sus pintores altivos y sus diletantes de arte ya hastiados, era un teatro demasiado limitado para los vastos proyectos y las grandes ambiciones del artista. Una república austera y parsimoniosa no era suficiente para llevarlos a cabo. Necesitaba un príncipe generoso, emprendedor y atrevido, y entonces volvió sus ojos hacia la Italia del Norte.

Ludovico el Moro acababa de inaugurar en Milán una corte cuya suntuosidad superaba la de todas las demás capitales italianas. Hijo del audaz condotiero Francesco Sforza, este joven príncipe había llegado al poder desposeyendo del trono ducal a su sobrino Galeazzo Sforza. Y ardía en el deseo de justificar su usurpación con un reinado brillante. Descendía de una raza fuerte de aventureros sin escrúpulos. Él mismo presentaba ya los rasgos equívocos de la degeneración y de un refinamiento extremo. Dieciséis años más tarde, este hombre flexible y astuto como un zorro, pero vacilante y débil en su política incoherente, llevó al extranjero a Italia y acabó en un desastre lamentable.[2]

Pero en esta hora todo le sonreía y sus inicios parecían prometer un nuevo siglo de Augusto. Sus cortesanos saludaban en él al futuro rey de Italia, y él mismo podía, sin provocar la risa, en sus conversaciones mencionar al papa Alejandro VI como su *capellán*, al emperador Maximiliano su *condotiero*, y al rey de Francia su *correo*. Por otra parte, a pesar de sus taras y sus vicios, el feliz esposo de la ambiciosa y encantadora Beatriz d'Este, el amante sutil de la atractiva pelirroja, Lucrezia Crivelli, y de la vivaracha

---

2 Véase los artículos brillantes y penetrantes de Robert de la Sizeranne sobre Ludovico el Moro, Beatriz d'Este e Isabel Gonzaga, en la *Revue des Deux-Mondes* (15 de octubre y 1 de noviembre de 1918).

morena, Cecilia Gallerani, este príncipe amable y corrupto brillaba con un lustre raro ante los ojos de sus contemporáneos, el de ser el más inteligente de los Mecenas. Excelente latinista, fino conocedor de arte, había hecho venir a la universidad de Pavía y a Milán la flor y nata de los científicos, de los poetas y de los artistas. Se podían ver a los humanistas más célebres, los griegos Constantino Lascaris y Demetrio Chalcondycas; el matemático *fra* Luca Paccioli, autor del tratado *De divina Proportione*, que ilustró Leonardo; el poeta florentino Bellincione y el famoso arquitecto Bramante que, antes de reconstruir San Pedro de Roma, bajo los auspicios de Ludovico se ejercitaba construyendo el claustro de Sant'Ambrogio y el coro de Santa María delle Grazie en Milán.

Allí, en esa exuberante y rica Lombardía, en esa bulliciosa ciudad de Milán, en ese magnífico y espléndido castillo feudal situado en las afueras de la ciudad, fortaleza de los Visconti convertida en sala de fiestas de los Sforza, en ese coto cerrado de las pasiones, de las artes y de las ciencias, Leonardo quiso hacer sus primeros ensayos de mago universal. Quizás estudiando la comedia humana y ejercitando sobre ella sus propias fuerzas podría hallar en algún sitio la clave para penetrar más en profundidad en el misterio de esa Naturaleza que se le había aparecido tan majestuosamente en una noche de entusiasmo y de exaltación solitaria. Por otra parte los grandes pensadores del Renacimiento ¿no afirmaban que el Hombre estaba hecho sobre el modelo del Universo, y que el Universo estaba concebido sobre el prototipo del Hombre?

Se conoce la famosa carta con la cual Leonardo ofrecía sus servicios a Ludovico el Moro.[3] Transmite una seguridad singular, una confianza magnífica en su genio de mecánico universal. Todo

3 En los cuadernos de bocetos del maestro se encontró el borrador de esa carta, que sin duda precedió la llegada de Leonardo a Milán.

lo que un príncipe pueda desear para la paz y para la guerra, para embellecer su reino o para amenizar su ocio, él se declara capaz de fabricarlo: canales, escaleras para escalada, minas contra fortalezas, cañones, morteros, armas de fuego, catapultas, estatuas de mármol, bronces, terracotas. Y termina diciendo: «En pintura puedo hacer todo lo que haga cualquier otro, sea quien fuere». Propone finalmente fundir un caballo de bronce colosal a la memoria del padre de Ludovico, Francesco Sforza. Vasari nos cuenta que Leonardo se presentó ante Ludovico en medio de un concierto que le ofreció con los mejores improvisadores del momento. El artista reservó al que quería conquistar una nueva sorpresa. Tenía en las manos una lira de plata que había imaginado para la circunstancia. Ésta tenía forma de cabeza de caballo. Esta estructura particular y su armazón metálico le daban una sonoridad profunda y mucho más viva. El pintor florentino de cabellera dorada, hermoso como un joven dios, seductor como Orfeo, hizo resonar suavemente el instrumento y con voz penetrante cantó algunas estrofas en honor del duque. Todos quedaron subyugados. Sus competidores incluso olvidaron sus rivalidades para admirar a aquel que los superaba a todos. Ludovico, después de una conversación con su nuevo protegido, donde éste desplegó todos los recursos de su conversación deslumbrante, le concedió a Leonardo el premio del concurso.

A otro, una entrada en escena tan triunfal y esa actitud de mago todopoderoso habrían podido costarle caro, suscitando hacia el favorito unas enemistades terribles y decepcionando pronto al príncipe por el contraste entre la enormidad de las promesas y los magros resultados. No fue así en el caso de Leonardo. Después de domar las mentes supo conquistarse los corazones, apaciguar los celos, admirando a los maestros, ayudando a los jóvenes, despertando entre los más humildes la actividad y el entusiasmo. Durante los dieciséis años que pasó en la corte de Milán se convirtió en el gran maestro de las artes y el organizador de las fiestas de palacio. No sólo pintó el retrato de Beatriz d'Este, la mujer de Ludovico; de sus amantes Lucrezia Crivelli y Cecilia Gallerani; sino que realizó un vasto plan para el riego de la Lombardía, que se utilizaría más adelante; preparó modelos de palacios y de iglesias, e hizo construir un pabellón para la duquesa. Ludovico amaba las pompas nupciales y funerarias, los banquetes espléndidos, las representaciones de antiguas atelanas, los espectáculos, los coros y las danzas. Leonardo fue el que ponía en marcha estas diversiones. Organizó varias pantomimas mitológicas, como las de Perseo y Andrómeda, de Orfeo amansando la fieras salvajes con maquinarias inteligentes y las procesiones del séquito de Baco. En la boda de Giovanni Galeazzo con Isabel de Aragón, Ludovico dio un gran espectáculo, *El Paraíso*, para el cual el poeta Bellincioni preparó los textos y Leonardo fue el inventor y el director. La escena representaba nada menos que el cielo. Se veían evolucionar los planetas, bajo forma de deidades posadas sobre globos, que rendían pleitesía uno tras otro a la novia. Después de eso ¿podemos sorprendernos de que Paolo Giovio dijera de Leonardo: «Tenía una mente cautivadora, muy brillante, absolutamente liberal. Durante toda su vida fue extrañamente del agrado de todos los príncipes», y que Lomazzo lo llame «un Hermes y un Prometeo»?

Hermes y Prometeo de palacio, se dirá. Sí, claro que sí. Pero este entretenedor del príncipe, este maquinista de un carnaval mundano, no era más que la máscara frívola de un pensador atormentado y de un artista insaciable. Sus ilustres contemporáneos ¿fueron capaces de adivinar al verdadero Leonardo que se ocultaba bajo el disfraz de este prestidigitador ondulante? ¿Cuál era su fin en la vida de este inventor de fiestas prodigiosas que no buscaba enriquecerse? ¿Cuál era pues el sueño de este alquimista de la belleza femenina, que desdeñaba al gentil sexo y cuyo corazón ninguna mujer había sabido encadenar? ¿Con qué placeres desconocidos y refinados se regodeaba en su antro este asceta sonriente? Mago sutil, que hechizaba a hombres y mujeres, ¿acaso había hecho un pacto misterioso con el diablo para adquirir un poder sobrehumano? ¿Cómo adivinar los pensamientos borrascosos que labraban surcos en su amplia frente cuando lo sorprendían en sus ensoñaciones? Y ¿por qué a veces se dibujaba una tristeza tan profunda bajo el arco de sus cejas donde brillaban sus ojos penetrantes?

Me imagino que los cortesanos alegres y las ricas damas recubiertas de joyas, que se agitaban en el palacio de Ludovico como un enjambre de escarabajos sagrados y de moscas brillantes, se hicieron inútilmente estas preguntas. A nosotros nos toca resolver el enigma intentando leer en el alma de aquel que a sus iguales tuvo que parecerles un Proteo indescifrable.

Efectivamente, debajo de este personaje oficial había otro hombre, y éste hay que buscarlo en su taller de trabajo. Leonardo se había hecho montar un taller en un rincón del claustro de Sant'Ambrogio, y allí se había instalado. Sólo sus discípulos más cercanos estaban autorizados a visitarlo. Su extraña decoración revelaba las preocupaciones dominantes y las obsesiones secretas del maestro. La puerta del fondo se abría sobre una galería solitaria del convento. Montañas de cartones, manuscritos y dibujos se apilaban sobre la mesa maciza, atestada de una población minúscula de maquetas de cera y de barro. En un rincón de la sala, una estatua antigua de Venus, posada sobre una concha, retorcía su cabello que parecía atesorar gotas de agua como perlas cuando un rayo de sol la alcanzaba. En frente de ella, en el otro rincón, un esbelto Mercurio, de sonrisa taimada, daba la impresión de evocarla del fondo del mar y de recogerla con su caduceo. Se observaba además un globo de cartón entre cuatro columnitas de madera, que representaba el cielo estrellado con los signos del zodiaco.

Cerca de allí, una gran águila disecada daba la impresión de estar a punto de alzar el vuelo. Pero lo que más sorprendía en este refugio del pensamiento intenso y del sueño creador, eran dos

vitrales pintados que Leonardo había hecho ejecutar sobre dibujos suyos por uno de sus discípulos. Adornaban los arcos de
medio punto de las ventanas que flanqueaban la puerta de entrada. En el de la izquierda se veía un dragón alado de un amarillo
fulgurante sobre un fondo púrpura. El de la derecha representaba la flagelación de un Cristo con corona de espinas y cubierto de
lágrimas de sangre. Entre el monstruo devorador de época antidi-
luviana y el Dios encarnado, convertido en rey del sufrimiento,
había un contraste cruel y una correspondencia íntima que se
intuía sin llegar a captarla. Finalmente, en la pequeña puerta que
daba acceso al laboratorio, donde el maestro trituraba los colores,
fundía las medallas y hacía sus experimentos de historia natural,
se veía una rodela con la forma convexa de un escudo, sobre el
cual estaba pintada una cabeza enorme de Medusa, de mirada
terrible, con su cabellera erizada de víboras.

En este santuario severo, en esa penumbra religiosa, bajo el
signo sugestivo de los genios que regían sus pensamientos,
Leonardo permanecía días enteros inclinado sobre sus bocetos y
sus manuscritos, lejos del carnaval mundano que a veces hacía
mover como un teatro de marionetas. Allí iban a reunirse sus discípulos preferidos. Por la mayor parte se trataba de jóvenes
nobles milaneses que se convirtieron en pintores de renombre y
fundaron la escuela de Leonardo: Giovanni Battista, Marco
Uggione, Antonio Beltraffio y Francesco Melzi de hermosa cabellera, que se encariñó con la persona del maestro y había de ser el
último sostén de su vejez. Todos lo adoraban por su talento y su
bondad inagotable. Les enseñaba los secretos de la perspectiva,
de las proporciones humanas, del claroscuro, del modelado y del
relieve, así como las relaciones íntimas que unen la gama de los
colores, los juegos de la sombra y de la luz con la expresión de
los sentimientos y de las pasiones en la pintura. Pero ese era sólo
el trabajo del día. Otra tarea empezaba por la noche. Sólo entonces Leonardo se encontraba frente a sus pensamientos íntimos,

podía conversar con sus genios, penetrar los arcanos de la naturaleza que quería explorar.

De los manuscritos de Leonardo se desprende que fue al mismo tiempo uno de los más sabios naturalistas de su tiempo y un filósofo deseoso de formarse una idea completa del universo.[4] De él sólo se conoce un tratado completo, el *Tratado de pintura*, pero tenía en proyecto un montón de otros, de los que sólo tenemos notas sueltas con innumerables figuras dibujadas por él. Tratados de mecánica, de geología, de hidráulica, de botánica, de anatomía, de fisiología, etc. Era un observador agudo y un experimentador ingenioso. Precediendo a los estudiosos modernos, intuyó la similitud de las ondas lumínicas y las ondas sonoras. Descubrió la *cámara oscura*, estudió en sus mínimos detalles los movimientos del agua, de las olas, de los cuerpos líquidos y aéreos. Adivinó el mecanismo del vuelo de los pájaros por el movimiento de las alas y el desplazamiento del aire. «Para volar —decía— sólo me falta tener el alma de un pájaro.» Leonardo se adelantó a Galileo y a Bacon en cien años. En sus estudios de historia natural, lo mismo que en sus especulaciones filosóficas, se situaba estrictamente en el terreno de la ciencia experimental, no reconociendo otra norma que no fueran las leyes inmutables de la naturaleza y otra guía que la razón, soberana del hombre y del mundo.

Así Leonardo había conseguido construir un esquema grandioso de esa naturaleza, de la que la Ciencia había prometido darle la última palabra, cuando se le apareció como una primera y soberbia visión de juventud. Sobre la tierra, trabajada por el fuego central, sustancia y fermento del gran todo, veía como se echaban las bases para los reinos de la vida, las capas sucesivas del

---

4 Véase el *Codex Atlanticus* publicado por Charles Ravaisson. Se atribuye al fiel Francesco Melzi la conservación de los cuadernos de Leonardo, que sirvieron para componer este *Codex*.

globo durante miles de años. Porque había adivinado la antigüedad de la tierra por las conchas de moluscos halladas en las montañas. Veía abrirse a continuación la espléndida floración del
mundo vegetal con el hervidero de los animales, donde cada especie es como un nuevo pensamiento del Creador. Por encima de su
multitud sorprendida se elevaba por fin el hombre, que sólo entre
todos los seres vivientes levanta su frente hacia las estrellas, el
Hombre convertido en creador a su vez, que, parecido al Hermes
del taller, hacía brotar del fondo del mar una forma de belleza
radiante, la Mujer. Transportado por la visión interior como al
centro de la creación, Leonardo escribió en sus notas: «Si la
estructura de ese cuerpo te parece maravillosa, piensa que esa
maravilla no es nada frente al alma que habita esa arquitectura.
Sea lo que sea, ¡esta es en verdad una cosa divina! —y el maestro
añade a modo de conclusión—: «Nuestro cuerpo está sometido al
cielo, y el cielo está sometido a la inteligencia».[5]

Como la onda de un sonido poderoso escuchó cómo el eco
de este pensamiento se perdía en el espacio y se elevaba hasta
Dios. Por el golpe, estuvo a punto de gritar: «Naturaleza, ya te
tengo… ¡ese es tu secreto!», pero se contuvo. Una duda acababa
de cruzar su mente como una flecha. «El primer motor», ese Dios
presente en todas partes, que actúa en todos los seres, en rigor era
suficiente para explicar la tierra y sus tres reinos, como actuando
en ellos por un impulso universal, inmediato y constante. Pero
¿era suficiente para explicar el alma humana? Leonardo creía en
un Dios lejano como se cree en la necesidad eterna, en la inflexible ley de las cosas. Pero no creía en el alma separada del cuerpo,
ya que no podía imaginársela sin órganos. Ahora ¿de qué manera

---

5. Los pensamientos de Leonardo citados en este estudio están traducidos de una excelente selección sacada de toda su obra, *Frammenti letterari e filosofici trascelti dal Dr.
Edmondo Solmi*, Florencia, Barbera, 1900.

el alma humana, con su conciencia y su libertad, con sus rebeliones y su sentido del infinito, había salido de Dios para entrar en un cuerpo perecedero, y en qué se convertía después de la muerte? En el mundo material que nos lleva y nos rodea el pensador acababa de entrever una fisura que se abría bajo sus pies como un negro abismo y se hundía en profundidades insondables. Por desgracia, en un abrir y cerrar de ojos el universo había cambiado de aspecto. ¿Qué hay de más espléndido que el cielo estrellado visto desde la tierra, ese cielo del cual la ciencia orgullosa le había prometido el abrazo y la posesión? Pero la naturaleza terrestre, vista desde el cielo del Espíritu, la naturaleza vista en sus entrañas y en su laboratorio ¡qué vorágine espantosa y qué infierno! Leonardo percibía ahora, bajo sus formas primordiales, los poderes nefastos de los que había sorprendido el juego en todos los niveles de la sociedad con la que se mezclaba en el carnaval mundano, pero de la cual se había siempre alejado siguiendo su sueño de belleza.

Caído de la inmensidad del cielo a la soledad del alma, se encontró cara a cara con *el Misterio del mal*, adherido como una úlcera y como un monstruo devorador en los costados de la naturaleza y de la humanidad. Sus cuadernos guardan la traza de ese escalofrío. Se lee: «El hombre y los animales son un pasaje y un conducto para los alimentos, albergues de muerte, envolturas de corrupción, que crean vida con la muerte ajena». Busca la explicación en esta idea de que la naturaleza ha inventado la muerte para aumentar la vida. «Cuando la tierra destruye los seres vivos, es por su deseo de multiplicación continua.»

Aunque pródiga para las especies, para la mayoría de los individuos es la madrastra más cruel. Leonardo no se sustrae ante el problema. Coge el toro por los cuernos y lucha con él cuerpo a cuerpo. Anota: «Los obstáculos no me doblegan. Cualquier obstáculo se destruye con el rigor. El que mantiene la vista fija en una estrella no mira atrás». Pero comprendió que la experiencia y la razón no son suficientes para abordar ese problema y que sólo la intuición puede penetrar en los arcanos de la naturaleza. Por ello recurrió al arte para escudriñar ese misterio. Aunque la ciencia maniobre con las experiencias materiales y la razón, sólo penetrará *las causas segundas* de la naturaleza, mientras que el arte, cuando es grande, puede alcanzar *las causas primeras* y darles una expresión a la vez simbólica y viva.

Desgraciadamente Leonardo da Vinci dedicó más tiempo a la ciencia que al arte, desatendiendo así su verdadera vocación, y en ello hemos perdido mucho. La pintura tuvo un papel únicamente accesorio o de distracción en su inmensa actividad. A ello hay que añadir que un buen número de sus obras maestras se han perdido o dañado, como si la naturaleza, irritada de que sus secretos fueran descubiertos, se hubiera encarnizado destruyendo las imágenes reveladoras de aquel que sabía desenmascararla tan bien. Por ello los cuadros y los dibujos que nos quedan son tan valiosos. En su obra representan ventanas abiertas por su genio adivinador sobre los arcanos de la naturaleza y del alma. De manera misteriosa pero invencible, nos atraen en el mundo de las causas primeras y nos hechizan. Este es el encanto único y superior de Leonardo.

El misterio del mal ya lo había fascinado sin que se diera cuenta cuando, siendo un adolescente temerario, había pintado en una rodela un monstruo espantoso compuesto con los animales más repelentes. Era el mal descubierto en la naturaleza. Más adelante, en la edad de la reflexión, se había dedicado a estudiar las deformaciones de la fisonomía humana bajo el efecto de las pasiones malignas. Por eso hay tantas caricaturas de cabezas de viejos en la colección de sus dibujos.[6]

Era el mal analizado en el hombre. Ahora, después de sus meditaciones conmovedoras llevadas a cabo en su estudio del

---

6 Eugène Müntz ha reproducido un buen número de ellas en su libro sobre *Leonardo de Vinci*, Hachette, 1899.

claustro de Sant'Ambrogio, su mirada se hundió improvisamente en el pasado antediluviano de la humanidad, en su tradición mítica y religiosa. Al bajar a ese limbo oscuro tuvo la sensación de percibir los poderes malignos en el antro tenebroso donde se habían incubado. Entonces, gracias a una especie de visión sintética, el misterio del Mal se le apareció bajo la triple forma de la *Serpiente, del Dragón* y de la *Medusa.* Esos seres, al mismo tiempo fantásticos y reales, llenos de una vida intensa, lo atormentaron hasta la obsesión, hasta el terror. Pero se juró a sí mismo que los vencería, comprendiéndolos a fondo y expresándolos en el arte.

Si los animales más notables de la fauna terrestre, los más representativos de la evolución creadora, el Toro, el León y el Águila, tienen un sentido esotérico en las tradiciones religiosas y simbolizan ciertas fuerzas espirituales del Cosmos, la Serpiente tiene un papel de oposición y de contrabando, pero un papel tan indispensable como importante. Es al mismo tiempo un ser inferior, por su avanzar reptando, y superior por la inteligencia que demuestra. Su movimiento ondulante sugiere la idea de la penetración en todas las fisuras, y el mordisco venenoso, con el que se defiende de sus enemigos, despierta la idea del mal. Esto no quita que los indios y los egipcios, junto con todos los pueblos antiguos, representaran la vida eterna por medio de una serpiente que se muerde la cola. Conoce todos los escondites y se introduce por todo. Por ello sin duda las religiones orientales vieron en ella el símbolo del fuego primitivo y del fluido astral que envuelve la tierra.

La serpiente tiene un papel en la teogonía griega, porque, según cuenta Hesíodo, muchos Titanes fulminados por Júpiter se presentaban bajo forma de serpientes gigantescas. En la Biblia es bajo forma de serpiente que Satán induce a Eva a coger el fruto de la ciencia que da el conocimiento del Bien y del Mal. Por fin, según una leyenda, en el momento de la caída de Lucifer una muchedumbre de espíritus, que ardían en deseos de apoderarse de su cuerpo vivo, se encarnaron sobre la tierra bajo forma de serpientes. En estas tradiciones míticas la serpiente representa el deseo intenso de la vida física, la necesidad imperiosa de la encarnación, la sed de sensaciones violentas a través del cuerpo. Es un instinto primordial de la naturaleza, indispensable para la vida, pero que necesita ser domado y acotado. Sin guía y sin freno se vuelve nefasto y destructivo. Disciplinado, sirve de vehículo para el espíritu creador.

El Dragón es la serpiente que ha alcanzado su poder más elevado, la serpiente armada de garras y de alas. Existió en cierta época del globo y aterrorizó a todos los demás animales por su fuerza temible. La paleontología ha encontrado sus restos. La mitología, que había conservado su recuerdo, hizo de ella el símbolo del egoísmo monstruoso y devorador, la imagen del Orgullo desmesurado, del Mal encarnado en su forma masculina, del Mal activo y destructor. El Dragón ha permanecido en la tradición como el animal más espantoso y peligroso, y los sabios y los poetas hicieron de él la imagen parlante del orgullo insaciable y del egoísmo mortífero. Y porque todo hombre lleva en sí la semilla de este instinto, padre de todas las pasiones negativas, los liberadores de la leyenda pagana o cristiana, los Hércules, los Perseo, los Jasón y los san Jorge tenían que matar al dragón devorador antes de conquistar la corona de héroes o la aureola de santos.

Por esta razón también el Dragón preocupó al genio intuitivo de Leonardo. Tuvo la ambición de evocar su imagen viva y natural, de mostrarlo tal como tuvo que ser en realidad. Recrearlo en todas sus partes ¿no era acaso comprenderlo? A su vez el artista quiso también alcanzar el mal en su origen, cazar al monstruo en su antro. Hizo varios dibujos de él. Casi todos se han perdido, sólo se conserva uno. Lo vi hace tiempo en Florencia, en una vitrina situada en la galería que lleva de los Uffizi al palacio Pitti, por encima de las viejas tiendas del Ponte Vecchio. No es más que un boceto a lápiz sobre un papel viejo amarillento, pero ¡qué vida y qué fuerza en ese dibujo improvisado! Representa la lucha de un pterodáctilo con un león. El dragón vuela por encima del rey de las fieras y lo persigue, el león se arrastra por el suelo como un gato. Retrocede, pero gira su cabeza desmelenada contra el monstruo que lo amenaza con sus fauces y sus garras. Se siente listo a saltar al primer mordisco y a torcerle el pescuezo al saurio alado, que se dobla y escupe sobre su presa sus llamas y su veneno. Este dragón es tanto más poderoso que no tiene nada de convencional. Está terriblemente vivo. Cuvier no lo habría concebido mejor. Carnoso y musculoso, el formidable volátil tiene tanta flexibilidad como un buitre y su cabeza de lagarto expresa inteligencia y ferocidad a partes iguales. Imagen sobrecogedora del Mal consciente de su fuerza, que asalta el coraje real sorprendido en el sueño.

¿Cuál será el resultado del combate? ¿Será la mente más fuerte que la materia? Leonardo nos deja en la incertidumbre. Representado bajo esos rasgos, había penetrado la naturaleza íntima del Mal, pero todavía no había adivinado su razón de ser en la naturaleza y en la humanidad. Pero no es suficiente verlo y comprenderlo, es necesario haberlo vencido en sí mismo para dominarlo: sólo el dragón muerto entrega su secreto a quien lo ha traspasado y ha saboreado su sangre.

Leonardo quiso pues sondear el misterio más en profundidad y se zambulló en sus meditaciones nocturnas en el fondo del claustro de Sant'Ambrogio. Entonces el Genio del Mal, que se le había aparecido en su personificación masculina bajo la figura del Dragón, se le apareció en su personificación femenina bajo la figura de la Medusa.

El mito de la Medusa está entre los que la poesía ha dejado en la sombra, pero que tuvo un papel importante en el simbolismo de la Antigüedad y que el arte moderno sólo ha tocado ligeramente. Si en la mitología universal el dragón representa el poder del individualismo llevado hasta el furor devorador del egoísmo y de la dominación, la Medusa personifica la facultad receptiva de la naturaleza, su necesidad ciega de ser fecundada llevada hasta el frenesí sexual. La forma masculina del Mal es el Orgullo, su forma femenina es la Lujuria. A través del mito de la Medusa el genio griego indica de manera velada como esa fuerza primitiva pudo nacer por desviación y desarrollarse en la naturaleza primitiva mucho antes de hacer estragos en la humanidad. Al inicio, la hermosa Medusa no es un monstruo, es una divinidad encantadora y benéfica, encargada de transmitir a todos los seres el deseo de procrear y el poder de la multiplicación.

Como tal, los poetas y los pintores griegos la representaban con un cuerpo de serpiente que terminaba con un hermoso busto de mujer. Tan hermosa era la parte superior de su cuerpo que Neptuno se unió a ella en una llanura cubierta de flores. De ese enlace nació el pueblo alegre de los Tritones y las Nereidas. Pero al quedar sola, la diosa curiosa e insatisfecha atrajo a sí a los Titanes y con ellos puso al mundo todo un pueblo de monstruos. Por ello los dioses, irritados, la confinaron en los límites del caos. Pero ella había conservado el poder de seducir, y por venganza adquirió el de matar. Atraía invenciblemente, paralizaba con la mirada y luego envenenaba con su aliento y aniquilaba con su abrazo todos los que se le acercaban. La bella Medusa se había transformado en la espantosa Gorgona. En lugar de ser fuente de vida, el placer se convertía en un crimen.

Entonces los Dioses decidieron acabar con la diosa maléfica. Guiado por Palas, el héroe Perseo sorprendió a Medusa en el sueño y le cortó la cabeza. Inmediatamente, del mar de sangre que fluía del cuello cortado surgieron dos corceles espléndidos, un caballo blanco y uno leonado, Crisaor y Pegaso. El primero era el Relámpago que disipa las nubes del caos, el otro era la Poesía que de un salto se lanza hasta los cielos. De esta manera, del instinto sexual, liberado de las fuerzas brutales de abajo y dirigido hacia las de arriba, nacieron las fuerzas purificadoras del mundo físico y del mundo espiritual: el relámpago y el pensamiento... Sin embargo, en el horror de su agonía los cabellos erizados y convulsos de Medusa se habían transformado en un nido de víboras, encarnaciones venenosas de sus últimos pensamientos. Entonces Palas cogió la cabeza sangrante de la Gorgona y la colocó sobre su escudo. A partir de entonces Medusa ya no mataría a los mortales con su mirada, pero su rostro despavorido, fijado en el escudo de Minerva, iba a servir de espantajo contra los perversos y los malvados ¡en el combate por la Justicia y la Luz!...

Leonardo ¿supo abarcar en su conjunto el mito de la Medusa como acabamos de explicarlo? Estaríamos tentados de creerlo por la fascinación turbadora que esta figura mitológica ejerció sobre él. Vasari nos dice que en el palacio de los Médicis se podía ver una cabeza de Medusa pintada por él en un escudo convexo. Por otra parte, en la galería de Windsor se puede ver un dibujo de Leonardo que representa a Neptuno sobre su carro, rodeado de caballos marinos. Quizá se trataba de un boceto del enlace de Neptuno con la joven diosa marina antes de que se convirtiera en Gorgona. Pero, ¡qué tema para su fantasía, Perseo sorprendiendo a la Medusa dormida en su antro fatídico! Y otro más, después de cortar la cabeza, esos dos corceles fulgurantes, encabritados sobre la sangre humeante del hermoso monstruo y horadando de azul la noche del caos, como dos cohetes. Desgraciadamente, todos los bocetos que pudo hacer sobre este tema se han perdido. Sólo nos queda ese famoso cuadro de los Uffizi que representa, en un cuadrado estrecho, la cabeza cortada de la Gorgona a tamaño natural.

Como un residuo siniestro esa obra maestra nos ofrece la quintaesencia del mito en sus restos espantosos. A pesar de todo hay una belleza terrible en esa cabeza de Gorgona que agoniza en su propia sangre. Los ojos apagados, el hálito verdoso, asfixiante, y esa atmósfera venenosa hielan la sangre por el horror. Los cabellos, que se han convertido en serpientes, se enrollan, se tuercen, se multiplican y lanzan en todas las direcciones sus cabezas puntiagudas hacia el espectador. Esas víboras entrelazadas están estudiadas minuciosamente según la naturaleza en sus distintas poses, con el dibujo diamantado de su piel, los ojos brillantes y las lenguas bifurcadas. La sangre se hiela en las venas en ese cuadro, es la pesadilla de lo horrible en la naturaleza, es el alumbramiento de la Muerte por la Vida bajo el hálito del Odio.

Fue la última visión de Leonardo durante su bajada a los abismos tenebrosos de la naturaleza. ¿Volvió satisfecho? Podemos dudarlo. Había sondeado el misterio del Mal sin encontrar el remedio, había planteado el problema sin resolverlo. A medida que su ciencia aumentaba, su inquietud también lo hacía. Un pasaje significativo hallado en sus apuntes demuestra que esta inquietud a veces rayaba en la angustia. La emoción que se percibe contrasta con la calma habitual de sus notas. Un volcán incubaba bajo las nieves de sus pensamientos. El maestro tenía la costumbre de hacer excursiones en los Dolomitas, en los Alpes del Friuli, tanto para sus estudios de geología como para buscar paisajes en armonía con sus retratos y sus madonas.

De una de esas excursiones trajo un recuerdo impresionante al que le dio, como veremos, un sentido alegórico que arroja una luz inesperada sobre su vida interior. Escuchemos ese pasaje lírico, que tiene el ritmo grave de las olas del océano: «La tormenta marina no hace tanto ruido con sus mugidos cuando el viento del Norte la trastoca con sus olas cubiertas de espuma, entre los peñascos de Caribdis y de Escila, ni la isla de Stromboli, ni el Mongibello (el Etna) cuando el torrente sulfuroso se abre camino por el cráter de la montaña, fulminando con piedras y cenizas a través del aire, mientras que la boca del volcán lanza llamas, ni los flancos del Mongibello cuando vomitan la lava mal contenida y ésta derriba todos los obstáculos con su furia imperiosa no hacen tanto estruendo *como el deseo insaciable de saber en el corazón del hombre...* Arrastrado por mi voluntad ávida, deseoso de ver la gran mezcla de formas extrañas y variadas de la naturaleza artificiosa, vagué largo tiempo entre las rocas sombrías y llegué a la entrada de una gran cueva... No habiendo visto jamás una sima como ésa, permanecí un rato estupefacto, doblado en dos y con las manos apoyadas en las rodillas. Con la mano derecha me cubrí los ojos cerrados, luego girándome a derecha e izquierda intenté ver qué había en la cueva. Pero me fue imposible a causa de la gran oscuridad. Permanecí así un rato, y de repente, simultáneamente se despertaron en mí dos sentimientos opuestos: *el miedo y el deseo*. Miedo de la cueva amenazadora y oscura, deseo de ver si había allí dentro alguna cosa milagrosa…»

Esta página del maestro es el comentario más elocuente de su *Agonía de la Medusa.*[7]

En su largo viaje por los arcanos de la naturaleza, Leonardo había encontrado, muy al fondo, el misterio del mal. Lo había mirado a la cara, había pintado su imagen y de alguna manera su génesis como nadie lo había hecho antes. Pero no se atrevió a ir más adentro en la cueva. El miedo había sido más fuerte que el deseo, y retrocedió.

III. El fresco de Santa María delle Grazie. – La cabeza de Cristo y el misterio de lo divino.

Un abismo separa Leonardo de sus grandes rivales, Rafael, Miguel Ángel y el Correggio. En éstos hay una unidad perfecta entre el pensamiento religioso y el filosófico, cosa que, desde el punto de vista del arte, es una ventaja evidente. En Leonardo hay una escisión entre el pensador y el artista. Cuando se vuelven a contemplar sus cuadros después de haber leído sus pensamientos, nos sorprende la antítesis entre su concepción científica de la naturaleza y las visiones espirituales, de las que son testigo sus obras maestras. Esta antítesis está relacionada con el dualismo intrínseco de su naturaleza íntima.

---

7 Solmi, *Frammenti di Leonardo da Vinci,* pag. 109.

Marquemos bien esta diferencia esencial entre los tres Arcángeles del Renacimiento italiano y el Rey Mago que fue su introductor.

A pesar de su gusto apasionado por la naturaleza, la Antigüedad y la vida, esos grandes artistas, lectores asiduos de la Biblia y de Platón, seguían viviendo, tanto en el alma como en el pensamiento, en la tradición mística de la Edad Media, para la cual la naturaleza, la creación del mundo y la redención de la humanidad sólo se explicaban sobre la base del Antiguo y del Nuevo Testamento, sobre la base del Dios de Moisés y la encarnación del Verbo divino en la persona de Jesucristo.

Por el contrario, para Leonardo la naturaleza visible y la humanidad viva eran los objetos exclusivos de su curiosidad. Como consecuencia, había adoptado la ciencia como guía única. Hemos visto como un instinto fatídico, un impulso predestinado lo habían atado a esta señora austera y autoritaria con un juramento solemne. Además, en sus cuadernos de notas, que contienen una verdadera filosofía de la naturaleza, de la moral y del arte, sólo reconoce dos principios: la necesidad absoluta de las leyes naturales y la experiencia como fuentes únicas del conocimiento. A pesar de este método, las necesidades de su arte y también una nostalgia secreta lo devolvían continuamente a los temas religiosos. Y hay más. Se encuentra en sus notas un pasaje donde el observador agudo y el lógico intrépido chocan ante las puertas de otro mundo.

Después de extasiarse ante el arte infalible de la naturaleza en sus creaciones, el pensador exclama: «Nada hay más hermoso, más fácil, más rápido que la naturaleza. En sus inventos no falta ni sobra nada. No utiliza contrapesos para construir los miembros apropiados para formar los cuerpos de los animales, *pero infunde en ellos el alma que regula sus movimientos.* En cuanto al resto de la definición del alma, se la dejo a los monjes, padres de los pueblos, que por inspiración conocen todos los secretos. *Dejo de lado las sagradas Escrituras porque ellas son la verdad suprema».* Salta a la vista la ironía contra los monjes ignorantes, pero la veneración por los textos bíblicos seguramente es sincera. En pocas palabras, Leonardo aparta la teología de sus especulaciones. Por otra parte reconoce que todos los seres serían inexplicables sin el alma, que renuncia a definir. Admite a Dios como «primer motor», pero no se ocupa de Él. Admite el alma como «obrera de los cuerpos», pero no la concibe fuera de ellos. En cuanto filósofo, Leonardo hace abstracción de Dios, del alma y del mundo invisible. Sin embargo, cada vez que quiere penetrar en el arcano de las causas primeras, encuentra a Psique de pie ante la puerta, como en el umbral infranqueable de un mundo superior, y su aparición abre una brecha súbita sobre la inmensidad del Más Allá.

Había pues dos polos en la mente de Leonardo. Por un lado la naturaleza encadenaba su mente en su sima vertiginosa, por el otro, el Alma luminosa, pero inasequible, lo atraía a alturas sublimes. Se comunicaba con un polo a través de la Ciencia, con el otro a través del Arte. Habitaba en él un profundo sentimiento religioso, pero no era la roca inmutable de una fe endurecida por el dogma. Este sentimiento se parecía más bien a un espejo de agua durmiente en el fondo de un abismo, listo para dejarse bombear por un rayo de sol que supiera llegar hasta él.

Ese sol había de brillar para él en el fresco de Santa María delle Grazie.

El día en que Ludovico el Moro dio a Leonardo el encargo de pintar la Santa Cena en el refectorio de ese convento, el artista sintió una de las emociones más grandes de su vida. Fue un cambio súbito de su alma, seguido de una ascensión y de una vasta escampada. Le pareció como si un torbellino de luz lo elevara de los oscuros arcanos de la naturaleza a las serenas regiones del espacio. Al mismo tiempo la propuesta del duque había despertado las ambiciones más altas, que el pintor tenía la costumbre de reprimir en su dura búsqueda de la verdad. Como pasión secreta o tímida esperanza, la búsqueda de lo Divino se encuentra en todo hombre, pero se convierte en agudo tormento en el pensador profundo si además es un artista insaciable. En él, es el deseo de lanzarse a la conquista de las últimas cumbres, de abrazar lo sublime en lo perfecto, de saciar por fin la sed devoradora del alma en la fuente del ser. En verdad, la Santa Cena, el banquete sagrado del hombre divino, el sacrificio del Verbo encarnado, era un problema tentador para Leonardo. ¿Cómo habían tratado el tema los pintores anteriores? Seguramente con una devoción infantil y conmovedora, pero sin sospechar su profundidad, porque la aureola de devoción en que la habían envuelto se la ocultaba. Giotto realmente había puesto en evidencia el *pathos*, pero sin poner en duda la escala de valores entre los apóstoles y sin poner en evidencia la enorme superioridad de Jesús sobre sus discípulos. Con un golpe de ala, Leonardo se levantó a la cima y al centro del argumento, como el águila que del fondo del abismo alcanza su nido por encima del océano de cimas montañosas y de cara al sol.

Pintar a Jesús en su comida de despedida, en el instante en que toma la decisión suprema de entregarse a sus enemigos, era hacer visible el momento psicológico del drama divino que se lleva a cabo en el mundo. Pintar al mismo tiempo el efecto de ese acto sobre los doce apóstoles, con sus diferentes caracteres, era revelar la naturaleza de ese acto por su efecto sobre la humanidad, de la misma manera que el juego de colores en un prisma revela la naturaleza de la luz. Era la iluminación de lo Humano por lo Divino bajo un deslumbrante relámpago. Sin embargo hay que observar que, en su idea original, y de acuerdo con su concepción científica del universo, este Divino al principio sólo se le apareció a Leonardo como el resultado de la evolución humana en cuanto quintaesencia del hombre bajo la forma de la bondad perfecta y de la caridad suprema. Sólo más tarde, cuando ya casi había terminado su obra y no se atrevía a dar el toque final a la cabeza de Cristo, tuvo que percibir que había en Jesús un elemento milagrosamente superior a la humanidad y que, para llevar a cabo el sacrificio del Gólgota, había que ser no sólo Hijo del Hombre sino también Hijo de Dios.

El pensador acompañó al artista hasta la cima, pero una vez alcanzada ésta, el artista le demostró al pensador que era su amo, descubriéndole un mundo nuevo. De esta manera la obra se convirtió para su autor en una revelación superior a la obra misma. Cuando el arte se refleja en el pensamiento, sólo ve su imagen desmembrada, pero cuando el pensamiento se mira en el arte, halla en ella su síntesis bajo una idea superior.

Si la *Cena* de Milán fue concebida en un instante, su ejecución duró años. El conjunto del fresco tenía que ocupar toda la pared de fondo del refectorio, y las figuras de tamaño superior al natural habían de dar la ilusión de la vida a quien entraba por el otro extremo de la sala. Había que cubrir con los pinceles una superficie de treinta pies de ancho por quince de alto, y esto conllevaba un trabajo enorme. Leonardo se dedicó a ello con un celo minucioso que no desplegó en ninguna otra obra, excepto en el retrato de Mona Lisa. No sólo hizo un gran cartón del conjunto, sino que dibujó sobre cartones separados los bocetos de las trece figuras. Luego pintó cada cabeza en pequeño al pastel antes de arriesgar su ejecución a tamaño real sobre la pared. La única manera de dar solidez al fresco es de pintarlo al temple. Miguel Ángel, el Tintoretto, Mantegna y el Correggio se consideraron maestros en este arte que exige una gran seguridad de improvisación y no tolera ningún retoque. Leonardo, que trabajaba lentamente y quería tener la posibilidad de retocar más de una vez sus colores, eligió la pintura al óleo, lo cual desgraciadamente fue la causa del rápido deterioro de su obra de arte. Las numerosas cabezas de ancianos y de jóvenes que había dibujado del vivo le sirvieron de base. Tomadas de la realidad, pero transformadas por el genio, son la vida misma. Como dice *fra* Paccioli, sólo les falta el soplo vital, *il fiato*, para que hablen. Para el Cristo, Leonardo sabía muy bien que no podía encontrar un modelo y buscó en sus sueños las líneas ideales. A pesar de la impaciencia del prior, que se quejaba de que el pintor no acababa nunca, y gracias al apoyo inteligente de Ludovico, el artista pudo terminar la obra con calma. El novelista Bandello hizo la descripción acertada de un testigo ocular sobre su manera de trabajar: «A menudo Leonardo llegaba muy temprano al convento delle Grazie, y esto lo he visto con mis propios ojos. Se subía corriendo al andamiaje, y allí, olvidando incluso la necesidad de alimentarse, no soltaba los pinceles desde la salida del sol hasta que la negra noche le impedía continuar. Otras veces permanecía tres o cuatro días sin tocar un pincel, sólo llegaba y permanecía una o dos horas, con los brazos cruzados, contemplando las figuras y aparentemente criticándolas él mismo. También lo he visto en pleno medio día, cuando la canícula deja vacías las calles de Milán, marchar de la ciudadela, donde estaba moldeando en arcilla su caballo de tamaño colosal (la estatua ecuestre de Francesco Sforza), venirse al convento en busca de sombra y por el camino más corto, dar allí una o dos pinceladas a una de sus cabezas y marcharse rápidamente».

Hemos visto la génesis del cuadro en la imaginación del pintor gracias a la aparición de la idea matriz. Intentemos ahora el movimiento inverso. Intentemos ir de afuera hacia adentro con una contemplación intensa, para así penetrar hasta su centro.

La palabra clave acaba de salir de la boca del Maestro: «En verdad os digo, uno de vosotros me traicionará». Como en algunas leyendas, la caída de una piedra en un lago inmóvil produce una efervescencia formidable y desencadena una tempestad en el aire, la palabra terrible, pronunciada por aquel que jamás se equivoca, ha caído entre los apóstoles y los levanta en un remolino de sorpresa, horror, exasperación y espanto. A primera vista sorprende ese viento de emoción que pasa como una ráfaga sobre los doce apóstoles y los agrupa, de tres en tres, en cuatro olas que se entrechocan sin confundirse. Nunca el arte de dibujar los sentimientos y los pensamientos por medio de los gestos y las actitudes alcanzó esa precisión dramática. Se ve la escena, se cree comprender. Acompañada de murmullos y gritos la conversación está violentamente animada. Las cabezas se juntan, las manos se crispan. De los dos extremos de la mesa los brazos se tienden desamparados hacia el Maestro, como diciendo: «¡Explícanos el horroroso misterio!» Pero en medio de esa borrasca, el rostro de Jesús permanece calmo, con los ojos bajos en una meditación profunda. Sus manos, apoyadas sobre la mesa, se abren en un gesto de mansedumbre y de resignación. Su cabeza ligeramente inclinada resalta sobre la claridad menguante del día que se entrevé por la ventana del fondo. Una majestuosidad suave fluye de su frente por los largos bucles y se derrama por los pliegues fluidos de su túnica. No tiene aureola, pero su melancolía suave nos penetra y nos inunda. Se entrega completamente y sin embargo permanece inaccesible. Su alma vive en el universo, pero permanece solitaria como el alma de Dios.

Esta es la primera impresión del cuadro de la *Cena* en su armonía sublime. La curiosidad se tensa, el asombro aumenta a medida que lo miramos y nos zambullimos en él, porque entonces se ve acentuado el carácter de los personajes y afloran las intenciones psicológicas del maestro, que son de una hondura única. En realidad, no tenemos ante nosotros a pescadores de Galilea, sino ejemplares regios de la humanidad eterna. Reconocemos entre ellos tres grados de jerarquía moral. Esas tres clases de hombres se pueden llamar *instintivos, apasionados* y *psíquicos,* o *intelectuales espiritualizados.* Se encuentran en todos los grupos humanos. En el entorno de Jesús tenemos los discípulos de la letra, los discípulos del sentimiento y los discípulos del espíritu. Leonardo no los agrupó por separado, sino que los mezcló en el cuadro tal como están mezclados en la vida. Pero se distinguen perfectamente en las cuatro olas humanas que forman los doce apóstoles.

Observemos los dos extremos de la mesa y hallaremos a los representantes de la primera categoría. En la extrema izquierda el joven y enérgico Bartolomé se ha levantado. Con las dos manos apoyadas sobre la mesa mira a Judas con una mezcla de estupor y de indignación, mientras que el noble y pacífico Andrés se gira hacia el traidor levantando las dos manos como para alejarlo de sí. Al otro extremo de la mesa Simón, un anciano ingenuo, extiende las manos diciendo:

—No, ¡es imposible!

—¿No ves al culpable? —replica Mateo, que parece un joven atleta, de una franqueza impetuosa.

Al mismo tiempo, con las dos manos tendidas hacia atrás muestra a Judas, que vuelca el salero y aprieta su bolsa con un gesto convulso. Entre Simón y Mateo el fiero Tadeo, con el pelo como agitado por el viento y la mirada torva, añade con cólera:

—Imposible dudarlo…¡lo ha dicho el Maestro!

Por fin, el incrédulo Tomás, que se ha sobresaltado en su sitio, protesta con aire escéptico contra la afirmación del Maestro, y objeta levantando el índice:

—¿Cómo? ¿Has dicho: uno de nosotros?

Estos seis apóstoles representan la primera categoría, la de los instintivos, que se atienen a los hechos visibles y palpables. Éstos necesitan milagros materiales para creer, y de éstos han tenido en abundancia, pero no son suficientes. Tendrán otros y más grandes, pero siempre querrán algo nuevo. Honrados, valientes y convencidos, son indispensables para la propagación del Evangelio, pero se encuentran apenas en la primera fase de la iniciación, y así representan a la mayoría de hombres de todos los tiempos.

Miremos ahora a Santiago el Menor, Santiago el Mayor y Pedro, repartidos a la derecha y la izquierda de Jesús en posturas violentas. Son los apóstoles del segundo tipo, los impulsivos y los hombres de acción. Pedro, cuyo perfil se percibe entre la cabeza angélica de Juan y la silueta negra de Judas, se tiende hacia delante. Por una sospecha injusta su mano indica a un apóstol situado a la cabecera de la mesa. Pero Santiago el Menor, cuya cabeza aparece entre Bartolomé y Andrés, lo reprende:

—¿Pero no ves que estás al lado del traidor?

En el mismo instante, Santiago el Mayor, sentado al lado de Cristo, se gira hacia él con un movimiento de indignación. Su brazos abiertos subrayan su súplica:

—¡Mírame Maestro —exclama, y di si soy capaz de tal infamia!

Estos tres apóstoles representan la categoría de los hombres de acción y de los entusiastas violentos, a los cuales, según la palabra del mismo Cristo, pertenece el reino de los cielos. Han comprendido lo sublime de Cristo y la grandeza de su misión. Están dispuestos a dar la vida por él. Son los animadores, los realizadores, los héroes de la humanidad, sin los cuales no se podría hacer nada grande. Sin embargo, su fogosidad y su precipitación los arrastran a menudo más allá del objetivo y los exponen a terribles reacciones. Necesitan ser moderados y dirigidos por una esfera superior.

La tercera categoría, la de los psíquicos o intelectuales espiritualizados, sólo está representada en la *Cena* de Leonardo por dos apóstoles: Felipe y Juan. Figuras exquisitas de hombres jóvenes. Por su belleza delicada y fina, por su sensibilidad trémula, son casi mujeres. Felipe se levanta y tendido hacia el Maestro, con las manos recogidas sobre el pecho, protesta de su inocencia con una gracia de muchacha. En cuanto a Juan, se parece a Jesús por su larga cabellera rizada y una dulzura de virgen que trasluce de su actitud y del óvalo fino de su rostro. Una indecible tristeza dobla su cabeza como un sauce. No dice nada porque lo ha entendido todo, el horror de la situación, la voluntad del Maestro de sacrificarse por la humanidad, la inutilidad de las palabras. Está abrumado por la idea de lo que se avecina. Dolor insondable e inmóvil, que no mide su profundidad y llora sobre un abismo. Sólo puede juntar las manos sobre la mesa y orar en silencio. Estos dos discípulos son los más próximos a Cristo por su alma, los intérpretes más elevados de su doctrina, representan los iniciados del Espíritu puro, los apóstoles del Evangelio eterno.

En cuanto a Judas, con su perfil torcido, se gira hacia Cristo con mirada desafiante y exclama:

—¡No soy yo!

Su protesta le traiciona más claramente aún que la mirada del Maestro, porque proclama su inocencia con una expresión de verdugo. Así se oponen en el centro del cuadro los dos extremos en la escala de las almas, el hombre caído por el mal, endurecido en el infierno de la envidia, de la avaricia y del odio impotente, y el Dios hecho Hombre, el Verbo celeste, el Amor victorioso por el sacrificio. Es pues todo un río de poderes humanos y divinos que fluye a través de los doce apóstoles y el Cristo de Leonardo, como el río de los sonidos fluye a través de un órgano que brama con todos sus registros. A grandes rasgos se podría encontrar la jerarquía de las fuerzas que gobiernan el universo y coordinan la humanidad.

¿Por qué Leonardo no se atrevió a terminar la cabeza de Cristo, del que sólo se adivinan los rasgos vagamente esbozados? Vasari explica: «Leonardo atribuyó tanta majestuosidad y belleza a las cabezas de los apóstoles que dejó inacabada la de Cristo, pensando que no podía darle esa divinidad celeste que requiere la imagen del Salvador». Lomazzo, en su tratado sobre la pintura, confirma esta opinión. Según él, Leonardo habría consultado a su amigo Bernardo Zenale sobre este punto de importancia capital. «Has cometido una falta imperdonable al pintar a los dos Santiagos. Jamás podrás hacer un Cristo más bello que esos dos apóstoles.» Como consecuencia el maestro se habría resignado a no volver a tocar la cabeza de Jesús. Habladurías de estudio, explicaciones de gente que sólo comprende el lado técnico del arte. Puede ser que Leonardo consultara a sus amigos, pero ese razonamiento dudoso, esa timidez cobarde en su concepción no habría podido detener el impulso de un genio como él. Si contemplamos el esbozo en sanguina que hizo Leonardo para la cabeza de Cristo, esbozo que se encuentra en el museo de Milán, está claro enseguida el error de Zenale y de Vasari. Esa cabeza, de una suavidad maravillosa, es muy superior por el poder de la expresión a las de los dos Santiagos, e incluso a la de san Juan. Es la que sirvió de modelo para el Jesús de Santa Maria delle Grazie. Pero sólo revela un aspecto de la naturaleza de Cristo, su amor sin límites, su sensibilidad receptiva. Falta la voluntad, el poder redentor. Sin duda por este motivo no satisfizo a Leonardo, que habría querido hacer lucir, a través de las lágrimas del Cordero, el rayo victorioso del Salvador.

¿Qué pasaba por la mente del pintor durante esas largas horas de meditación, cuando, según explica Bandello, permanecía inmóvil delante de la pintura? Fueron para Leonardo un choque de retorno de su magia de artista, una iniciación dolorosa. Esa cabeza exangüe, de la que había trazado temblando el contorno, ahora le fascinaba. Su palidez evanescente lo dominaba, era un verdadero hechizo. Él respiraba en ella y ella respiraba en él. Le forzaba a revivir no sólo la Santa Cena, sino también toda la Pasión. Con ella sufrió la noche de Getsemaní, la flagelación ante Pilatos. Sintió la corona de espinas clavarse en su cabeza y la cruz hacerse pesada sobre sus hombros. Oyó el grito de los verdugos y vio levantar el patíbulo del Calvario. Entonces creyó ver la cabeza maravillosa iluminarse como por un sol interior y traspasarlo como una espada con sus ojos fulgurantes. Esa mirada decía: «Para comprender mi luz, hay que haber pasado por la noche de la tumba. Hay que aniquilarse para renacer, hay que morir completamente para resucitar». En ese momento el más grande de los pintores dejó caer su pincel. Había vislumbrado el sentido espiritual de la resurrección, pero también había comprendido que la belleza sobrenatural de Cristo está por encima del arte humano.

Por ello Leonardo renunció a dar el último toque al rostro de Jesús. Sublime modestia, supremo homenaje del genio, hecho vidente, al misterio de lo divino, a la metamorfosis del alma, a su inexpresable resurrección por el sacrificio. Aunque inacabado, este esbozo de Cristo sugiere estos pensamientos. Con sus párpados bajos y su inefable sonrisa hace palidecer a todos sus rivales: es el *Único*.

II

EL ROMANCE DE MONA LISA

Cuanto más se conoce más se ama.
Mona Lisa

IV. La Gioconda y el misterio del Eterno Femenino

Los dieciséis años que Leonardo pasó en Lombardía (1480-1496) en la corte de Ludovico el Moro, fueron los más felices y los más prolíficos de su vida. Leonardo era un genio universal y cosmopolita en el sentido más amplio, ajeno a todo patriotismo local e incluso nacional, pero saturado del amor ardiente por la Belleza y la Verdad, con un sentido profundo de humanidad.

La escuela de pintura que fundó en Milán, y que le sobrevivió, representa sólo una pequeña parte de su actividad febril. Gracias a la protección de Ludovico el Moro, el mago toscano había podido desplegar el brillante abanico de sus facultades maravillosas y hacer funcionar en todos los sentidos su varita encantada. Le sonreía la idea de embellecer uno de los países más bellos del mundo con la combinación suntuosa de las ciencias y de las artes juntas. Había podido preparar simultáneamente un plan de irrigación para la llanura lombarda, seguir sus estudios sobre la aviación, la geología y la luz, trabajar en las catedrales de Milán y de Pavía, levantar ante el castillo del príncipe, en un modelo de barro, el coloso ecuestre de Francesco Sforza, pintar el fresco incomparable de Santa Maria delle Grazie, acariciar sabiamente con sus pinceles varios cuadros al óleo, madonas, portales de príncipes y de grandes damas. Con todo ello, Mamón, el príncipe sutil de este mundo, al cual el buscador infatigable se había no vendido, sino atado con un pacto temporal, le había permitido realizar algunos de sus sueños en la fantasmagoría inestable de la vida.

Porque era Leonardo el que ordenaba las fiestas rutilantes, donde la mitología griega resucitaba en los jardines del castillo en cortejos carnavalescos, al tañer de las flautas y de las cítaras. Los Visconti, fundadores del ducado de Milán, habían adoptado por escudo un sol que irradia flechas y víboras a través de nubes de oro y de rosas. Sus sucesores, los Sforza, adoptaron esta divisa que simboliza exactamente el espíritu de los condotieros del Renacimiento: la gloria que irradia la voluptuosidad a través de la fuerza y de la astucia. Leonardo había conseguido durante algunos años hacer irradiar el sol de la ciencia y de la belleza a través de ese blasón espléndido y cruel. Pero la experiencia era peligrosa y el milagro no podía durar.

Ludovico el Moro era un mecenas inteligente pero tenía un carácter débil y era un político mediocre. Situado entre el papa, la república de Venecia y el rey de Francia, que codiciaban su reino, creyó poderse salvar engañándolos a los tres. Después de haberle extorsionado su oro cada uno por su lado, sus enemigos acabaron aliándose contra él. En 1496 Ludovico el Moro llamó a Carlos VIII para que bajara a Italia pagándole una fuerte suma de dinero. Abandonado por éste, se alió con Maximiliano, emperador de Alemania, y como consecuencia Luis XII le declaró la guerra. En 1499 los franceses, conducidos por Trivulzio, enemigo personal de Ludovico, invadieron la Lombardía.

El duque de Milán huyó al Tirol, confiando reconquistar su reino con la ayuda de Maximiliano, pero los mercenarios suizos lo entregaron al rey de Francia, y el más rico, el más brillante de los príncipes de Italia, murió miserablemente en el castillo de Loches, después de diez años de cautiverio.

Paolo Giovio, contemporáneo suyo, lo juzga así:

«Hombre de grande inteligencia, pero de una ambición sin límites, nació para desgracia de la historia.» Es un juicio demasiado severo.

Se le puede reprochar su ligereza de carácter, su ambición insaciable y su doblez. Pero la historia no puede negarle el mérito de haber sido, antes de Francisco I, el único príncipe que comprendiera y protegiera a Leonardo da Vinci. Sobre la tapa de un cuaderno de Leonardo hallamos estas palabras trazadas de su propio puño y letra: «El duque ha perdido el estado, sus bienes, la libertad, y nada de lo que emprendió llegó a cumplirse para él». Con esta nota lacónica Leonardo constataba el desastre de su protector y marcaba con su estoicismo habitual el hundimiento de su propio sueño.

A partir de ese momento y desde el punto de vista material y práctico, su vida será sólo una búsqueda inútil, un tejido de decepciones y de aventuras arriesgadas. Siempre acosado por la preocupación del mañana, siempre angustiado por el problema filosófico que permaneció como su gran obsesión, en el arte ya sólo encontrará consolaciones pasajeras. Todavía creará maravillosas obras de arte, pero ya no disfrutará de ellas. Su errar eterno le conducirá de fracaso en fracaso hasta el exilio final y la muerte lejos de su patria. Lo encontramos primero al servicio de César Borgia, para el cual hace planes de trincheras y fortalezas.

El autor de *La Cena* de Santa Maria delle Grazie, convertido en un ingeniero muy refinado, pero también en el más feroz criminal de la historia: ¡qué humillación para el genio humano, y qué síntoma de los tiempos! Quizá Leonardo asistió a la famosa emboscada de Senigallia, donde se vio a tres condotieros cazados en la red y degollados como conejos por el generalísimo del ejército pontificio. Esa obra maestra de perfidia, que entusiasmó a Maquiavelo desde el punto de vista de la política expeditiva, indignó a Leonardo, que se apartó del monstruo.

El genio del Mal, que había estudiado en el duque de Valentinois, era más siniestro, con su mirada de acero y su sonrisa triunfante de demonio feliz, que la cabeza de la Medusa agonizante con todas sus víboras. Algún tiempo después encontramos a Leonardo en la corte de León X, intentando ganarse el favor del más inteligente mecenas del Renacimiento. Pero el sabio y delicado pontífice, que había sabido comprender tan bien a Rafael, desconfió del enigmático mago.

Leonardo volvió entonces a Florencia, que se había convertido en un avispero de intrigas políticas y de camarillas de arte. Chocó con la implacable envidia de Miguel Ángel, su rival y su opuesto en todo, que estaba en su terreno y lo dominaba. Es conocida la historia del célebre fresco de *La Batalla de Anghiari* y de su asombroso cartón, que después de haber sido «la escuela de Italia» fue quemado, según se dice, por los discípulos de Buonarroti. La vieja máxima, que quiere que nadie sea profeta en su patria, se hizo realidad una vez más para Leonardo.

Pero el destino le preparaba una compensación. En medio de esa Florencia erizada de enemigos y llena de trampas, Leonardo conoció a la mujer que había de ser una verdadera revelación para su alma y dejar una huella imborrable en su arte. Su misión particular era de dar, por medio de imágenes vivas, una nueva interpretación de algunos de los grandes misterios de la vida. En el umbral de su carrera, en la primavera florida de su juventud, el misterio del Mal se le había aparecido bajo la figura de la Medusa. En el apogeo de su gloria, el misterio de lo Divino lo había traspasado con un rayo melancólico bajo la figura del Cristo de la Cena. Antes del declive, en el solsticio de la edad madura, el misterio del Eterno Femenino se le apareció en la persona de Mona Lisa. La luz que brotó para él de ese espejo mágico fue al mismo tiempo inquietante y deslumbrante. Porque le pareció, a sus ojos de hombre y de artista, que ese misterio contenía los otros dos y los contrarrestaba en su equilibrio inestable. La Gioconda se convirtió así en el nudo gordiano de su vida interior y de sus altas concepciones.

**

Como se sabe Mona Lisa recibió el nombre de Gioconda de su marido Giocondo, un oscuro florentino que poseía vastos dominios en la Maremma* que explotaba con la cría de grandes manadas de toros y bueyes. Esta industria lucrativa obligaba al rico emprendedor a frecuentes y largas ausencias. Es evidente que su mujer gozaba de gran libertad, porque Leonardo se dedicó durante cuatro años a hacerle el retrato, entre muchos otros encargos, sin llegar a quedar satisfecho. Ella le dejó el único ejemplar. De la mujer maravillosa no sabemos nada, fuera de que era napolitana y de muy buena familia. Mona Lisa era hija de Antonio Maria di Noldo Gherardini y la tercera esposa de Zenoli del Giocondo, con quien se había casado en 1495. No sabemos nada de cuales fueron las relaciones íntimas de Leonardo con la noble dama, que le concedió al maestro innumerables sesiones, porque ni Leonardo ni ninguno de sus biógrafos revelaron jamás nada a este respecto.

* Maremma es el nombre de una comarca cenagosa entre la Toscana y el Lacio (Maremma en italiano significa marisma). Durante siglos fue foco de malaria y de muerte. Hubo varios intentos por parte de príncipes de sanearla, pero la extensión era demasiado grande para una ciudad-estado o para un dueño privado y sólo se consiguieron éxitos parciales. Fue saneada finalmente por Mussolini. [T.]

Vasari, que describe el retrato minuciosa y amorosamente, dice con razón que no hay en el mundo uno más vivo y que «los hoyuelos a los lados de los labios son como para hacer temblar a todos los artistas de la tierra». Cuenta además que Leonardo a menudo hacía venir al estudio saltimbanquis y cantantes para evitar que el rostro de su adorable modelo quedara petrificado en una expresión sombría. Pero es todo. ¿Qué sucedió durante esos cuatro años entre esos dos seres excepcionales y únicos, cada uno en su género? Nadie lo ha explicado y sin embargo ese romance habla con una elocuencia irresistible por los ojos y la boca del célebre retrato. Y finalmente, los cuadros posteriores del maestro, que presentan en su mayor parte *la sonrisa leonardesca*, proporcionan un comentario especialmente persuasivo. Demuestran hasta qué punto se sintió obsesionado hasta el fin de sus días por la sonrisa de la Gioconda. No fue un romance pasional en el sentido ordinario de la expresión, sino más bien un drama espiritual, una especie de apuesta y de lucha entre dos grandes almas que intentaban penetrarse y vencerse sin conseguirlo. A pesar de una correspondencia perfecta, de una profunda armonía de sentimientos y de pensamiento, esta lucha siguió con distintas fases hasta la separación final. En este duelo entre dos almas igualmente fuertes, entre dos voluntades igualmente indomables, sin duda las palabras tuvieron un papel menor que la proyección del pensamiento y de las vibraciones magnéticas.

Escuchemos pues religiosamente la misteriosa y trágica historia que cuenta este retrato.

***

Se puede imaginar fácilmente lo que sintió Leonardo en su primer encuentro con Mona Lisa. Sin duda fue una sorpresa violenta, acompañada de una maravilla profunda y de una expansión súbita de su ser. Había estudiado muchos tipos femeninos, había conocido y retratado las mujeres más distinguidas de su época, aquellas que los poetas contemporáneos llamaban *las heroínas* del siglo, como la altiva y fina Beatriz d'Este y su hermana Isabel, duquesa de Ferrara, modelo de gracia, de inteligencia y de virtud perfectas. Había conocido a suntuosas cortesanas de una perversidad seductora y refinada, había rozado vírgenes cándidas y suaves, dignas de servir de modelos para sus madonas, pero nunca había conocido una mujer como ésta, capaz de producir con su sola presencia una conmoción tan fuerte. A decir verdad, esta mujer parecía resumir en sí a todas las demás. Porque todo el género femenino, con su gama de matices irisados, oscuros y claros, se transfiguraba en ella en un ejemplar perfecto, donde los extremos se fundían en una armonía superior. Su mirada, a la vez desenfocada y luminosa, se filtraba de esos ojos extraños por entre las pestañas sedosas. Una ironía sutilísima se mezclaba con una pasión intensa. Una gran sabiduría residía en esa frente magnífica cuyas sienes palpitaban bajo un pensamiento ardiente. Pero ¿no sería la serpiente del paraíso la que había dibujado el contorno de esos labios sinuosos? ¿No se escondería su mordisco bajo el encanto de una sonrisa incomparable? El óvalo perfecto del rostro indicaba fuerza y finura, el poder y la dulzura de una individualidad encerrada en sí misma como dentro de una fortaleza. Esta mujer consciente de su poder había de conocer la ciencia peligrosa del Bien y del Mal. En ella Leonardo contemplaba con asombro los dos polos de la naturaleza y del alma, que hasta entonces sólo había visto separados y opuestos entre sí. Equilibrio maravilloso, fusión increíble, Mona Lisa contenía al mismo tiempo la Medusa y la Madona… Las dos dormitaban juntas bajo esa frente abombada, en ese pecho poderoso como en las profundidades de aguas dormidas. Y Leonardo tuvo que decirse: ¿Es esto posible? ¿Sabré descifrar este enigma? Lo he de descifrar… aunque sea al precio de mi genio.

Por su parte Mona Lisa tuvo que sentir una sorpresa no menos grande, pero de otro tipo. Conocía el mundo, había estu-

diado su fauna singular, había provocado pasiones sin compartir-
las. Los hombres de su entorno, incluso su marido, le parecían
títeres movidos por hilos groseros, que no merecían de ninguna
manera las confidencias de su ser íntimo. Era como un lago hundido entre altas montañas, protegido de las tempestades, pero que
reflejaba un cielo tempestuoso. Se parecía también a un instrumento raro, que manos torpes hubieran intentado inútilmente
tocar. En presencia de Leonardo hubo de estremecerse, como el
arpa cuyas cuerdas vibran todas juntas al primer toque de la mano
de un maestro. Pero al mismo tiempo hubo de surgir en ella un
montón de preguntas en un tumulto violento. ¿Sabría comprenderla como había sabido hacerla vibrar? ¿Lo amaría, ella que
jamás había amado? Y él, el gran mago de la ciencia y del arte
¿qué pensaba de ella? ¿Podría, querría amarla? El Etna en erupción sabría adivinar que el Vesubio cubierto de cenizas también es
un volcán? ¿Adónde podía conducir esta aventura?

Desde su adolescencia, la hija de Gherardini tenía una costumbre singular. Cada vez que surgía una duda en su alma propósito de un personaje de marca o de un acontecimiento extraordinario, se retiraba a una habitación oscura, alumbrada sólo por un
vitral pintado que representaba un Eros con la antorcha volcada.
En esa media luz miraba durante un tiempo el genio melancólico
del cual le llegaba un rayo dorado desde un fondo violeta.
Entonces una voz interior surgía en su corazón, y esta voz casi
nunca fallaba. Esta vez su corazón latía con fuerza cuando entró
en la estancia y su pecho se levantó en grandes olas cuando la voz,
más grave que de costumbre, dijo: «Varios hombres han perdido
la razón por amarte mientras que tú no quisiste o pudiste recam-
biar ese amor. Ahora ¡te toca a ti temblar! Leonardo no te amará.
No le entregues el secreto de tu alma si no quieres perder la vida».
Un sudor frío corrió por la nuca de la Gioconda, pero una rebelión súbita surgió de su corazón. Olvidando la prudencia se
rebeló contra la orden severa y exclamó: «¡Me amará a pesar de

todo! Porque lo domaré por medio del Amor, aunque haya de costarme la vida».

A Leonardo no le fue pues difícil conseguir que la noble señora de Nápoles le permitiera hacer su retrato. Mona Lisa con aire festivo le había dicho al artista que hasta ese momento ningún pintor había podido reproducir su rostro a causa de la movilidad de sus rasgos y de su impaciencia a sufrir el suplicio de posar. Leonardo había contestado modestamente que emplearía todos sus recursos para llevar a cabo esa rara obra. Le prometió distraerla y le aseguró que, en todo caso, el honor de haber intentado una tarea tan elevada sería para él recompensa suficiente. Desafío de gran señora y juego de artista, bajo los cuales se escondía la doble apuesta de un alma ardiente y de una mente poderosa, igualmente insatisfechos en su deseo desenfrenado de amor y de conocimiento.

El pintor supo acondicionar un estudio propio para entrevistas discretas, un retiro digno de esa gran obra de magia amorosa. El confaloniero Soderini había puesto a su disposición una gran sala al fondo de un palacio oscuro, en una calleja próxima al Arno. La media luz sólo caía desde arriba sabiamente tamizada por telas de varios colores. Bajo un rayo carmesí, un episodio de la batalla de Anghiari resplandecía sobre un caballete. Era aquel en que unos caballeros enfrentados, sobre sus monturas encabritadas y enredadas las unas con las otras, se disputan duramente el estandarte de la victoria. Una ninfa de mármol de pie dentro de una hornacina, vierte con gesto púdico un hilo de agua clara en un cuenco con forma de concha. Rosas e iris dispuestos en jarrones de cristal, se abren sobre arcones de roble. Sólo un huésped vivo alegraba este refugio de ensueño y de trabajo, cuando Mona Lisa se deslizaba en él para sentarse frente al maestro. Era una pequeña gacela que se paseaba familiarmente sobre las muelles alfombras. Algunas veces, el gracioso animalito de los oasis de África apoyaba su tierno hocico sobre las rodillas de la reina de la casa, que lo alimentaba con pan blanco y golosinas. En las primeras sesiones el maestro hizo escuchar a su modelo citaristas y cantores de Florencia, e hizo ejecutar ante ella una tarantela por unos danzantes napolitanos. Pero pronto Mona Lisa declaró que no necesitaba esas diversiones frívolas y que la conversación del maestro era suficiente. A la larga éste desplegó ante su compañera atenta todos los tesoros de su experiencia y de su pensamiento. Sin querer se dejó arrastrar a hablarle de sus innumerables desengaños, de la persecución de sus rivales, de las humillaciones crueles infligidas al artista por los príncipes a los que había servido, de la ingratitud de varios de sus discípulos, del martirio secreto de su alma en la difícil búsqueda de la verdad. Quedó sorprendido por la comprensión inmediata de esa mujer, de su increíble flexibilidad, de sus adivinaciones milagrosas. Ella lo seguía, lo acompañaba, se adelantaba en todas sus ideas con una audacia ingenua y sabia. Por sus visiones inesperadas de los hombres y de las cosas, del arte y de la vida, ella le inspiraba ideas y temas nuevos. Con sus miradas insinuantes y su voz melodiosa, con sus gestos discretos y su presencia encantadora, esta mujer se había convertido en la música de su pensamiento.

Pero a pesar de que él se abría a ella, ella permanecía cerrada como un cofre de ébano con triple cierre. Porque no le contaba nada de su vida y le ocultaba cuidadosamente su pasado. A pesar de todos sus esfuerzos le fue imposible penetrar en él. Después de algunos meses, el observador agudo, el hábil domador de almas tuvo que reconocer que en ese juego estaba perdiendo el tiempo. Reconoció su derrota absoluta. Indescifrable en el fondo, Mona Lisa permanecía como un espejo que refleja todos los seres, un arpa eólica que vibra ante toda brizna de viento. El Eterno Femenino respiraba en ella como el alma del mundo respira en la naturaleza, alma diversa e infinita. Esta alma sin duda tenía su santuario, pero permanecía inaccesible como una fortaleza con pocos pasajes. A cada asalto se guarnecía de nuevas almenas y cavaba a su alrededor zanjas más profundas.

Y fenómeno todavía más inquietante, a medida que intentaba seguir a esta mujer en sus múltiples metamorfosis y de trasladar a la tela los matices más elusivos de su rostro, el pintor se sintió como hechizado en su cuadro. Se dejaba pintar y poseer como una carne astral bajo las caricias del pincel, y sin embargo él no conocía, no poseía su alma. Se le escapaba siempre y se abría triunfante en formas nuevas, mientras que el maestro, vencido, se sentía cada vez más cautivo y más poseído. ¿Acaso la maga se bebía el alma del mago para aprisionarlo en su cuadro? ¿Dejaría él de ser el maestro soberano a medida que ella se convertía en la radiosa Gioconda? Más de una vez tembló de miedo, él el Fuerte y el Invencible, y quiso interrumpir. Pero un hechizo todopoderoso le obligaba a continuar. Le parecía que, en el momento en que hubiera conseguido la semblanza perfecta de Mona Lisa sobre el lienzo habría desvelado el enigma de la Esfinge. Igual que la tela de Penélope, el retrato cien veces terminado y vuelto a empezar se reiniciaba sin parar. Y la empresa torturante y deliciosa de esos dos seres se renovaba en un duelo silencioso, implacable y encarnizado.

Una lucha decepcionante, llena de arrebatos secretos y de temores reprimidos, que no tuvo más testigos que las paredes ennegrecidas de un viejo palacio de Florencia y los crepúsculos púrpura o cobrizos del Arno. Ésta siguió, a pesar de las largas interrupciones, de las frecuentes ausencias de Mona Lisa, de sus viajes misteriosos y de las múltiples preocupaciones, a pesar de los trabajos abrumadores del artista. Bajo una calma aparente Leonardo estaba inquieto y agitado. En cuanto a Lisa, siempre distinta y siempre igual, no mostraba ni impaciencia ni cansancio. Disfrutaba de su dominio incontestable. ¿Acaso no poseía ella al maestro tanto más que no era su amante? ¿No estaba ella segura de que un día u otro él caería a sus pies, fulminado por el dios desconocido, y que entonces confundidos y transfigurados entrarían en un mundo nuevo? ¡Oh felicidad sin límites, en un aniquilamiento y una resurrección dobles! Ella esperaba la crisis sin querer provocarla. Dos acontecimientos externos la precipitaron. *Messer* Giocondo, entretenido por sus negocios y presa de una sospecha súbita, reclamó a su mujer a su castillo de la Maremma con una carta amenazadora. Por otra parte el cardenal de Amboise, al que Leonardo había escrito para entrar al servicio del rey de Francia, le pidió a Leonardo que le visitara en Milán. La hora del destino había llegado. El pasado, ese tirano del porvenir, volvía a llevarse a la mujer. El trabajo, ese tirano del genio, volvía a ponerle el collar a su esclavo. Después de días inefables había que separarse y volver a caer del paraíso de un sueño inaudito a los caminos siniestros de la realidad.

Sin duda tuvo que ser una hora solemne cuando el maestro pensativo y la impasible Mona Lisa, presa de un temblor súbito, se confesaron esta doble noticia. Leonardo había precisamente acabado el retrato y añadido unos retoques a las pestañas trémulas apenas visibles, a la comisura de los labios sinuosos, a la gasa de la frente y a la sombra apenas perceptible que marca el nacimiento del pecho bajo el tejido oscuro del vestido. Miró el paisaje fantástico que había evocado detrás de Mona Lisa, esas rocas rojizas y puntiagudas de forma volcánica, parecidas a las Dolomitas del Friuli, entre las que serpentean los ríos. El destino que los acechaba le parecía ahora tan sombrío como ese paisaje que antaño lo había fascinado. Abarcando con una sola mirada la cabeza que había inmerso en una atmósfera violácea para expresar toda la magia, quedó impresionado por su triple aspecto de suavidad, de poder y de misterio. Entonces sintió un dolor casi intolerable ante la idea de que iba a perder para siempre esa fuente de vida. Por lo menos quiso recibir la última palabra de ese misterio antes del adiós supremo. Rompiendo la contención severa que se había impuesto hasta entonces, exclamó:

—¡Oh, Mona Lisa! Mujer que contiene a todas las mujeres, tú, que he pintado sin conocerte, maga que desafías los magos, tú tan dulce en apariencia y tan temible en el fondo, tan clara cuando reflejas el cielo y tan sombría cuando tu alma se convulsiona bajo la tempestad, transparente e impenetrable, sublime y perversa... ¿Cómo es que en el fondo de tu corazón puedo ver dominar al mismo tiempo a la Medusa y a la Madonna? ¿Quién eres tú? No he desvelado tu enigma, pero, puesto que hemos de dejarnos, dime tu secreto.

La sonrisa sutil que habitualmente se dibujaba en la boca sinuosa de Lisa se contrajo en un pliegue amargo cuando le contestó:

—¡Oh gran Leonardo! Rey de los pintores, señor del Arte, mago muy poderoso, tú que sondeas la tierra y el cielo, los metales y las almas, la naturaleza y el hombre, tú que lo adivinas y lo comprendes todo, no has adivinado, no, no has comprendido que te amo con el mismo frenesí que tú amas a tu ciencia implacable. Te amo porque te comprendo, a ti y a tu deseo. Conozco tu poder y tu fuerza, pero sé también lo que te falta: el entusiasmo desmedido, la fe audaz que crea un mundo nuevo... Sí, tienes razón, yo llevo en mí a la Madona y a la Medusa, ¿Quieres conocer mi secreto? Está en mi divisa: *Todo el Bien con el Amor, todo el Mal sin Él.* No hay profundidad suficiente en el infierno donde yo me pudiera arrojar si me faltara el amor de un poderoso como tú. No hay altura en el cielo que yo no pudiera alcanzar con él. No me dejes caer otra vez en el abismo después de haberme elevado a tu altura... Marchemos, huyamos juntos... Cada uno de nosotros lleva en sí un mundo incompleto, juntémoslos para expandirlos. Solos, somos débiles, juntos seremos invencibles... Tú harás hablar a aquella que a menudo llamaste la Musa del Silencio... mi vida más ardiente dará color a tus visiones y mi corazón palpitante te revelará su secreto inefable.

Jamás Leonardo se había encontrado ante tal tentación, jamás había dudado entre dos opuestos como ante esa voz musical, que lo envolvía como un quejido profundo del mar. ¡Qué elección cruel en ese dilema! Por una parte la Ciencia austera, la gloria mundana, el poder reconocido, con sus horizontes limitados y sus satisfacciones seguras, por la otra el Amor, la pasión, el éxtasis, cielos desconocidos, espacios infinitos, abismos y vértigos. El viajero que ha recorrido los Apeninos hasta los pinares de Vallombrosa, y que con tiempo despejado ve resplandecer, entre las brumas del horizonte, por un lado el mar Adriático y por el otro el mar Tirreno, tiene una sensación parecida. Como el pájaro migratorio que se cierne en esas regiones, Leonardo podía lanzarse a un horizonte de fuego con esta mujer-lira que el destino le presentaba. Podía intentar una vida nueva de amor, de sueño y de creación. Pero ¡cuantos obstáculos y cuantos riesgos! En esta aventura no perdería su fuerza y su genio? Tuvo miedo del abismo, miedo a lo desconocido. Como antaño, en la excursión a los Alpes, había retrocedido ante la cueva, ahora retrocedió ante la Mujer.

Después de besar las manos de Mona Lisa, esas manos de princesa, con sus largos y finos dedos que tenían la suavidad de las alas del cisne, alegó la palabra dada al cardenal de Amboise, su juramento a la Ciencia, la austeridad de su vida... Rehusó con la muerte en el alma, pero rehusó.

Cuando levantó la cabeza el rostro de su modelo había adquirido un tinte aceitunado y el artista asustado percibió por un instante el relámpago leonado de la Medusa en los ojos de la Gioconda. Le aseguró su gratitud infinita y le suplicó que no rompiera del todo sus relaciones, que le mantuviera su tierna amistad, y que le escribiera alguna vez para que él pudiera seguirla y velar por ella a distancia, como un padre. Ella a su vez rehusó y fue inflexible.

—Nada de licores insulsos después del cáliz encantado que nuestros labios han rozado sin apurarlo —contestó ella—. Mi corazón se helaría bajo el claro de luna de la amistad después del sol del gran amor que ha brillado sobre nosotros. He querido el Cielo o el Infierno enteros, y puesto que no quieres mi cielo, escojo el Infierno. No sabrás nada más, *nada más*, de mi vida futura. Y si un día nos encontramos en la otra, ¡quizá tiembles ante el demonio en que puedo convertirme!

—Por lo menos —dijo Leonardo—, dejadme el recuerdo de este amor que no se parece a ningún otro, vuestro retrato, nuestro hijo, *nuestra obra* en común. ¡Será mi genio protector!

Se hizo un gran silencio, mientras que la mirada fija de la mujer, clavada sobre el maestro, lo traspasaba como una espada. Por fin su mirada se dulcificó y la Medusa volvió a ser la Gioconda. Su boca volvió a la sonrisa habitual, mezcla indecible de ternura y de ironía, y le dijo con una voz baja y como empañada:

—De acuerdo, en cuanto a mí, no tengo necesidad de tu retrato. Me he creado de ti una imagen más bella que la que podrías trazar tú mismo, aunque seas el mejor de los pintores. Te conozco a fondo pero tú apenas me conoces. Por más grande que seas, sigues ignorando muchas cosas. Un día quizá descubras el gran secreto. Has tomado como divisa: *Cuanto más se sabe tanto más se ama*, pero no conoces el anverso de esta verdad: *Cuanto más se ama tanto más se sabe*. Ojalá encuentres una patria distinta de mi alma en el desierto terrible del mundo, y ojalá tu genio te consuele de tu irremediable soledad. Solo lo aprenderás en tu última hora: el sacrificio es el secreto mágico del Amor, y el Amor es el corazón del Genio…

Así se conocieron y se separaron el mago de la pintura y esa mujer, maravillosa entre todas, en la que el alma del mundo, que es el Eterno Femenino, pareció contemplarse con sus dos polaridades, como en un espejo de elección. Estaban hechos para comprenderse y completarse, pero se atrajeron y se amaron sin llegar a fundirse. Un destino contrario los arrancó el uno del otro en un siglo violento, donde las grandes pasiones, la ciencia, el amor y la ambición, alcanzaron la cumbre, como olas irritadas que entrechocan con sus crestas espumosas sin llegar a vencerse.

V. Decadencia y muerte de Leonardo. – La Leda, precursora y misterio del andrógino.

Pasaron más de diez años para el artista errante en vanas tentativas, en largas dificultades. En 1515 tenía sesenta y tres años. En ese momento, la brusca invasión de Lombardía por Francisco I decidió a Leonardo a irse de Roma, donde había buscado inútilmente el favor de León X, para buscar fortuna al lado del rey de Francia. Se unió a él en Pavía y lo siguió a Bolonia. Hubo entre ellos un entendimiento perfecto. El joven vencedor de Marignano estaba en todo el esplendor de su gloria naciente y de su loca juventud. Este rey caballeroso y libertino, que parecía salido del poema de Ariosto, se mostraba tan variable en sus amores como en su política. Ligero en todo, tomaba el arte en serio. Fue el primer soberano de Francia, y quizás el primer francés, que comprendió la belleza maravillosa y la incomparable superioridad del arte italiano. Su deseo más ardiente era llevarlo a Francia, atrayéndose a los primeros artistas de Italia. Desde su primera entrevista con Leonardo, lo llamó «padre». El gesto de Carlos V recogiendo el pincel que se le había caído a Ticiano es ciertamente gracioso, pero ese nombre de «padre», dado por Francisco I a Leonardo, es testigo de un sentimiento más íntimo. Muestra el reconocimiento filial del joven soberano hacia el viejo maestro, que le descubría los secretos de la Belleza, y su deseo de ponerse humildemente a su escuela.

El favor real no conoció límites. Queriendo fijar de manera definitiva al artista en su reino y ligarlo indisolublemente a su persona, Francisco I lo llevó a Francia y le dio el castillo de Cloux, cerca de Amboise, su propia morada habitual. En 1517 encontramos a Leonardo instalado en esta hermosa residencia, entre la Touraine y la Sologne. Tiene por únicos compañeros a un gentilhombre milanés, Francesco Melzi, su discípulo inseparable, y un servidor fiel. Pero goza plenamente de su libertad. El rey le había destinado una pensión de 700 escudos. Le hizo los honores de sus residencias de elección, le mostró el castillo de Blois, donde una estatua ecuestre del rey de Francia, armado como un caballero y dorada, reluce en la puerta de entrada. Lo hospedó en el castillo de Amboise, que refleja orgullosamente sus torres de forma cónica en el Loira. Lo paseó por el amplio bosque en el que el rey se proponía construir el castillo de Chambord, del que se admiran hoy sus cuatro torreones enormes y la escalera de caracol con balaustrada calada que representa una alegre escalada de ninfas y de sátiros. Y durante las suaves cabalgatas siguiendo los meandros del Loira, el monarca exuberante le había dicho al artista soñador:

—Todo lo que acabas de ver no es nada frente a lo que puedes hacer. Estás libre para trabajar a tu manera. Palacios, estatuas, cuadros, encontraré hermoso todo lo que salga de tu cerebro. Abro un crédito ilimitado a tu genio. Imagina, inventa, crea: yo realizaré tus sueños. Dispón del mármol, del bronce y de los colores: quiero llenar el reino con tus obras.

De regreso al castillo de Cloux, Leonardo se puso a trabajar. En cuanto a ingeniero, hizo primero un plano de irrigación para la cuenca del Loira. Como arquitecto hizo el modelo de un nuevo castillo que Francisco I quería construir en Amboise. Por fin, recordando que era pintor, retomó en sus cartones sus numerosos bocetos de temas religiosos y profanos. Pero ¿por qué le parecían tan apagados?, ¿por qué ninguno de ellos mostraba color ni vida? ¡Ay! Cruel ironía del destino, en el momento en que acababa de encontrar un rey según sus deseos, que le ofrecía llevar a cabo sus proyectos más audaces, el gran artista se sentía vencido por la edad, abrumado por la fatiga y víctima de un decaimiento físico y moral que contrastaba con su burbujeante juventud y el incansable ardor de su edad madura. En la época triunfal de su favor con Ludovico el Moro, había hecho los planos de un pabellón para la duquesa Beatriz, que pensaba ilustrar con pinturas sobre la leyenda de Baco, infundiendo en el mito griego los profundos pensamientos que le había inspirado el estudio de la naturaleza y de sus reinos. A menudo también, mientras se paseaba bajo brillo multicolor de los vitrales, en la sombría catedral de Milán, había soñado con ilustrar la historia de Cristo con una serie de frescos parecidos al de Santa Maria delle Grazie. En esas obras habría iluminado la tradición divina con su conocimiento de las almas y de su jerarquía, parecida a la de los ángeles que suben y bajan por la escalera de Jacob. Las vírgenes y las sagradas familias de Leonardo no eran más que bocetos parciales de esas concepciones grandiosas, que habría querido realizar con una minuciosidad escrupulosa por su necesidad de perfección. ¿Qué había sido de todo aquello? Nada o casi nada. Episodios sueltos sobrenadaban tristemente. El conjunto se había ido a pique junto con la idea matriz en el naufragio de su existencia. Había dejado pasar la hora sublime de la inspiración, cuando las visiones resplandecen ante los ojos como seres vivos y hay que fijarlas si no se quieren perder para siempre. Ahora ¡era demasiado tarde! Leonardo veía como su pensamiento se velaba y la parálisis ceñía lentamente su brazo derecho. ¿No se había equivocado, sacrificando el Arte a la Ciencia? Esa Ciencia altiva, que le prometía el secreto de las cosas, lo había engañado. Sin duda podía alcanzar las causas segundas, pero las causas primeras se le escapaban. En cambio, cuando pintaba sus obras maestras, Leonardo había sentido estremecerse en él la chispa divina. El único medio para que el hombre conozca a Dios ¿no consiste en avivar en él esa chispa? El camino único para acercarse a Él ¿no es la oración o el entusiasmo, el éxtasis o la creación?

Ese retorno al pasado llevó a Leonardo a una constatación igualmente amarga. Por no haberse entregado completamente al arte y a su inspiración, no sólo no había completado su obra, sino que tampoco había resuelto el problema que se había planteado en sus investigaciones científicas. No había descifrado el enigma de la Esfinge-Naturaleza, y sin embargo, el velo espeso que recubre el misterio universal por dos veces había estado a punto de rasgarse, cuando había pintado la cabeza de la Medusa y cuando había esbozado la de Cristo, una luz penetrante y breve como un relámpago. Por dos veces el velo había vuelto a cerrarse y lo había dejado en la oscuridad. Ahora, al final de su vida, bajo la opresión amenazadora de la vejez, en el naufragio casi total de su obra, el misterio del Mal y el misterio de lo Divino se levantaban ante él como dos meteoros inquietantes. Volvía a subir desde el abismo la siniestra cabeza cortada, con su mirada asesina y su casco de víboras. Bajaba del cielo la cabeza de Jesús, con la dulce sonrisa de infinita piedad. Pero ya no se atrevía a hacer preguntas, porque ambas le decían: «Como dioses enemigos reinamos eternamente sobre la naturaleza y sobre el hombre. Pero no se puede servir a los dos. Tú, que te atreves a evocarnos juntos, intenta pues reconciliarnos. ¡Te desafiamos!».

Así, la vida del gran mago de la pintura, que buscaba con tanta sinceridad la verdad profunda de lo real y la belleza inefable del ideal, parecía hundirse en la desesperanza de la duda y de la impotencia.

Tenemos un documento irrefutable de este humor sombrío, de ese pesimismo oculto. Es la imagen inolvidable que Leonardo trazó de sí mismo en un dibujo a sanguina que se encuentra en el museo de Turín.[8]

Se trata de apenas unos trazos a lápiz de extrema finura, pero el retrato, de un realismo sobrecogedor, muestra una verdad flagrante. Jamás la melancolía de un anciano ha sido esculpida con tanta energía incisiva. La poderosa máscara resalta en pleno relieve entre una cabellera y una barba blancas con grandes ondas. La inmensa frente despejada está marcada por arrugas transversales,

8 Está reproducido como encabezamiento del hermoso libro de Gabriel Séailles, *Léonard de Vinci, l'artiste et le savant*, 1892, París.

que indican la intensidad del pensamiento. Por debajo de la maraña tupida de las cejas, lo ojos envían una mirada penetrante sobre el mundo hostil. El labio inferior tiene un deje desdeñoso. ¡Qué confesión trágica en esa mirada aguda, en esa boca amarga! Este hombre lo ha visto todo, lo ha juzgado todo, lo ha sufrido todo. Ya no se espera nada de nadie. Y sin embargo, hay una luz que todavía vaga sobre esa frente devastada y que recuerda que antaño estuvo tocado por el rayo divino. Es la cabeza de un león vencido por la vejez, pero de un león.

***

Desde el día lejano en que Leonardo se había separado de Mona Lisa, había rechazado su imagen hasta el fondo más oscuro de su memoria. Pero ella presidía como una divinidad escondida en el santuario de los dioses Lares. Su último encuentro, su adiós desgarrador, las palabras solemnes y amenazadoras de la Gioconda, le habían clavado una flecha en el corazón. Cada vez que pintaba una cabeza de mujer, la sonrisa de la Gioconda se deslizaba involuntariamente bajo su pincel. Cosa extraña, extraía su vida mejor de la imagen de esta mujer cuyo amor había rechazado. Cuando Leonardo le había mostrado el retrato milagroso a Francisco I, éste había exclamado: «Esta mujer es más bella que todas las demás, porque las contiene todas, y como no puedo tener el modelo, quiero por lo menos poseer el retrato». Al oír estas palabras Leonardo palideció. Sintió otra vez como un dardo invisible le atravesaba el corazón. Se reprochó de haber traicionado a Lisa una segunda vez, al revelarle a su protector profano esa imagen sagrada. Pero tuvo que ceder: ¿Cómo podía negarle algo al rey generoso al que le debía todo?[9] Cumplido el sacrificio, el pesar

---

9 Leonardo vendió al rey el retrato de Mona Lisa por 4.000 escudos.

del pintor se hizo más vivo. Le pareció que se había despojado del buen genio que lo protegía. ¿No había cometido uno de esos crímenes sutiles que escapan a la justicia humana, pero que los dioses castigan tanto más severamente? Se había separado de lo que tenía más querido... ¡había vendido la hija adorable de un amor inmortal! Entonces empezaron para él unos días terribles. La diosa, cuyo ídolo había entregado, salió más imperiosamente de su escondite, armada de un nuevo agravio y de un nuevo poder. Liberada de los campos elisios del recuerdo, más presente, más viva que nunca, la sombra de Mona Lisa le obsesionaba bajo dos formas distintas. Un momento era seductora, festiva, se sentaba sobre las rodillas del anciano solitario, lo rodeaba con sus brazos y le murmuraba al oído: «Si me hubieras amado como yo te amaba, habríamos conquistado nuestro cielo juntos, pero ahora es demasiado tarde... demasiado tarde». En otro momento se erigía ante él vestida de negro como una sacerdotisa siniestra, con una antorcha en la mano. Y de su boca salían las palabras fatídicas del día de la despedida: *Todo el Bien con el Amor y todo el Mal sin él.* Y al pronunciar estas palabras giraba la antorcha y la apagaba contra el suelo.

Ante este recuerdo temible, ante la amenaza de la sombra querida transformada en Némesis, Leonardo se estremecía. Un amasijo confuso de hipótesis extrañas, de inquietudes pavorosas lo asaltaba. ¿Qué había sido de la Gioconda en su castillo de la Maremma. ¿Había sufrido la venganza socarrona del esposo? ¿A qué excesos se había abandonado ella? ¿Vivía todavía o había puesto fin a su triste existencia con un suicidio heroico? Preguntas vanas, enigma insoluble de las almas bellas en el remolino del universo. Entre Ella y Él se abría en lo sucesivo un abismo infranqueable, un silencio eterno. Y la fría serpiente del remordimiento se enrollaba alrededor del corazón helado del viejo mago, abatido por la impotencia.

Pero una vez más el viejo león herido quiso saltar. Una vez más el artista aunó fuerzas e intentó vencer el dolor insoportable del hombre. Recordó que, poco antes de su separación, Mona Lisa le había sugerido que pintara una Leda muy diferente de la que los demás pintores del Renacimiento tenían la costumbre de representar, una Leda pensativa y espiritualizada. «En lugar de abrazar al pájaro divino, con el plumaje de nieve, sobre su seno henchido por el deseo —decía Mona Lisa—, la Leda que he visto en sueños se mantenía de pie al lado del cisne en una actitud soñadora. El animal alado tendía hacia la Mujer su cuerpo trémulo y su pico abierto, pero Ella le acariciaba el cuello y le infundía el ritmo de su cuerpo y la armonía de su rostro inclinado hacia él.» ¡Con qué emoción ahora Leonardo recordaba esta visión radiosa, contada por la amiga en tiempos más felices! ¡Con qué fuerza resurgía en su memoria en la noche de la vejez que se cernía sobre él! En su momento había hecho un boceto, luego lo había olvidado, cuando tenía la felicidad en sus manos sin comprenderla. Bajo el golpe de un pesar tardío y de un deseo inextinguible, quiso dar vida y color a ese sueño espléndido, del que sólo ahora presentía el sentido maravilloso. Volvió a coger los pinceles y se puso a trabajar con una mano debilitada, pero que de repente volvía a ser impetuosa.

En ese cuadro se veía a Leda, de una blancura deslumbrante como un lirio de agua, de pie al borde de un estanque negro. Su cuerpo sinuoso dibuja en primer plano sus formas opulentas y esbeltas. Imagen suprema de seducción, desnudez a la vez voluptuosa y casta. En el óvalo inclinado del rostro con el cabello crespo, en la melancolía de los grandes ojos, en la dulzura infinita de la boca, la sonrisa de la Gioconda se dilata con una intensidad sobrenatural. Y, detrás de ella, la sombría marisma se extiende al infinito. Pero por encima del crepúsculo el cielo resplandece del púrpura al naranja y del naranja al violeta. Tal parece que la mujer y el cisne se unen en un canto de cristal, cuyo eco hace vibrar el prisma de la atmósfera con una sinfonía ardiente. El canto del cisne palpita en luz, y la luz palpita en melodía.[10]

Pintando este cuadro Leonardo tuvo sentimientos nuevos, le pareció que se restablecía una especie de comunión entre él y la mujer que otrora lo había fascinado. Cosa extraña, en los tiempos en que la veía con frecuencia cuando pintaba su retrato, cuando la estudiaba con una atención incansable y una curiosidad siempre nueva, esa comunión no había sido tan íntima y profunda. Entonces se hizo una iluminación súbita en su mente. A través de esta mujer, el Eterno Femenino, esa fuerza derramada en todo el universo se revelaba como en el centro deslumbrante de un espejo cóncavo. La mujer completa y consciente resultaba ser el punto de intersección de las fuerzas extremas y opuestas de la naturaleza. Antaño, con la *Medusa*, había captado su manifestación infernal como fuerza del Mal. Ahora, con el cuadro de la *Leda*, sugerido por la amiga perdida, comprendía la manifestación divina, como fuerza del Bien. Ya no era el poder destructor y monstruoso de la mujer entregada a los bajos instintos, sino el efluvio inspirador, la fuerza regeneradora del amor verdadero, del sacrificio creador. Vínculo universal, armonía de los contrarios. De ese punto ardiente los rayos brotan a la izquierda, la derecha, abajo y arriba, en todos los sentidos, hacia las regiones lejanas del mundo. Así Leonardo había recibido de la Gioconda lo que la ciencia sola no habría podido darle nunca.

Desde una esfera desconocida, ella seguía hablándole a través de ese cuadro. Gracias a ella tenía finalmente la llave del gran misterio del Bien y del Mal, y de su lucha necesaria en el mundo. Por

10 Este cuadro se ha perdido, como tantos otros del maestro, pero un boceto hecho por él se encuentra en el museo de Windsor. Éste se encuentra reproducido en el libro de Eugène de Münz.

ella y con ella se cumplía en él la victoria resplandeciente del Bien sobre el Mal, y el pintor podía decir que, con el conjunto de su obra incompleta y sugestiva, transmitía esa llave valiosa a los que supieran comprenderla y utilizarla.

Cuando Leonardo posó el pincel sobre el caballete de la Leda terminada, se hizo una gran paz en él dentro de una melancolía más serena. ¿No había acaso llevado a cabo el deseo de la Gioconda? Viva o muerta, con seguridad en esa hora ella le había perdonado.

Al completar esa obra, Leonardo se había dicho: Este es mi *canto del cisne*. Y sin embargo todavía iba a pintar el *Precursor*, que junto con la *Leda* y el *Baco*, representa el testamento del artista y del pensador, preciosa herencia que Francia tiene el honor de poseer en el Louvre.

El *Juan Bautista*, que fascina y embruja a todo el mundo, ha desconcertado a la crítica, porque es al mismo tiempo pagano y cristiano. Es verdad que no recuerda al profeta vestido de piel de camello que predicaba la penitencia a orillas del Jordán y que anunciaba la venida del Mesías, pero merece el nombre de *Precursor* en la medida en que presagia un Cristo nuevo, manifestado a través de un hombre regenerado. Quizá se defina su naturaleza si decimos que en él el Eterno Masculino y el Eterno Femenino realizan su compenetración y su fusión perfecta. De un punto de vista espiritual es en verdad el Andrógino. Pero ¡cuánto trabajo para el devenir! Ha sido necesario vencer los dos monstruos del abismo, la Medusa y el Dragón. Ha sido necesario que la Lujuria, ese orgullo de la carne, y el Orgullo, esa lujuria de la mente, fueran pisoteados. El joven y fluido atleta los ha vencido. Y por ello ha podido transformarse en ese ser ingenuo, vivo y ligero como el fuego, cuya carne delicada parece tejida con el éter transparente. Su tipo recuerda el *Baco*, pero ¡qué diferencia de actitud y de expresión, qué metamorfosis del alma! El *Baco* está empapado de sol, inmerso en la savia de la tierra, mientras que este nuevo Dionisio resalta en pleno relieve de su claroscuro, como una aparición de otro mundo. Refleja la luz que le acaricia los costados y el pecho, al mismo tiempo que ilumina desde dentro su rostro. Ese mundo del Más Allá, ese reino espiritual que ve pero que no podría describir, su brazo torneado lo indica con un gesto encantador y familiar, y el dedo levantado lo muestra con certeza. Su cabeza inclinada sonríe con una embriaguez celestial. En esa sonrisa y en ese rostro ¿quién no reconocería la sonrisa inefable de la Gioconda transfigurada?

***

Después de un súbito enfriamiento y una corta enfermedad, Leonardo da Vinci expiró bruscamente el 22 de mayo de 1519, en el castillo de Cloux. Con su testamento dejaba a su fiel discípulo Francesco Melzi sus dibujos y sus numerosos cuadernos que contenían los pensamientos filosóficos y la notas detalladas de sus investigaciones científicas. El cuerpo del ilustre artista fue inhumado en la capilla del castillo de Amboise. A pesar de todas las investigaciones, ha sido imposible encontrar su lápida. Por otra parte, nadie ha sabido jamás nada sobre el destino de Mona Lisa, después de su separación del gran pintor. El cuerpo de uno y la vida de la otra han desaparecido sin dejar rastro. Pero los cuadros, en los que esos dos seres mezclaron tan intensamente sus quintaesencias y cumplieron de alguna manera su boda mística, brillan siempre sobre el oscuro misterio del drama humano como antorchas incandescentes del alma o como soles lejanos cuya luz intermitente se busca a través del espacio.

En sus exploraciones en los Alpes, Leonardo antaño había hecho la peligrosa ascensión del monte Rosa, de esa cima inmaculada que, desde un trono de glaciares, domina el macizo del monte Cervino y toda la Lombardía. Su mirada se había zambullido en esos valles que, desde esa altura, ya no son más que estrechas fisuras o calderas de nubes. Con una mirada había abarcado ese paisaje abrupto, donde sólo se ve la roca, las nubes y el cielo. Había observado que el azul se vuelve más intenso y casi negro a medida que se sube en la atmósfera y que el aire se enrarece. Había hallado allí la embriaguez de los grandes creadores, que beben directamente el alma solar de la Verdad, pero se sienten tan lejos de los hombres. Había realizado su ideal: el equilibrio en las cimas... la calma en los extremos... pero ¿a qué precio? Parecía que esa soledad de las cimas la llevaba consigo en medio de la muchedumbre, de las cortes principescas, entre sus discípulos y con las mujeres. En todas partes mantenía a su alrededor una muralla invisible, pero infranqueable. Sus mejores discípulos no pudieron penetrar en su pensamiento íntimo y su final parece casi un hundimiento, que deja una aureola de melancolía sobre su obra.

Compadezcámoslo, pero envidiémoslo también. El artista ¿puede pedirle a Dios una recompensa más bella que la alegría de crear? Todas las grandes vidas son una apoteosis sobre un naufragio y podrían tener por divisa la heroica frase de Shelley: «Persevera... hasta que la esperanza cree sobre su propio naufragio la cosa contemplada».

CAPÍTULO VI

RAFAEL Y EL GENIO DE LA BELLEZA

El sentimiento de lo Bello es el recuerdo
de un paraíso perdido y la nostalgia de
un cielo por conquistar.

Digamos para empezar el motivo dominante que canta en esta alma, la idea madre, clave de su obra y ritmo de su vida.

La Belleza, que es la forma misma de lo Divino, esa belleza a la que aspiraba Leonardo, es el dominio de Rafael. Se podría pensar que es por predestinación que lleva el nombre del Arcángel de la Belleza, así como Miguel Ángel lleva el del Arcángel de la Fuerza, como Leonardo, ese Rey Mago de la Ciencia, está marcado por el signo leonino de la Mente, maestra de los extremos, de la Mente que abraza la Naturaleza por sus dos cabos, el Humano y el Divino, el Mal y el Bien, los Sentidos y el Alma. Rafael no tiene necesidad de ese formidable viaje y de ese terrible abrazo para producir sus obras. La Belleza divina es su patria celestial, él aporta su reflejo, ella reside en él. Sólo necesita dejar que despierte dulcemente en su corazón, en contacto con las influencias favorables que le ha procurado la Providencia, para cumplir su misión terrestre y sacudir sobre el mundo sus innumerables obras de arte, como las flores y las frutas de un cuerno de la abundancia, que las Gracias recibirán en sus brazos y que una legión de Amorcillos repartirán en el mundo. Esa naturaleza caótica y hormigueante, a través de la cual Leonardo supo encontrar lo Divino, Rafael la observa de lo alto de su cielo, a través del prisma de su mirada angelical. Está encargado de devolver a los hombres el sentido de la Belleza, perdido desde los tiempos de los griegos. También revestirá el mundo nuevo del Alma, descubierto por el cristianismo, con el encanto de la belleza visible. Por otra parte insuflará una espiritualidad nueva en el helenismo renacido.

Después de esta definición del genio de Rafael, podemos comprender con mayor claridad su evolución, digamos que la abarcamos con una sola mirada. Pero es necesaria una ficción para poder captar mejor el punto de partida y el movimiento.

Supongamos por un momento, que en una existencia anterior Rafael hubiera sido un discípulo atento de Platón, parecido a ese Cármides que aparece en *El Banquete*, ese hermoso adolescente que no se podía contemplar sin quedar maravillados por su elegancia e incluso turbados por su gracia virginal. Supongamos también que, en una encarnación posterior, Rafael pasara su infancia junto con el hijo de María, como ese pequeño san Juan que juega casi siempre con el niño Jesús en las Madonas del pintor de Urbino. Atribuimos a esta fantasía todas las consecuencias que podría tener en la realidad de dos vidas cortas pero apasionadas y pensemos en el recuerdo vago pero delicioso que ese pasado dejaría en el subconsciente de una tercera encarnación. Con esta hipótesis habremos abarcado los dos polos, el pagano y el cristiano, entre los que tenía que oscilar armoniosamente la vida y la obra del divino Sanzio, como entre dos ideales que supo reconciliar. Porque en verdad, en su estudio suntuoso, las *karites* castas y desnudas, la púdica Madona y el Niño divino lo rozaron muy de cerca y le hablaron más dulcemente al oído que sus discípulos más fieles y que las mujeres encantadoras que le sirvieron de modelos.

I

LA ADOLESCENCIA
Y EL PERÍODO MÍSTICO DE FLORENCIA

El ducado de Urbino está enclavado entre tres provincias de Italia central. Desde ese macizo montañoso, las Marcas bajan por el este en barrancos oscuros, en ondulaciones tortuosas, hacia las playas del Adriático. Por el otro lado, a oeste, la Toscana se despliega en olas verdeantes hasta lanzarse a pico en el mar Tirreno. Entre las dos se extiende apaciblemente la Umbría, región vasta y fértil, guardada por un círculo de cimas ondulantes. Es el santuario de la antigua Etruria, en el corazón de la Italia anterior a los romanos, donde el culto de los muertos y de los Dioses sepultados exhala todavía de las tumbas y de las ruinas, en medio de la sonrisa de una naturaleza agreste de follajes delicados y transparentes. La ciudad de Urbino muestra su fina silueta en la cima de una montaña, y al atardecer dibuja sus torres, sus iglesias y sus palacios contra el poniente rosado. Rafael nació en esta altura tranquila y creció bajo ese cielo límpido. Su infancia y su adolescencia transcurrieron a la sombra de la pequeña ciudad aristocrática, gobernada por los duques de Montefeltro. Una madre exquisita lo amamantó adorándolo. Su padre, poeta y pintor, supervisó sus primeros intentos. A los trece años pasó a ser discípulo del Perugino. El jefe de la escuela umbra lo acogió con solicitud. Quedó encantado por la dulzura y la suavidad del niño, gracioso como un paje, con su birrete negro, su cabello largo y sus ojos castaños, cuyo arco superciliar parecía ensancharse para verlo todo y reflejar toda la luz posible. El discípulo cautivó al maestro tanto por su docilidad como por su capacidad de imitar su manera. El Perugino no dudaba del genio que dormitaba bajo esa pasividad sonriente, ni que el joven pintor en pocos años iba a hacer más camino que él durante su larga y laboriosa carrera. El genio de Rafael no iba a nacer como el de Leonardo, por una curiosidad infinita, o el de Miguel Ángel, por la lucha y el dolor en la afirmación de una individualidad indomable, sino por el fervor de su sentimiento y por el solo amor de la Belleza. Era de aquellos que se desarrollan gracias a la simpatía y que crean imitando. En uno de sus primeros cuadros, *El Sueño del Caballero*, que se encuentra en la National Gallery de Londres, se observa ya el alma tierna y amorosa de Sanzio. Un joven caballero, vestido con su armadura, dormita en un prado sombreado por hermosos árboles. A su izquierda una mujer, que representa la Sensualidad, le ofrece una rosa blanca. A su derecha otra mujer, la Virtud, le presenta una espada y un libro. La Sensualidad tiene un aire tan inocente como la Virtud, y la Virtud es tan amable como la tentadora. Las actitudes y los ropajes recuerdan aún la rigidez del Perugino, pero la gracia suave del durmiente y la expresión del rostro son de una mano más ligera y más sensible a las caricias de la vida.

En Florencia el genio de Rafael empieza a mostrarse como una rosa en un jardín lleno de hermosas enramadas, de brisas perfumadas, de estanques resplandecientes y de cisnes melodiosos. Se hallaba en el centro de una de las civilizaciones más finas que el mundo jamás haya visto y en camino para alcanzar su apogeo. Se puede decir, comparando el poder sugestivo de las grandes capitales de Italia: «En Nápoles se vive, en Venecia se sueña, en Roma se piensa, en Florencia se crea». En la Atenas toscana, los paisajes, la arquitectura, las estatuas y los cuadros, todo parece estar dispuesto para la belleza y el encanto de vivir en un marco escogido. ¿Por qué no actuar uno mismo con sus fuerzas íntimas? Involuntariamente, el joven Rafael bebió el alma de esta ciudad mientras miraba a su alrededor con su alma amorosa y viva. Se deleitó en la cúpula de Santa Maria dei Fiori, construida por

Brunelleschi, y en el campanario de Giotto, puesto a su lado como el pistilo desprendido de un gran lirio. Admiró los mármoles antiguos situados entre los macizos de boj recortado y los cipreses del jardín de Boboli. En la iglesia del Carmine, los frescos de Masaccio le enseñaron el arte de pintar siguiendo la naturaleza. Saturó sus ojos con la gracia fina de las estatuas de Donatello. El cartón de la batalla de Anghiari, de Leonardo da Vinci, que entonces estaba expuesto en el Palazzo Vecchio, le reveló la pintura dramática igualada al ímpetu de los combates. Cuando las floristas del mercado, confundiéndolo con un paje del duque de Montefeltro, le echaban violetas, iris o rosas, no se atrevía a contestarles y enrojecía. Entonces, con los primeros ahogos de la sangre, se refugiaba con su amigo *fra* Bartolomeo en el claustro de San Marco e iba a arrodillarse ante los frescos de la crucifixión para recitar una oración ferviente. Pero bajo el torrente de las emociones que le inundaban, que le venían de los sentidos, del arte y de la religión, el mundo que llevaba en sí desde su tierna infancia en Umbría empezó a florecer en imágenes maravillosas ante sus sueños y su pensamiento.

Fue entonces que pintó esas Vírgenes encantadoras, que han sido la admiración del mundo desde hace cuatro siglos. Esas vírgenes jardineras, esas novias del amor eterno, esas muchachas inmaculadas del Evangelio y de la leyenda, ¿por qué ningún pintor pudo igualarlas a pesar de las innumerables imitaciones? Y es que no se imita el milagro de la inocencia y de la fe. La leyenda de la Virgen vivía desde hacía siglos en el corazón y en la imaginación del pueblo italiano. Vivía en el tabernáculo de las iglesias lo mismo que en el corazón de las madres. Mecía al niño y consolaba al anciano. Los Primitivos la habían pintado de manera piadosa pero torpe, en miles de ejemplares. Le fue dado a Sanzio hacerla brillar en la gracia y el esplendor de su belleza eterna. Lo consiguió por su fuerza de artista, pero también por el encanto de un divino recuerdo. Había perdido a su madre a la edad de ocho años, pero se veía siempre a sus pies junto con otros niños, a las puertas de un monasterio, bajo un arce o bajo algún olmo de la Umbría. Y ahora, en medio de las seducciones mundanas de Florencia, revivía esas escenas antiguas con la fascinación de un recuerdo todavía más lejano y más sagrado, como si antaño hubiera jugado con el niño Jesús, a los pies de María. Esa nostalgia perdurable hizo de él el pintor por excelencia de la infancia de Cristo y del santo idilio entre tres personajes.

Ese san Juan y ese niño Jesús no son, como en los Primitivos, piadosos ídolos encorsetados en su santidad. Son niños verdaderos, traviesos y alegres. Sin embargo se adivina que algo misterioso y superior pasa entre ellos. En esos pequeños dramas infantiles, en esos diálogos íntimos, hay una especie de progresión de la conciencia de lo divino en los dos niños. La madre permanece en silencio, perdida en su deliciosa contemplación, pero se oye hablar a los dos *bambini*. Mirad por ejemplo la *Sagrada Familia*. Con un movimiento impetuoso, el niño Jesús presenta a su compañero una banderola sobre la que está inscrito el nombre del Señor, *Dominus*. El pequeño Juan Bautista da la impresión de contestar: «No comprendo, pero haré todo lo que quieras». En la exquisita *Virgen del Jilguero*, Jesús sólo acepta el pájaro que le ofrece san Juan para acariciarlo y devolverle la libertad. La madre con los ojos bajos no dice nada. Lo deja hacer, aprueba y admira. No manda, mira y se instruye. En la *Sagrada Familia en el Campo*, san Juan le hace una pregunta acuciante a Jesús. Murmura: «¿Quién eres, tú que no eres de este mundo?» El niño Jesús mira a su amigo pensativo y no contesta. La madre de pie, que retiene con un gesto inquieto al niño que ha crecido, da la impresión de pensar: «¡Qué sabiduría no contestar! Sabe más de lo que nosotros debemos y podemos saber». Finalmente, en la *Virgen del Velo*, el alma de María se descubre entera. Arrodillada ante el niño dormido, con un gesto de una gracia inefable levanta la gasa que protege el sueño del niño. Cuando está despierto no se atreve a manifestarle todo su amor. Ahora que duerme y no la ve, ella se abandona a su sueño y se pierde en la embriaguez de su maternidad divina.

La quintaesencia del genio de Rafael está en este idilio de la Virgen y de los dos niños sagrados. Nos permite asistir a la iniciación espiritual del pintor a través de su obra. Se observan los efectos maravillosos en los cuadros mismos. Veamos esa hierba lustrosa, esas flores brillantes, esas montañas azuladas e incluso esas ruinas ceñidas por la hiedra. Todo aquí está perfumado y santificado por el aliento de la Virgen. Gracias a ella todos los seres encuentran su juventud. Los niños vuelven a ser ángeles, los hombres maduros se vuelven jóvenes y los ancianos encuentran una cierta gracia adolescente. Los animales, dulcificados y más inteligentes, participan en esta palingenesia universal. Es la virginidad primordial del Alma, reconquistada después de su bajada a la materia y que ya se extiende a toda la naturaleza para purificarla y transfigurarla.

II

EL FLECHAZO DE ROMA
FUSIÓN DEL MUNDO GRECOLATINO
Y DEL CRISTIANISMO

En 1508 el papa Julio II llamó a Roma a Rafael, por recomendación de Bramante, y le encargó una colaboración en las obras enormes que estaba haciendo ejecutar en el Vaticano. Sanzio sólo tenía veinticinco años. Ya era él, pero necesitaba el sol de Roma para entrar en plena posesión de su talento.

¡Qué revelación tuvo que ser para él la Ciudad Eterna! Florencia lo había emancipado, había hecho florecer las gracias de su ser y brotar las alas de su alma, dándole el sentido de la libertad. Con sus tesoros de arte, con la inmensidad de sus horizontes, Roma le dio un nuevo sentimiento de la grandeza humana y de la majestad divina. ¡Prodigiosa revelación! De un solo golpe tres mil años de historia se desplegaron ante sus ojos y la Antigüedad clásica surgió, brillante de juventud, de todas esas ruinas ante los ojos del artista deslumbrado. Ya en Siena, ante el grupo en mármol de las tres Gracias entrelazadas, que se hallaba entonces en la sacristía de la catedral, Rafael había tenido la visión de una belleza distinta de la belleza cristiana, de esa belleza griega que es la desnudez casta y el ritmo melodioso del cuerpo humano. Pero en Roma, todo el Olimpo surgía de los templos subterráneos, de los cenadores de las villas y de las fuentes públicas, mientras que, como en un cortejo triunfal, cargado de armaduras y de trofeos, la historia romana salía del Panteón y del Coliseo para dirigirse al Capitolio. El flechazo de Roma, que tantos artistas, tantos poetas e innumerables peregrinos han sufrido, significó para Rafael la iniciación instantánea al mundo grecorromano. Como un vino embriagador, sintió en su alma la irrupción y la embriaguez de la belleza antigua. Qué expansión, pero también que vértigo en el cerebro del hijo místico de Umbría. Otros se habrían sentido turbados por la mezcla arriesgada de esos dos mundos que se sumergían recíprocamente y cuyo choque resonaba en su corazón. No fue el caso de Rafael. Había en él una virtud mágica, una ingenuidad encantadora, por la cual las contradicciones más violentas, las conmociones más fuertes se resolvían siempre en armonías dulces o sublimes. De esta manera el esplendor del arte antiguo y la austeridad de la tradición cristiana penetraron en el alma de Rafael, bajo el hechizo todopoderoso de Roma, con el concurso de dos papas semipaganos, de espíritu verdaderamente universal.

Para ayudarle con sus conceptos nuevos y facilitarle la tarea, encontró en la corte de Julio II así como en la de León X unos protectores inteligentes y unos consejeros de primer orden. Jamás una corte pontifical o regia reunió una selección de artistas, poetas, sabios y entendidos como la de estos dos papas. El sueño del primero fue reunir Italia bajo la tiara por medio de la espada. Fracasó completamente en este proyecto, pero consiguió hacer de Roma la capital artística del mundo moderno, emprendiendo la reconstrucción de San Pedro sobre un plano a la vez colosal y armonioso, y transformando el Vaticano en un panteón de la pintura del Renacimiento. El señor *della Rovere*, devenido el papa Julio II, era una especie de Jehová del arte, que tenía en una mano los rayos de la excomunión y en la otra bolsas de oro para todos los artistas capaces de hacer cosas hermosas. Habría querido poblar el Vaticano, San Pedro y Roma de estatuas más bellas que las de Grecia para celebrar dignamente a Cristo y al papado. Para dar cuerpo a ese sueño grandioso había encontrado a Miguel Ángel, que se le parecía por su carácter luchador y su genio descomunal. Pero también intuyó el partido que se podía sacar del genio de Rafael y le encargó la decoración de las estancias del Vaticano, por consejo de Bramante. Su suavidad, su modestia, su amabilidad le conquistaron todos los corazones y supieron al mismo tiempo apaciguar la envidia recelosa de su rival Buonarroti. Mientras éste, solitario, desafiante y taciturno, encaramado en sus andamios, se deslomaba pintando el techo de la Capilla Sixtina, encerrado en su guarida como un profeta judío en su cueva, el joven y sonriente Rafael recibía lo más selecto de la sociedad romana en su estudio suntuoso, lleno de tapices magníficos, de armaduras, de estatuas y de máscaras. Allí, una media docena de alumnos miraban trabajar al maestro que parecía más joven que ellos. Sus grandes amigos, los cardenales Bembo y Bibbiena, le llevaban planos de la Roma antigua, medallas y dibujos de mosaicos. El epicúreo escéptico y espiritual, Ariosto, le contaba las aventuras galantes de las grandes damas de Ferrara o le recitaba los amores de Angélica y de Medoro, joya de su poema.* Por el contrario, el dulce y melancólico Baldesar Castiglione, autor de *Il Cortigiano*, el tipo del perfecto gentilhombre de la época, le explicaba la belleza del amor platónico, del que él mismo sufrió toda su vida el martirio silencioso por su amor desgraciado por Isabel d'Este. Por la noche, cuando el estudio quedaba vacío y el pintor quedaba solo, leía a Tito Livio o a Platón, Virgilio o la Biblia, a la luz de una lámpara antigua, suspendida al techo de su *loggia*, ante el panorama de las siete colinas que dormitaban a sus pies. Y esa Roma, inmersa en la oscuridad, pero misteriosamente iluminada en algunos puntos por la luz de la luna, parecía nuevamente la Roma antigua. Era entonces en verdad la Ciudad Eterna.

No obstante, en esa época la mayor parte del día de Rafael transcurría en el Vaticano, en la sala de la Signatura, donde pintó sucesivamente *La Disputa del Santo Sacramento, La Escuela de Atenas* y *El Parnaso*. Tres palabras solamente sobre la génesis interior, la concatenación y el significado de esas tres maravillas tan conocidas y tan populares en todo el mundo, glorias del Renacimiento y espléndidas manifestaciones del alma italiana en su síntesis más elevada.

La serie de los frescos que adornan las estancias vaticanas y las *loggias* de la galería superior que da al patio de San Dámaso, abarca la historia del cristianismo desde sus orígenes, y se remonta más allá hasta la filosofía y la poesía griegas. Algunos episodios de esa historia, relativos a los hechos más importantes de la historia del papado, fueron probablemente sugeridos a Rafael por el papa León X y los cardenales que fueron sus amigos íntimos, pero el conjunto de la idea, la elección de los temas, su disposición y la ins-

---

* *Orlando Furioso*, la gran epopeya poética de la guerra emprendida por Carlo Magno contra los árabes en defensa del mundo cristiano. [T.]

piración que las domina pertenecen al pintor. Sabemos que las estancias, donde están representados los grandes temas de la antigüedad y del catolicismo son de la mano de Rafael, mientras que los techos de las *loggias*, que representan la historia del Antiguo y del Nuevo Testamento, fueron ejecutados por sus discípulos sobre bocetos del maestro. De una punta a otra de esas magníficas galerías se observa el toque clásico, la inagotable riqueza de imaginación y la inimitable armonía de composición del maestro. En todo el conjunto se percibe su pensamiento luminoso. Este pensamiento es naturalmente sintético. Con un vuelo tranquilo planea sobre los siglos, como su Jehová que traza con el dedo el perfil de los continentes sobre el globo. Empieza con el arcano del cristianismo y el misterio de la Eucaristía *(La Disputa del Santo Sacramento)*. Del cielo cristiano baja hacia la filosofía griega *(La Escuela de Atenas)* y desde allí se remonta hasta las Musas inspiradoras de la poesía *(El Parnaso)*. Rejuvenecido y renovado por la belleza helénica como en un manantial cristalino, este pensamiento retoma el curso de los tiempos desde la historia bíblica hasta la victoria definitiva del cristianismo sobre el paganismo con la gran batalla de Constantino. Nos detendremos un instante sobre los tres primeros de esos grandes frescos para echar luego una mirada rápida a los demás.

En la cámara de la Signatura, Rafael tuvo el noble pensamiento de querer glorificar a las tres más grandes fuerzas educadoras de la humanidad: la Religión, la Ciencia y la Poesía. La amplitud de esa idea hace de él justamente el hijo predilecto del Renacimiento y su apóstol más auténtico, porque su talento envolvente y asimilador abrazó con el mismo amor esos tres ámbitos. Pero el primero de ésos era el más familiar para él por su educación religiosa en Umbría y por sus radiantes inicios en la pintura mística. Comenzó pues por la Religión, que concentró en *La Disputa del Santo Sacramento*. Este fresco no representa ningún acontecimiento particular. No estamos aquí en el ámbito de la historia propiamente dicha, sino en una región intermedia, entre el cielo y la tierra, entre la eternidad y el tiempo. Región astral, donde los grandes acontecimientos del pasado se reflejan como en un espejo y se resumen en imágenes simbólicas, al mismo tiempo que se preparan y se pintan misteriosamente los acontecimientos futuros. Porque es en la contemplación de esos símbolos vivos, moldeados por el Espíritu puro, que las almas superiores se impregnan de su misión antes de encarnar en la tierra.

La idea de la creación del mundo por el sacrificio se encuentra ya en la religión brahmánica, donde Brahma crea el mundo haciendo emanar los dioses de su propia esencia y fragmentándose en todos los seres. La encarnación del hijo de Dios sobre la tierra en la persona de Jesucristo y la salvación de la humanidad operada por el martirio del Gólgota, es el centro y el punto incandescente del cristianismo. Este misterio, renovado en el símbolo de la Eucaristía, es el centro del culto católico. Por él, el amor divino sigue resplandeciendo sobre el mundo. Eso es lo que Rafael quiere representar. Los dos apóstoles, Pedro y Pablo, que sostienen el ostensorio y el santo ciborio detrás del altar, en el centro del fresco, atraen las miradas como foco de la composición. A su alrededor se agrupan en una amplia asamblea, en forma de media luna, unos cuarenta personajes, padres de la Iglesia, mártires, doctores, piadosos solitarios o simples fieles. A medida que nos alejamos del centro, la discusión se hace más viva sobre la fórmula del fenómeno del que se es testigo. No se está de acuerdo sobre su naturaleza y su esencia, se contradicen, se discute. Pero todos, e incluso aquellos precisamente que lo contestan, participan en el milagro que se cumple en ellos en cierta manera y comulgan bajo el mismo símbolo. Aquí el genio del pintor se manifiesta no tanto por la fuerza de la expresión sino por la variedad de las actitudes, por el arte de las agrupaciones, y por la sabia ordenación del conjunto.

Hallamos ahí todos los grados de la fe, desde la resignación y la convicción tranquila hasta el éxtasis ardiente y la sed de sacrificio. Con su amplitud de miras instintiva, Rafael no teme colocar al monje excomulgado Savonarola entre los nobles creyentes. En las partes bajas del primer plano, a derecha e izquierda de la vasta asamblea, muy lejos del ostensorio radiante, vemos agitarse en contorsiones singulares y en escorzos sorprendentes, los escépticos y los burlones, entre los que se distingue la cabeza maliciosa de Bramante. Esto no quita que en todas esas frentes inquietas, sobre esos brazos amenazadores o juntados en oración, pase una ola soberana de armonía. La parte superior y celeste del fresco, que representa a Cristo entre la Virgen y el Precursor con un grupo de ángeles, está menos lograda, pero forma con la primera un conjunto majestuoso.

Con *La Escuela de Atenas* bajamos a la tierra sin salirnos del mundo ideal. Toda la filosofía griega, madre de la ciencia moderna, está ahí, evocada en sus representantes esenciales, distribuidos y graduados según su papel y su valor. Se respira a gusto bajo ese pórtico grandioso, de bóvedas altas y arcadas profundas. Se ha de admirar la intuición metafísica del pintor humanista, que ha colocado en el centro de la composición, por encima de todos los demás filósofos, al jefe de la Academia y al del Liceo. Con el dedo levantado Platón, anciano majestuoso, muestra el cielo, mientras que el joven Aristóteles indica la tierra con un gesto enérgico. Cada uno dice ¡Ahí está la verdad! Y los dos tienen razón. Sobre ese tema sus sucesores discutirán hasta el fin de los tiempos, y siempre se hallarán cínicos perezosos que se burlarán del esfuerzo humano, como ese Diógenes que se revuelca con insolencia a los pies de los dos maestros del pensamiento, sobre la escalinata que conduce al templo de la sabiduría. Alrededor de ellos, sentados o de pie, se agrupan a lo largo de las balaustradas del noble edificio, Heráclito, Pitágoras, Arquímedes y Sócrates con las escuelas de la Hélade y de Jonia. Todos piensan y hablan, discuten y demuestran, pero con mesura y sin violencia. En el templo sobrehumano donde se encuentran, estos buscadores han comprendido que la verdad es más amplia que su sistema. Cada uno se esfuerza por ampliar el suyo comprendiendo el de los otros. Sus actitudes y sus gestos expresan pensamientos, no pasiones. Esas actitudes conforman una música tan culta como su lenguaje. Se podría pensar que Rafael se inspiró en los versos de Dante, al pintar a los sabios de la Antigüedad:

C'eran gente con occhi tardi e gravi
Che parlavan rado con voci soavi.

Esta asamblea magnífica y armoniosa encarna la belleza que trasciende a la precisión histórica. Ese cuadro vivo del pensamiento helénico representa el apogeo de la pintura idealista en tiempos del Renacimiento.

Si volamos aún más atrás en el tiempo, hacia los arcanos del helenismo, nos encontraremos en la fuente Castalia, en la montaña de las Musas. Para ello no ha sido necesario salir de la sala de la Signatura. Sólo hemos de girar la vista hacia la pintura que corona la ventana y la enmarca, y vemos una sumidad verde atravesada por un túnel de luz. Estamos en la cima del Parnaso. ¡Oh! No es la doble roca áspera que domina el valle sombrío de Delfos, donde vaticinaba la Pitonisa y donde reinaba Apolo Pitio, y no es tampoco el Helicón nevado, sobre cuyas verdes pendientes el pastor Hesíodo vio bajar en sueño a las hijas de Mnemosina y de Zeus, que le susurraron en sus oídos atentos la historia de los Dioses y de la tierra. Es un Parnaso más alegre y más familiar, un Parnaso italiano y a pesar de ello helénico por su gracia alegre y su belleza serena. Sentado bajo un laurel magnífico, Apolo ya no toca la lira, toca un violín para enseñarles a sus mensajeras las armonías nuevas de un mundo que está naciendo. Y las Musas escuchan sonriendo pensativas, unas enlazadas por pares ante el dios, las otras apartadas, medio escondidas por el follaje. Pero todas conforman sus actitudes y sus rostros según la exquisita melodía que escuchan. Apolo las utiliza como instrumentos musicales, lo mismo que su violín: se han convertido en sus liras. A la sombra de los laureles, se perciben las siluetas de Homero y de Virgilio, de Estacio y de Dante. Delante, está sentada Calíope, de soberbio perfil y mirada de fuego, brazo tendido aguanta sobre su rodilla una tabla de bronce, y en la otra mano tiene un estilete. Pero no está escribiendo. La vivacidad de su movimiento ha descompuesto sus ropas y deja ver la punta de un seno joven, fresco como una rosa. Mira a lo lejos y su ojo centelleante parece percibir un espectáculo que la encanta y la arrebata de entusiasmo. Parece oírla exclamar: «¿Qué me importan las acciones vulgares? ¿Qué me importan las muchedumbres vanas? La única cosa que me importa, la única hermosa y que justifica la vida, es el héroe, ¡y estoy viendo uno!» Algunos pretenden que la cabeza de esta Musa de la Historia le fue inspirada a Rafael por la joven Vittoria Colonna, marquesa de Peschiera, cantada más tarde por el viejo Miguel Ángel, y que en toda su vida sólo amó a su marido, el brillante y voluble señor de Avalos.

Sea como fuere, este Parnaso de Rafael evoca bien al Parnaso italiano del Renacimiento.

El fresco de *El Apóstol Pedro liberado por el Ángel*, que corona la ventana de la sala vecina, nos muestra por el contrario de qué era capaz Rafael para ilustrar la leyenda cristiana, donde la mística espiritualista se mezcla al sentimiento dramático en una realidad desgarradora. El episodio está sacado de los *Hechos de los Apóstoles*. A través de los barrotes de hierro de una prisión se observa una escena extraña. Pedro, sentado contra la pared, duerme un sueño pesado. El Ángel del Señor lo despierta. Con la cabeza colgando sobre el pecho el apóstol se bambolea en un sueño de sonámbulo. Pero ante el gesto gracioso del Ángel, que parece recoger el alma del durmiente como una flor en la noche, Pedro se levanta lentamente para seguir como en sueños a su guía celeste. Este grupo luminoso, que se recorta contra la oscuridad del calabozo y que se entrevé entre los barrotes siniestros de la prisión, produce un efecto sobrenatural. Nos sentimos como rozados por una luz espiritual. Formando un tríptico con esta escena central, otros dos episodios flanquean este cuadro. A la izquierda, un guardia sentado sobre la escalera exterior de la prisión, tiene una antorcha. Su luz rojiza ilumina sus compañeros dormidos y se refleja en el rostro del centinela. Claridad turbia y confusa, muy distinta de la luminosidad blanca que ilumina el interior de la prisión. La luz terrestre es impotente ante la luz divina. El Ángel ha entrado sin que los guardianes le hayan visto. El espíritu ha pasado, invisible y sutil. Las corazas, las rejas y los muros no pueden detenerle. Y al otro lado de la prisión vemos al apóstol despierto, conducido por el ángel plácido, salir descorriendo el cerrojo de la puerta a la claridad de las estrellas. Gracias a un filtraje ingenioso y a la sabia distribución del claroscuro, el pintor ha hecho sensible la presencia de un mundo espiritual que penetra y atraviesa la espesa materia, mundo invisible e impalpable, pero irresistible y poderoso.

En las *loggias* de las galerías que bordean el patio de San Dámaso, se desarrolla la historia del pueblo judío. Esos frescos son de los discípulos de Rafael, pero todos fueron pintados basándose en los bocetos del maestro. Por todo se reconoce su manera, su arte perfecto de la composición, su inagotable y rica inventiva. Su gracia en las actitudes, las cabelleras y los ropajes es verdaderamente única. Miremos por ejemplo la gravedad del Arcángel que echa a Adán y Eva del paraíso. Con la mano izquierda puesta sobre el hombro empuja suavemente al padre del género humano. El ministro de Jehová no muestra cólera. A pesar de la espada llameante en su mano derecha, siente piedad por la pareja en lágrimas que ha comido el fruto del árbol de la ciencia del bien y del mal, y a la que espera un destino tan sombrío. Recordemos también la visita de los tres Ángeles a Abraham, a José explicando el sueño de Faraón, y el grupo de jóvenes doncellas, asomadas como una gavilla de lotos sobre el Nilo, mientras la princesa egipcia recoge al niño Moisés en su cuna flotante. Es la perfección del estilo narrativo en pintura, esas imágenes clásicas y encantadoras, reproducidas al infinito, han seducido la cristiandad y dotado su religión de un nuevo poder.

Así pues con la decoración del Vaticano, Rafael alcanzó el apogeo de su genio, una realeza estética que ningún artista había conseguido antes que él. ¿Podía seguir creciendo después de eso? ¿No debía acaso morir en la flor de los años para no tener que bajar de esa cumbre? Sí, según el dicho antiguo, tenía que morir joven como todos los que son amados de los Dioses. No había de conocer, como Miguel Ángel, las miserias de la vejez y ver su horizonte ensombrecerse bajo las calamidades que iban a azotar una Italia desgarrada y sojuzgada. Sin embargo, antes de morir tenía que alcanzar todavía una etapa superior de su iniciación, y esto no sin haber sufrido la lucha de las dos fuerzas que ocupaban los dos polos de su naturaleza admirablemente equilibrada.

III

ENTRE DOS POLOS
LA GALATEA, LA MADONA SIXTINA
Y LA *TRANSFIGURACIÓN*

La llegada de León X en 1513 al trono pontifical culminó el triunfo del helenismo en el arte italiano. El nuevo papa fue el más inteligente de los mecenas de arte. Su atmósfera cálida y luminosa ejerció la más feliz influencia sobre el pintor de Urbino, que había alcanzado su exuberante madurez siendo aún joven. Tuvo la suerte y la gloria de hacer abrir esa flor exquisita en su esplendor matizado y en su perfume suntuoso.

Giovanni de Médicis, que tomó el nombre de León X al asumir el pontificado, era el hijo de Lorenzo el Magnífico. Él mismo se merecía ese glorioso sobrenombre, porque tenía en grado extremo el sentido de la magnificencia en el arte. Todo lo que su padre había hecho en Florencia, él lo hizo en Roma en mayores proporciones. Tenía en igual medida el sentimiento de la elegancia y de la gracia que el de la nobleza y la dignidad. Por la universalidad de sus conocimientos y el gusto refinado, León X era el conocedor más delicado del siglo XVI. Le gustaba manejar hermosas medallas, acariciar una hermosa estatua de mármol, saborear con la vista los ricos colores de los cuadros de los maestros. Su generosidad hacia los artistas de todo tipo y de todas las escuelas no tenía límites. Cada mañana se hacía llevar un plato forrado de terciopelo carmesí lleno de monedas de oro. Era para sus pequeños regalos. Por la noche el plato estaba vacío. Protegió a Miguel Ángel, Bramante, Benvenuto Cellini y cien más. Pero Rafael, el modesto, el seductor, el incansable Sanzio, proclamado príncipe de la pintura por una legión de discípulos, se convirtió en su favorito.

La fiesta de entronización de León X fue de un esplendor inaudito. Causó asombro en Roma, que sin embargo había perdido la capacidad de asombrarse, tantas eran las fiestas fantásticas que había visto, y se convirtió en una leyenda en los anales de la ciudad. Los relatos contemporáneos cuentan los detalles, que dan la nota dominante del reinado de ese papa. Mientras los cardenales celebraban en gran pompa la ceremonia de la coronación pontifical, en las calles el pueblo romano se abandonaba al entusiasmo de una fiesta completamente pagana. Las casas habían sacado sus colgaduras multicolores, por todo se veían capillas improvisadas, arcos de triunfo decorados con follajes, estatuas antiguas en sus hornacinas. Unas muchedumbres ruidosas se amontonaban frente a esos pequeños templos, donde Venus, Ganímedes, Baco, Mercurio, Hércules, mezclados con Cristo, la Santa Virgen y los

Santos, habían vuelto a encontrar a sus adoradores. Las fuentes públicas escanciaban el vino excitante y dorado de Orvieto, que se bebía a vasos llenos y sin límites. Alrededor de esas cubas de embriaguez, las romanas de Trastevere, con sus blusas de colores deslumbrantes, bailaban con los pastores de la campiña romana, como si las Bacantes y los Faunos de las montañas sabinas hubieran acudido a saludar el renacimiento de sus Dioses. Cortejos, canciones y danzas duraron varias semanas. Tampoco faltó el aspecto cómico en la fiesta, porque el poeta grotesco Barbarello, montado sobre un elefante, fue coronado en el capitolio, y Rafael fue encargado de pintarlo junto con su montura.

No hay que sorprenderse que, entre las humaredas embriagadoras de ese paganismo despertado de su sueño de siglos, la mente impresionable de Sanzio se tirara de cabeza en la sensualidad antigua. En los frescos que pintó en la Farnesina para el rico banquero de Siena Agostino Chigi, se percibe una ola de sensualidad amable y ruborosa. No se puede decir que esta ilustración de la historia de Psique transmita el sentido profundo del mito más espiritual de la Antigüedad, pero sí que expresa su gracia ingenua. Cuando se entra en esa sala blanca tan alegre y se levantan los ojos a la bóveda, los frisos y las pechinas, uno se siente primero inundado por una sinfonía de tonos rosa. Porque esa Psique, inclinada con su lámpara sobre su misterioso amante, es rosa. También Cupido que se va volando es rosa, y lo son los Dioses que desde el Olimpo contemplan el patético idilio. La pintura es antigua en el sentido de que las figuras tienen más importancia que los rostros. Esos cuerpos algo pesados no tienen nada de diáfano en su atractiva opulencia. Tienen carnes exuberantes y la sangre fluye por sus venas como ambrosía. De esa bóveda cae sobre el espectador un perfume excitante de ámbar, musgo y rosas, y una espuma de néctar, mientras contempla a Amor y Psique transportados suavemente del cielo a la tierra y de la tierra al cielo. Pero no hay ningún exceso, ninguna violencia, ninguna mancha en esas regiones etéreas. Un soplo de inocencia arcadia nos envuelve como el viento cálido que se desliza sobre la juventud del mundo.

Con una concepción y un estilo más perfectos, pero también más ardiente, está el fresco de Galatea.[1] Esta Galatea podría ser una Venus por su belleza y su vida vibrante. Se desliza con ligereza, en su concha nacarada, sobre la ola azul. El gesto con el que sus brazos sostienen las riendas de los delfines es de una elegancia exquisita. Con una torsión encantadora su cuerpo, su cuello y su cabeza se giran hacia el cielo. Parece desafiar a los Dioses a que colmen su corazón y sacien su sed de amor. Y entretanto esos Dioses inundan la tierra y el mar con sus efluvios primaverales. Unas nubes flotan en el azul, un viento violento corre sobre el Océano, levanta los ropajes de la ninfa, revuelve su cabellera y desnuda ante el cielo su cuerpo magnífico, que se ofrece a las caricias del aire. La hermosa ninfa, sentada a los pies de Galatea, sobre el reborde de la concha, tiene una expresión zalamera de burla inteligente. Es como si le dijera al Tritón que la coge por la cintura: «¡Intenta retenerme! Me escaparé como una anguila». Y el Amorcito, que en la parte delantera del fresco, se revuelca a ras de las olas agarrado a la aleta del delfín, arrastra las tres figuras con la concha de nácar y exclama: «¡Seguidme todos, obedeced a la ley del amor!»

No nos hallamos aquí en una región intermedia, entre la tierra y el cielo, donde Psique se movía en una paz arcadia. El torrente del deseo ha penetrado en el suelo, satura la ola y todos

---

1 Esta Galatea le fue sugerida a Rafael por un poema de Agnolo Poliziano, el fundador de la Academia Platónica de Florencia. Poliziano, después de haber descrito a Polifemo, que intenta doblegar a la ninfa cruel, nos muestra a Galatea sobre un carro uncido a dos graciosos delfines, cuyas riendas ella tiene en sus manos. A su alrededor una cuadrilla retozona de tritones y nereidas se entrega a mil juegos. La ninfa y sus hermanas se burlan de los cantos bastos del Cíclope. Fue el cardenal Bembo, gran amigo de Rafael, quien le sugirió este tema haciéndole leer el poema de Poliziano. Al tratarlo, el pintor lo aumentó e idealizó de manera considerable.

sus habitantes. Los seres vivos quieren gozar y procrear. El hombre quiere desear y sufrir. El arco de los Amores que voltean en el cielo está tendido, las flechas vibran, parten… y hieren.

La inmersión de Rafael en el reino embriagador y peligroso de la sensualidad no se hizo sólo en el campo del arte, en su vida ya había sucedido poco antes de que pintara la Galatea. Se puede ser un alma angélica pero en el momento en que encarnamos sobre la tierra se sufre hasta cierto punto la fatalidad de los sentidos. Ya el adolescente místico que había llegado de Umbría a Florencia se había emocionado ante las bellas mujeres que le sonreían al pintor soñador. Pero entonces la sensualidad apenas había rozado su corazón. En Roma, una gran dama desconocida hizo una aparición fugaz en su morada y en su vida. Quizás es a ella a quien dedicó este soneto que se encontró en el revés de uno de sus bocetos: «Amor, me encadenaste con la luz de dos ojos que son mi tormento, y con un rostro de blanca nieve y de rosas vivaces, con un hermoso hablar y maneras elegantes. Tal es el ardor que me consume que ni el río ni el mar podrían apagar mi fuego. Pero no me quejo, porque mi ardor me hace tan feliz que cuanto más ardo más deseo arder. Cuán dulces fueron el yugo y la cadena de esos brazos blancos enlazados alrededor de mi cuello. Al separarme sentí un dolor mortal. Me detengo… una felicidad demasiado grande produce la muerte… Todo lo que he visto, todo lo que he hecho, lo callo… a causa de la alegría que oculto en mi corazón. Mi cabello cambiará de color sobre mi frente, antes que el deber no cambie en pensamientos culpables."[2] Pero el pequeño dios, que se ríe de las promesas, había de alcanzarlo con una flecha más acerada.

Cuando se compara el retrato de Rafael, que se encuentra en el palacio Sciara, en Roma, con el del pintor adolescente de

2 Soneto citado y traducido por Eugène de Müntz, en *Raphaël, sa vie, son oeuvre et son temps.*

Florencia, donde tiene el aspecto de un paje tímido, se comprende el cambio que se ha operado en él en esos diez años. El cuello frágil de entonces se ha ensanchado en su base. Se ha vuelto carnoso y recuerda aquellas hermosas nucas femeninas que parecen modeladas sobre el cuello de un ánfora y llevan con orgullo una cabeza encantadora. En esos bellos rasgos la suavidad de las líneas mitiga la firmeza de la expresión, y la mirada llena de fuego anuncia una voluntad segura de sí. Pocas mujeres habrían resistido a esa mirada si él hubiera querido seducirlas. Pero lo sedujeron a él, derribado de repente antes de que pudiera pensar en defenderse. Un día, una mujer del pueblo, una transtiberina conocida por su belleza, se ofreció a Rafael como modelo. En cuanto percibió ese cuerpo de una admirable perfección, un incendio que todavía no había conocido hizo arder su sangre. La Fornarina se convirtió en su amante y el pintor ya no tuvo más modelo femenina que ella. Vasari cuenta que Rafael no consintió con completar ese fresco, en la Farnesina, hasta que el propietario Agostino Chigi no le permitió instalar a su amante con él en el palacio donde el artista trabajaba. La Fornarina posó para la Galatea. La volvemos a encontrar, voluntariamente idealizada, en la mujer arrodillada en la parte baja de la *Transfiguración*. Pero la vemos al natural, sin velos y sin maquillajes, en la galería Barberini.

Es un espléndido cuerpo de mujer con una hermosa cabeza y una mirada aguda, sin sombra de brillo intelectual. Reconocemos en ella un tipo bastante frecuente entre el pueblo de Roma, un tipo de mujer de sentidos ardientes, fría de corazón, de mente esencialmente positiva y calculadora. Si Rafael se enamoró locamente es que en su calidad de artista era sensible a la belleza física tanto como a la belleza espiritual, y que, hasta ese día sus sentidos habían estado rígidamente controlados por el trabajo incesante. Por esa vez, se trató de «Venus entera encarnizada con su presa». Esta pasión, de fases intermitentes, duró varios años hasta su muerte.

Sin embargo queremos puntualizar e insistimos sobre ello como sobre un hecho excepcional, esta voluptuosidad carnal, a la que el pintor idealista por excelencia se abandonaba de vez en cuando, no disminuyó su ardor por el trabajo ni alteró en nada su puro talento. Por el contrario, se diría que por contraste y por una especie de revulsión lo exaltó y lo llevó a su cumbre. Se produjo en él un fenómeno análogo al que se puede observar a veces en ciertos ascetas que, por medio de ejercicios espirituales rigurosos, se entrenan en la visión astral. Este fenómeno es una disociación profunda entre la vida corporal y la vida psíquica. El alma, parcialmente separada del cuerpo, persigue sus experiencias espirituales, mientras que el cuerpo, abandonado a sus pasiones, recae con mayor peso en su vida material. Hay que añadir que este fenómeno anormal viene siempre acompañado de un grave peligro y que conduce casi fatalmente a la locura o a la muerte. La iniciación normal, como el desarrollo normal del artista, supone la organización y la unidad completa del ser humano, es decir la transformación y la depuración gradual de la vida física por la vida intelectual y espiritual bajo una voluntad lúcida y soberana. La catástrofe tenía que producirse también en Rafael, pero no antes de que hubiera iluminado el mundo con sus últimas y sublimes fulguraciones.

En lo sucesivo Rafael vivirá ya, de manera intermitente, una doble vida. Con la Fornarina se zambullía perdidamente en un torbellino donde sensaciones cada vez más fuertes le arrastraban a la embriaguez de la carne, como al fondo de un abismo de inconsciencia. Pero regresado a su estudio saltaba con un impulso impetuoso hacia el otro polo de su naturaleza. Sentía entonces con una fuerza creciente la nostalgia de ese reino divino, su verdadera patria, donde la transtiberina no podía seguirlo. Recordaba el cielo místico de Umbría y las jóvenes madres, sentadas bajo los grandes olmos, que mecían a sus pequeños similares a la Virgen María.

¿No había sonado para él la hora de luchar con el genio titánico de Miguel Ángel que acababa de sorprender al mundo con el techo de la Sixtina? Un nuevo impulso incitaba a su joven rival a elevarse a la esfera suprema del arte. Con *La Disputa del Santo Sacramento* y con *La Escuela de Atenas* Rafael había creado la pintura idealista e histórica de los tiempos modernos. Con sus últimas obras quiso elevarse a la representación de los grandes misterios bajo forma de visiones simbólicas.

Las Sibilas, de la iglesia de la Paz en Roma, y *La Visión de Ezequiel*, que se encuentra en la Galería de los Uffizi de Florencia, nos muestran el primer despegue del pintor hacia esa elevada región. Visiblemente, esas dos obras deben su origen a la influencia de Buonarroti. Se sabe que en tiempos de Julio II, Rafael pudo entrar secretamente en la Capilla Sixtina antes de la terminación del famoso techo, aunque Miguel Ángel prohibiera la entrada a todos, incluido el propio papa. Tuvo ese privilegio gracias a Bramante, entonces todopoderoso en la corte papal. Gracias a un subalterno, el arquitecto de San Pedro pudo romper la consigna a favor de su protegido, contra la orden del maestro receloso y en su ausencia. Rafael comprendió en una mirada la incomparable grandeza de los Profetas, las Sibilas y de ese Jehová que levantan con sus formas sobrehumanas y su soplo borrascoso el techo de la célebre capilla. Quiso elevarse a una altura igual con su temperamento personal y su propio sentimiento religioso. Ciertamente no podía alcanzar la fuerza y la sublimidad del Moisés del arte cristiano, pero se acercó a su majestuosidad y la superó por la intimidad y la dulzura penetrante de su genio. Las Sibilas de Miguel Ángel son en su mayoría viejas arrugadas y sombrías. Sus miradas ariscas, sus gestos violentos, sus imprecaciones, sólo anuncian grandes desgracias, los azotes terribles de la humanidad, y hacen temblar la bóveda del edificio. Sus inspiraciones vienen de la atmósfera terrestre, donde el dolor y el castigo siguen de cerca los pecados y los crímenes.

Las Sibilas de Rafael, más cristianas que paganas, son jóvenes y graves, impregnadas de serenidad. Viven en comunión con un mundo espiritual muy superior a la tierra. Anuncian la revelación de un cielo donde el Eterno Femenino, manifestado por la Virgen María, reina al lado del Padre celestial. El Jehová de Miguel Ángel es sobre todo el Dios creador, el todopoderoso Elohim del Génesis en su manto de tempestad. El de Rafael es el Señor radiante, el Adonai de Ezequiel, llevado por los cuatro animales sagrados, los Querubines del Arca sagrada. De su pecho desnudo y resplandeciente, de sus brazos extendidos que bendicen, de su rostro inclinado, deja caer un rayo de gracia sobre el profeta arrodillado en la cima de la montaña. Es un Jehová rejuvenecido y suavizado por el amor. Es ya el Padre Celestial, del que nacerá, con el concurso del Eterno Femenino, el Cristo salvador. Hace pensar en ese pasaje de la Biblia: «La tempestad pasó sobre Moisés, pero Jehová no estaba en la tempestad. Luego sopló un viento ligero, y Jehová estaba en ese viento».

Después de haberse acercado tanto a los más altos misterios del cristianismo, Rafael quiso penetrar aún más en ellos. Por medio de la pintura, quiso alcanzar la sensación personal de la presencia de lo Divino. Pero allí sintió las limitaciones de su arte. Con la armonía de las líneas sabiamente combinadas, con la riqueza del color, había podido dar una impresión lejana del mundo divino, levantar una punta del velo. Pero sentía que sólo la música podía sumergirnos en una esfera donde las visiones cambiantes y rápidas alcanza tal fulguración y tal movilidad, que sólo el sonido puede evocarlas. Entonces Rafael, con un verdadero golpe de genio, se imaginó expresando esa verdad con su arte *pintando la música*. Si vamos al museo de Bolonia, en un rincón admirablemente iluminado veremos, a tamaño natural, el cuadro de Rafael que representa a Santa Cecilia. Es esta una de las capillas sagradas del arte. La santa en éxtasis está de pie, con la cabeza inclinada en su arrobamiento. A sus pies están los instrumentos musicales rotos, laúdes,

violines y flautas. En sus manos sostiene un pequeño órgano por-
tátil. Sus brazos extendidos sugieren que está a punto de dejarlo
caer. Porque escucha una música mucho más maravillosa que la
que ella podría sacar de los instrumentos cuyos restos la rodean.
Ella presta oído a un coro celeste de ángeles que gira en una nube
por encima de su cabeza. De esta corona de adolescentes luminoso-
sos cae un reflejo sobre ella y la baña con una luz dorada. Ante la
sublimidad de ese canto seráfico, ella renuncia a la música terrestre para consagrarse a la música celeste. Su vida ya estará dedicada
a escuchar los ángeles y a anotar sus cantos para la música vocal.
Imposible expresar con palabras la concentración y la beatitud que
expresa la cabeza de la santa. Me equivoco. Shelley supo definirla
diciendo: «Está calmada por la profundidad de su pasión».

Después de tal elevación, Rafael estaba listo para las tareas
más altas. De ello dio prueba en la Madona Sixtina de Dresde.

Una mujer inspirada describió así ese cuadro: «Sobre un
fondo de luz etérea la Virgen Madre y el Niño divino se elevan a
Dios. El sueño del cielo parece nadar en el aire y se refleja en su
actitud. El alma de los mundos, consciente y grave, habla a través
de esos ojos de llama. Sin nimbo y sin aureola, la eterna belleza
sonríe en ellos y proclama la soberanía de la Virgen Madre y del
Niño divino. De manera regia y majestuosa, atraviesan los cielos
como su dominio de derecho. Ese cielo les pertenece. Están lejos
de nosotros. Sentimos la distancia en el rayo de su mirada».[3]

Esta Virgen, en efecto, no es una mujer común y todavía no ha
encarnado sobre la tierra. En cierto sentido es la imagen astral de
la Mujer Eterna, fuera del espacio y del tiempo. En su éxtasis infinito, ofrece al mundo el alma que ha llevado en su seno inmaculado bajo el rayo del Padre, y que será el Cristo. Este Niño, que todavía no ha nacido en la carne, cuya mirada cargada de pensamientos

3 *La vie et l'oeuvre du Corrège*, de Marguerite Albana. Introducción sobre el genio del
Renacimiento, págs. 68 y 69.

desborda en el futuro, tiene plena conciencia de su misión. Ve el destino que habrá de sufrir en la tierra y este destino es terrible, pero también sabe que la salvación del mundo depende de ello.

Los dos paneles de cortina que enmarcan el cuadro indican que todo es una visión. Los dos personajes situados más abajo, a la izquierda y la derecha de la Virgen, están ahí sólo para resaltar el carácter sobrenatural de la escena. Santa Bárbara, deslumbrada, no puede soportar el resplandor y baja modestamente la vista. Envuelto en una rica dalmática, san Sixto se inclina humildemente y apenas se atreve a levantar sus ojos. En cuanto a las dos cabezas radiantes de ángeles, apoyados en la parte baja del cuadro, parecen decir: «Hace una eternidad que contemplamos este misterio y que de él vivimos. Pero vosotros, hombres que reptáis en el abismo, ¡cuantos siglos habrán de pasar para que lo comprendáis!»

***

Pero el Eterno Femenino tiene dos polos. Reina e irradia como un sol en el mundo de las almas y del Espíritu puro, merodea y se embosca como una serpiente en el mundo de los cuerpos y de la materia. Mientras en el primer caso propaga los arcanos divinos en ondas luminosas, en el segundo sólo piensa en la propagación de las especies, en la sucesión de las generaciones que, como dice Homero, se parecen a innumerables hojas arrastradas por el viento del otoño al fondo de los valles. El primero ilumina y genera almas, el segundo hila y teje la trama compleja de la vida.

Para elevarse hasta la esfera del primero y alcanzar la cima de su genio, Rafael había hecho un esfuerzo inmenso. Para lograrlo se había condenado a una vida casi ascética. Sólo raramente veía a su amante, a la que había prohibido ir al estudio, frecuentado por príncipes, cardenales y sus numerosos discípulos, y la había relegado a una casa escondida de Trastevere. Conociendo la fuerza de su empresa, la Fornarina, que era una hábil calculadora, había obedecido dócilmente. Sabía que el regreso del pintor a sus labios ardientes y a sus senos poderosos era tanto más fogoso cuanto más larga había sido la ausencia y más rigurosa su castidad. Esperaba tranquilamente.

Cuando la fase mística del pintor llegó a su fin, cuando la necesidad de reacción se hizo sentir en el artista agotado por la fatiga y medio consumido por el aire vivo y helado de las alturas, se manifestó en Sanzio una revulsión temible. Se lanzó a la embriaguez de los sentidos con una fogosidad que desconocía y los brazos de la ardiente transtiberina se cerraron sobre su valiosa presa. El maestro desapareció durante días y semanas enteras de su estudio, dejando la vigilancia de sus alumnos y la dirección de sus inmensas obras a Julio Romano. Incluso se llegó a dudar de si el pintor de las Sibilas no caería víctima de esta nueva Circe, encarnada en una robusta hija del pueblo. Los cardenales amigos de Rafael se preocuparon justamente del caso y como buenos padres de familia pensaron en casarlo. El cardenal Bibbiena hizo lo imposible por casarlo con su sobrina. Por gazmoñería o por exceso de discreción se ha querido negar toda esta historia. Pero aunque en otros puntos se equivoque sobre muchos detalles, el testimonio detallado de Vasari sobre éste parece irrebatible. Escuchémosle: «El cardenal Bibbiena lo persiguió mucho tiempo para que se casara pero Rafael se había negado expresamente a hacer la voluntad del cardenal, arrastrando la cosa durante tiempo y diciendo que quería esperar cuatro años. Pasado el plazo, el cardenal le recordó la promesa a Rafael, que no se lo esperaba, y al verse obligado a mantener su palabra por educación, aceptó casarse con una sobrina del cardenal. Pero como este vínculo lo incomodaba sobremanera, *(fu malissimo contento di questo laccio)*, se las arregló para dejar pasar los meses sin consumar el matrimonio. De esta manera Rafael pudo dedicarse a sus amores secretos, y lo hizo al final de su vida y de manera desordenada, de tal manera que acabó teniendo fiebres» (Vasari, *Vida de Rafael*).

Mientras, en el ínterin Rafael había tenido un nuevo sobresalto de su genio, que lo atormentaba y lo hostigaba todavía con más fuerza que el buen cardenal. Su cuerpo se consumía tanto por el fuego de los sentidos como por la llama del espíritu. Adivinó su final próximo. Quiso entonces por lo menos expresar la verdad suprema, que ahora le parecía radiosa y por encima de su vida efímera. Esta verdad era la de los tres mundos superpuestos y concordantes, por los cuales el Verbo divino se manifiesta en el universo. Esta trinidad cósmica está representada de manera cautivadora en el cuadro de *La Transfiguración*, que el papa León X le había encargado y que todavía hoy se ve piadosamente conservado sobre un caballete en una de las estancias privadas del Vaticano.

La tela, más alta que ancha y que hay que contemplar desde abajo, se divide nítidamente en tres partes unidas por un pensamiento tan vasto como profundo. El lugar es el Monte Tabor, la escena la que cuenta San Mateo (XVII, 1-9). Empecemos por la parte inferior. En la base de una colina rocosa, resalta en claroscuro sobre un fondo negro una escena agitada. Varios apóstoles de Cristo discuten apasionadamente con la gente del pueblo. En el centro del grupo una hermosa mujer, con una rodilla doblada a tierra, indica con gesto imperioso a un poseso que acaba de ser curado milagrosamente y levanta estupefacto su cabeza al cielo. Todos esos personajes sumidos en las tinieblas sólo están iluminados por un reflejo que llega de arriba, pero no ven lo que sucede por encima de ellos. Sólo el poseso liberado lo ve, porque el loco curado por Cristo se ha vuelto vidente.

Lo que ve está representado en las dos partes superiores del cuadro. En la cima de la colina, los apóstoles preferidos de Cristo, Pedro, Juan y su hermano duermen de un sueño profundo. Uno de ellos se incorpora a medias en su ensoñación e intenta protegerse los ojos de la luz deslumbrante que los traspasa a los tres. Es la luz del Cristo transfigurado que flota por encima de ellos, levantado por una nube deslumbrante, donde Moisés y el profeta

Elías se elevan hacia él en gesto de adoración. La parte superior de este cuadro, que era la de más difícil ejecución, es también la menos lograda, pero el conjunto es de una belleza persuasiva en la que brilla la verdad espiritual más pura. El edificio cósmico, que se refleja en la diversidad de la naturaleza humana, está maravillosamente representado en esta obra maestra.

La parte inferior representa el mundo natural donde se agita la humanidad encarnada. Sus ojos, oscurecidos por las pasiones animales, no ven los mundos superiores. Sólo intuyen algo algunos visionarios, en los que la envoltura física se ha desgarrado parcialmente. La parte intermedia, la colina donde duermen los tres apóstoles iluminados, representa el mundo de las almas puras, donde los iniciados pueden con cierto adelanto elevarse unos instantes, y que el esplendor y la felicidad celeste inundan. La parte superior, donde se cierne Cristo con sus dos profetas, representa el mundo divino, el único donde el Verbo se revela abiertamente y sin intermediarios. Jamás en ninguna obra de pintura se ha traducido de manera tan luminosa, y al mismo tiempo conmovedora, el entramado de la verdad oculta, deslumbrante y última bengala de ese genio divino.

Rafael pintó *La Transfiguración* en pocas semanas, con un ímpetu desusado, que indicaba la violencia de la inspiración y el temor de no poder completar su obra. Cuando estuvo terminada se creyó curado, tan grande fue su alegría, y los discípulos lo creyeron con él, tanto había reanimado el trabajo su cuerpo quebrantado...

En ese momento León X, que estaba haciendo prospecciones en el Foro, que entonces se llamaba *campo vaccino*, porque en él pastaban las vacas, le pidió a Rafael que las vigilara. Él aceptó, pero después de un solo día pasado en ese terreno de exhalaciones infectas, volvió la fiebre y lo derribó. Comprendió que estaba perdido. Escuchemos otra vez a Vasari. «Rafael, sintiéndose morir, hizo testamento. Para empezar, como buen cristiano, dejó libre a su amante dejándole de qué vivir honestamente. Luego repartió sus posesiones entre sus discípulos, Julio Romano, que siempre había amado mucho, y Francesco Fiorentino, llamado *il Fattore*, y un pariente que era cura en Urbino. Escogió como sepultura una capilla de Santa María Rotonda (el panteón de Agrippa) y quiso que sobre su tumba se pusiera una estatua de mármol de la Virgen con un tabernáculo. Instituyó como ejecutor testamentario a Baltasar Pescia, entonces notario del papa. Rafael había nacido un viernes santo y murió en ese mismo día a los 37 años de edad (1483-1520). Con su genio embelleció el mundo, y hay que creer que con él adornó el cielo.»

Frente a sus restos mortales, que habían adquirido una serenidad marmórea, se colocó el cuadro de *La Transfiguración*. Príncipes y cardenales, lo más selecto de la sociedad romana, rindieron al muerto ilustre su dolorido homenaje. El papa León X derramó por él abundantes lágrimas. El cardenal Bembo compuso para su tumba el siguiente epitafio: «Este es Rafael. Durante su vida la gran madre de todas las cosas temió ser vencida. A su muerte ella temió morir».[4] Sin duda este elogio es hiperbólico, pero no es banal. Demuestra hasta qué punto, y como gran excepción a la regla general, Sanzio fue comprendido por sus contemporáneos. Por otra parte este homenaje sincero encierra una verdad profunda. Con su hermosa alma Rafael aportó al mundo una quintaesencia cristalina del Eterno Femenino. El alma del mundo tuvo que llorar al ver romperse su espejo más hermoso. Cuando, a la luz de las antorchas fúnebres el ataúd de Sanzio descendió bajo la lápida de una capilla del Panteón, en esa hora en que la noche, que todo lo iguala, cúpulas y montañas, palacios y tumbas, se precipitó sobre las siete colinas, entonces, del Quirinal al Janículo y del Palatino al Vaticano, las almas vibrantes sintieron con un escalofrío insólito que el Arcángel de la Belleza acababa de dejar la Ciudad Eterna.

4 *Ille. Hic. Est. Raphael. Timuit. Quo. Sospi Te. Vinci. Rerum Magna. Parens. Et. Moriente. Mori.*

CAPÍTULO VII

MIGUEL ÁNGEL
Y EL GENIO DE LA FUERZA

Un Titán domado se cobija en el Moisés
de la escultura.

Para Leonardo da Vinci, ese rey mago del Renacimiento, así como para Rafael, apóstol cristiano de la Belleza, les he supuesto dos existencias anteriores para explicar la dinámica de su evolución y captar su ritmo. Utilizaré la misma hipótesis para sondear en lo posible hasta el fondo el alma de Miguel Ángel y sorprender las pulsiones diversas de donde salió su obra enorme.

Hay una doble personalidad que se manifiesta a lo largo de toda la vida de Buonarroti. Por un lado, es de una naturaleza titánica, siempre listo para la lucha y la revuelta; por el otro tiene un alma llena de veneración y de sumisión frente al Dios del espíritu puro, alma que por esta razón llamaré bíblica, en el sentido de seguidora del Jehová o del Yahvé del Antiguo Testamento. Cuando se consideran estas dos almas, que comparten su vida y trabajan juntas al mismo tiempo que están en lucha entre sí, estamos obligados a imaginar dos de sus vidas anteriores. En la primera se entrevé una especie de herrero, discípulo de un Vulcano prehistórico, forjando las armas para una raza de Titanes rebeldes y arrastrados a una gran catástrofe. En una nueva encarnación, lo vemos como discípulo de un profeta hebreo que reniega contra la idolatría del pueblo de Israel y fulmina los ídolos moabitas en el nombre del Dios de Moisés y del Sinaí. Se ha visto en ocasiones a los bandidos más temibles convertirse en los mejores gendarmes. Miguel Ángel da la impresión de un Titán convertido en profeta de Jehová. Con su reaparición en pleno Renacimiento italiano tendrá toda la fuerza de uno y todo el fervor del otro. En sus estatuas, como en sus frescos, sabrá invocar para el mundo moderno toda la grandeza moral del Antiguo Testamento, la guerra implacable por la Justicia. Y, por el trabajo formidable que realizará sobre sí mismo, forzando su naturaleza titánica a someterse a su voluntad bíblica, manifestará el poder del hombre moderno, como individuo y como voluntad libre.

I

LA ADOLESCENCIA
LA INSPIRACIÓN PAGANA
EL *DAVID*

Al igual que Rafael, Miguel Ángel se formó en Florencia y se completó en Roma. Como su rival, sólo cogió de cada sitio lo que era conforme con su propia naturaleza, pero esas dos ciudades son moldes admirables y excitantes maravillosos para todo ser pensante que quiera crear, tanto en el orden estético como en el intelectual. Porque si una muestra su gracia y su belleza a sus huéspedes, la otra les imprime para siempre su sello de grandeza y de universalidad.

Miguel Ángel descendía de una familia patricia estable-
cida en Florencia desde el siglo XIII con el nombre de Buonarroti.[1] Su mejor biógrafo, Condivi, que había recibido esta opinión del mismo artista, afirma que descendía de los condes de
Canossa, familia hecha ilustre por la condesa Matilde, la célebre
amiga del papa Gregorio VII. Se ha contestado enérgicamente
esta genealogía, que no está demostrada de manera rigurosa, sin
embargo hay que observar que los contemporáneos de Buonarroti se lo creían, y que en los archivos de la familia se guarda
una carta de Alejandro, conde de Canossa, dirigida a Miguel
Ángel y tratándolo de pariente. De lo que no hay la menor duda
es que era de familia aristocrática, y esto se ve por otra parte en
su naturaleza a la vez enérgica y refinada. Desde el siglo XIII sus
antepasados habían pasado del partido Gibelino al partido
Güelfo, cuando los Güelfos tuvieron la mejor parte sobre los
Gibelinos en Florencia. En su escudo de armas los Buonarroti
sustituyeron entonces el *perro de plata con un hueso sobre campo
de gules* por un *perro de oro sobre campo de azur*. El perro con el
hueso indica la tenacidad y la obstinación. En efecto, en el ilustre
descendiente ésta tenía que ejercerse sobre el campo azulado del
ideal, mientras que en sus antepasados había obrado en el campo
manchado de sangre de las guerras civiles. Como señal de su
combatividad indomable, los Buonarroti habían puesto en la
cimera de sus armas dos cuernos de toro, uno de oro y el otro de
plata. En lenguaje heráldico, estos colores indican la sabiduría y
la probidad, dos virtudes austeras que se encuentran en su descendiente, que habría podido decir de ellos, como lo hizo Alfred
de Vigny de sus abuelos:

1 Si los contemporáneos y la posteridad han designado siempre a *Miguel Ángel* y a
Rafael con sus nombres de pila, es sin duda porque el primero responde por su carácter al *Arcángel de la Fuerza*, y el segundo al *Arcángel de la Belleza*.

Y si son inmortales descenderán de mí.

Miguel Ángel vino al mundo sobre una dura cima de los Apeninos, no lejos de Arezzo, en Caprese, donde su padre ejercía el ministerio de *podestà* o de juez.[2] Fue dado a criar en Settignano, cerca de Florencia, con la mujer de un tallador de piedras, lo que más tarde le hizo decir a Vasari: «Querido Giorgio, si tengo algo bueno en la mente, lo debo a la ligereza del aire de vuestro país de Arezzo, lo mismo que le debo a la leche que he mamado las mazas y los cinceles que he utilizado para esculpir las figuras». Como muchos artistas del pasado, Miguel Ángel recibió palizas de su padre por no querer estudiar en la escuela y por embadurnar las paredes con monigotes trazados al carboncillo. Gracias a su obstinación, consiguió que lo pusieran de aprendiz con el célebre pintor florentino Domenico Ghirlandaio. Su progreso fue tan rápido que pronto el maestro declaró que ya no tenía nada que enseñar a ese pequeño genio. Y así a los trece años Buonarroti, que ya había aprendido todos los secretos del arte del dibujo (lo que le permitió más tarde sobresalir en dos artes a la vez), de repente perdió interés por la pintura. La colección de estatuas griegas, reunidas por Lorenzo el Magnífico en el jardín de San Marco, excitó la naturaleza íntima y el verdadero genio de Miguel Ángel, que era más escultor que pintor. El pagano latente que dormitaba en él como la lava en el fondo de un volcán, despertó de repente ante esa visión deslumbrante y una bengala ardiente brotó de su cerebro de trece años. En el patio del jardín, donde trabajaban los escultores, encontró la máscara antigua de un Fauno con la boca rota. Ese rostro de viejo Sátiro, que da la impresión de burlarse de él y de desafiarlo, lo atrae y lo fascina. Él, que

---

2 Se sabe que en la Edad Media, y aún en el Renacimiento, las ciudades libres italianas escogían sus jueces en ciudades extranjeras, como una garantía de imparcialidad.

jamás ha tocado una maza ni un escalpelo, quiere reproducirlo. Entre los desechos encuentra un trozo de mármol, toma prestados los instrumentos necesarios de los trabajadores del jardín, y ahí lo tenemos martillando y hurgando furiosamente en el mármol con la destreza de un viejo tallador de piedra. Lorenzo el Magnífico, que paseaba por allí al día siguiente, ve al pequeño escultor trabajando, y encantado por ese talento espontáneo que promete convertirse en genio, corre a ver a papá Buonarroti par reclamar a ese niño que quiere educar en palacio, como un hijo adoptivo. El padre empezó negándose pero acabó cediendo a las instancias del duque. Y así el joven Miguel Ángel, a los trece años se instaló en el palacio ducal, recibió enseguida un sitio de honor en la casa y en la mesa del más inteligente de los Médicis, y creció en familiaridad con los más grandes humanistas de entonces, rodeado de lo más selecto de los pensadores y de los artistas de su tiempo.

Hay algo más que el azar ciego y una coincidencia fortuita en este episodio tan conocido. Parece la mano de la Providencia actuando en el tejido complejo de los destinos. Hay todo un pasado enterrado que surge como un relámpago en el alma del niño, en el aspecto de las ruinas todavía sonrientes, de los habitantes del Olimpo que pueblan ese jardín, tan cerca del convento donde medita el austero y fanático Savonarola. La cabeza del viejo Fauno, que el pequeño Miguel Ángel reproduce frenéticamente con su cincel febril, lo hace reír y llorar al mismo tiempo. Ríe de alegría por el aspecto de los Dioses antiguos, y llora por no poderlos recrear. Como el Sátiro de Víctor Hugo, quisiera escalar el Olimpo, mirar de frente a los Inmortales, y desafiarlos poniéndose a su altura. La chispa prometeica ha surgido en ese chiquillo de trece años. ¡Gloria al príncipe que, acogiéndolo, hizo de él una antorcha capaz de iluminar el mundo otra vez!

La juventud de Miguel Ángel estuvo dominada por el genio plástico de Grecia que había contemplado en el jardín de San Marco. Su genio estuvo alimentado por la atmósfera platónica que el joven escultor respiraba en compañía de los huéspedes habituales de su protector Lorenzo el Magnífico, los humanistas Marsilio Ficino, Benivieni, Agnolo Poliziano. Bajo esas influencias felices, su naturaleza independiente y altiva se desarrolló libremente. Sus ricas facultades se desarrollaron sucesivamente y una tras otra. Sus primeras esculturas revelan un temperamento pagano de una tendencia erótica y de un naturalismo bastante directo, en contraposición con sus creaciones posteriores. Los temas ya lo indican: *Embriaguez de Baco, El Amor dormido, La Lucha de los Centauros y los Lapitas, Deyanira raptada por los Centauros*. Aquí hay un florecer del amor sensual sin idealizar. Ese gusto lascivo quedó pronto superado por las partes superiores del alma de Miguel Ángel, prendada de lo sublime y de las ideas puras. Sin embargo algo siguió ahí. Como testigo, su Leda muy voluptuosa, cuya cabeza se extasía sobre la del cisne que se aprieta contra ella. Este cuadro fue comprado por Francisco I y un duque de Orleans lo hizo quemar por gazmoñería. La reacción contra ese aspecto de su naturaleza sin duda fue la causa del ascetismo sombrío de su edad madura, los remordimientos excesivos del anciano y el negro pesimismo de sus sonetos.

Pero en su juventud disfrutaba demasiado de su facilidad y de su fuerza, del gozo de la lucha y del placer de superar a todos sus rivales, como para abandonarse a la melancolía. Los sermones de Savonarola despertaron en él al mismo tiempo su patriotismo y su sentimiento religioso. El destino trágico y el martirio del fraile lo colmaron de horror. Pero esas impresiones terribles sólo se traducirían en su arte más adelante. El profeta no había tomado todavía conciencia de sí mismo y los Dioses paganos reinaron durante un tiempo sobre el joven Titán de la escultura.

Tenía veintisiete años cuando la señoría de Florencia le pidió que utilizara a discreción un enorme bloque de mármol de Carrara, con el que se había querido hacer un santo para la catedral. Lo habían encontrado demasiado delgado por uno de sus lados y nadie sabía qué hacer con él. Buonarroti lo miró, lo sopesó con sus ojos y esculpió su célebre David. Del bloque uniforme el maestro escultor sacó el genio de la individualidad libre. ¡Qué elegancia en ese vigoroso adolescente listo para el combate! Es la fuerza en reposo, como en las obras maestras de la Antigüedad, pero una fuerza más aguda, que acecha el momento del ataque. ¡Con qué calma, con qué mirada segura mide al enemigo! Con qué gesto rápido lanzará la piedra mortal a la frente del gigante, en el momento exacto en que su voluntad desencadene el movimiento del brazo. Es su propia juventud y el alma altiva de su patria que Miguel Ángel ha imbuido en ese mármol. Hoy se admira en la Academia de Bellas Artes de Florencia, en un pabellón construido para él. Allí se cae en la cuenta de que es un coloso, porque alcanza con la cabeza el techo acristalado de la sala. En realidad sólo estaba en su lugar apropiado a la puerta del palacio municipal, frente a la *Loggia dei Lanzi*. Allí el joven David erguía su cuerpo desnudo y blanco en el umbral de la negra fortaleza almenada, cuya fina torre domina de lejos la campiña, allí se afirmaba como el genio esbelto de la Libertad vigilando sobre la ciudad de las flores.

II

MIGUEL ÁNGEL EN ROMA
EL SEPULCRO DE JULIO II
Y EL TECHO DE LA CAPILLA SIXTINA
LA INSPIRACIÓN BÍBLICA

Florencia y Lorenzo el Magnífico habían hecho eclosionar el genio de Miguel Ángel, Roma y el papa Julio II lo maduraron.

El segundo período de su vida, de los treinta a los cincuenta años
(1504-1524) es el de su maestría y de sus mayores obras. Se ve crecer simultáneamente su voluntad titánica y su espíritu bíblico,
como dos gigantes salidos el uno de las canteras del Pelio o del
Ossa, el otro del desierto de arena y de fuego, donde Moisés paseó
durante cuarenta años a su pueblo bajo los rayos de Yahvé. Esas
dos almas tan diferentes se fundirán ahora en una sola para trabajar en el Renacimiento grecolatino, en la grandeza de la Roma
judeocristiana por medio del artista florentino que esculpe sus
estatuas y pinta sus frescos a la sombra del Vaticano.

Pero para que nos demos cuenta del origen y del alcance de
esas sorprendentes creaciones, que nos valieron una evocación
grandiosa del Antiguo Testamento y una nueva estética, hay que
echar un vistazo al pontífice notable que fue el colaborador, iba a
decir empresario, de los gigantescos propósitos de ese hijo de
Vulcano convertido en apóstol de Jehová.

El señor cardenal *della Rovere*, que asumió el nombre de
Julio II al suceder como papa al monstruoso Alejandro Borgia,
fue el más altivo y el más heroico de los pontífices romanos.
Anciano irascible y violento, pero lleno de fuerza y de fogosidad,
como papa belicoso se vistió la coraza como un *condotiero* y tomó
parte en las batallas de sus tropas, con el casco sobre la cabeza y
la espada en la mano. Era patriota a su manera, porque pensó
echar del suelo italiano a los ejércitos franceses, españoles y alemanes, que se disputaban el imperio, y unificar bajo la tiara pontifical los pueblos liberados de Italia, que hacía mil años que era
presa de los bárbaros. No alcanzó ese sueño quimérico, que con-
fundía el poder temporal con el poder espiritual, pero realizó
otro, más hermoso y más fecundo, de aprovechar el renacimiento
de las artes para dotar Roma de monumentos y obras de arte dignos de la tradición romana y de la grandeza de la Iglesia. Con este
objetivo en mente, se rodeó de los mejores artistas de su tiempo,
entre ellos tres estrellas, Bramante, Rafael y Miguel Ángel. Bra-

mante recibió el encargo de reconstruir la iglesia de San Pedro, Rafael de pintar las estancias vaticanas y Miguel Ángel (después de la empresa de la tumba de Julio II, que fracasó) de pintar el techo de la Capilla Sixtina

El encuentro del papa Julio II y de Miguel Ángel en una sala del Vaticano, fue sin duda un momento contundente. En ese flaco escultor florentino, vestido de negro como un patricio, de espaldas anchas, rasgos rígidos, en esa cara de bronce ajado antes de tiempo, en esos ojos tristes de una indomable fijeza, Julio II hubo de reconocer a un maestro forjador para sus inmensos proyectos.[3] Por su parte Miguel Ángel, mirando al Santo Padre, tal como lo pintó Rafael,[4] con las manos posadas sobre los brazos del trono pontifical como las zarpas de un león, cubierto del manto de color púrpura bordeado de armiño, la tiara sobre la frente, con la cabeza grave ligeramente inclinada y la mirada inquieta, tempestuosa, como los cañones de Castel Sant'Angelo, tuvo que reconocer un alma igual a la suya por la energía de la voluntad, por el sentido de la grandeza y por el gusto por lo sublime. Se midieron y se juzgaron. Quizás incluso esas dos voluntades se enfrentaron en silencio, en esa primera entrevista, como en lo sucesivo lo harían a menudo con actos y con palabras. Porque esos dos hombres altivos e invencibles estaban hechos para comprenderse y chocar sin cesar. En un primer momento no supieron decirse casi nada. El artista no sabía adular, y el pontífice, que ya había confiado a Bramante y a Rafael las necesidades más urgentes, no sabía todavía qué podría sacar de ese joven Titán que le enviaba el destino.

Buscó largamente y finalmente creyó haber encontrado. Lo mismo que los faraones, lo mismo que el emperador Adriano, Julio II quiso hacer construir su tumba por adelantado. Ese monumento

3 Retrato de Miguel Ángel por Marcello Venusti, en el Capitolio de Roma.
4 Retrato de Julio II, por Rafael, en los Uffizi de Florencia.

gigantesco tenía que resumir el pensamiento de su reinado y colo-
carse en la iglesia de San Pedro. Para darle la mayor fastuosidad,
el papa se proponía no escatimar ni el oro, ni el mármol, ni el bronce, ni los obreros necesarios. De esa manera Julio II glorificaba su
propio reinado y el triunfo de la Santa Sede sobre el mundo.
Encargó al nuevo favorito que fuera el maestro proyectista, escultor y arquitecto de ese monumento, en una palabra, de imaginarlo
y ejecutarlo a su discreción. Miguel Ángel adoptó la idea con entusiasmo, pero enseguida le imprimió su propio sello. Con su educación platónica y su genio cósmico, Miguel Ángel transformó la
apoteosis del papado en una representación de las fuerzas divinas
que vivifican la humanidad y establecen la jerarquía de las almas
por el empuje todopoderoso de las mentes y las voluntades.

La tumba había de ser una especie de pirámide de tres pisos.
La base del monumento tenía 18 codos de largo y 12 de ancho, de
tal manera que formaba un rectángulo de un cuadrado y medio.*
En su perímetro de cuatro lados se abrían hornacinas para recibir
los apóstoles y los mártires de la cristiandad. Entre ellos, surgien-
do de pedestales y dominándolos, se elevaban unas figuras que
representaban las artes liberales. La segunda hilera, más estrecha,
llevaría en los cuatro ángulos de su perímetro, cuatro estatuas que
representarían la Fuerza, el Coraje, la Sabiduría y la Meditación
(esta última representada por Moisés). Por fin, en el tercer piso,
formando la cúspide del mausoleo, dos ángeles sostenían un sarcófago de pórfido, uno de ellos, con la cabeza agachada, lloraba
al muerto, el otro, con la frente alta, sonreía contemplando su
entrada en la vida inmortal. El conjunto del monumento contenía
unas cuarenta estatuas, sin contar los bronces y los bajorrelieves
que relataban la vida de Julio II.[5] Concepción luminosa, de una

---

* Un codo equivale a 50 cm. [T.]
5 Esta descripción es un resumen de la que hace Condivi en su *Vida de Miguel Ángel*,
descripción evidentemente dictada por el maestro a su biógrafo oficial.

plasticidad y de una disposición grandiosas, por la cual el espectador había de elevarse con los luchadores de la humanidad hasta los poderes que rigen el mundo y reconducir el alma a su fuente divina por la imagen misma de la muerte. En efecto el sarcófago, sostenido por los dos ángeles, se convertía en el altar donde arde la llama de la inmortalidad.

Cuando Miguel Ángel mostró el boceto del monumento al papa, Julio II sintió un arrebato de gozo. Quizá no captó todo su significado, pero se sintió encantado por su belleza y su grandeza, viendo sobre todo su propia glorificación. Inmediatamente le abrió al arquitecto-escultor un crédito ilimitado para empezar a trabajar. Éste salió inmediatamente para Carrara para escoger personalmente los bloques de mármol necesarios para su obra monumental. Entonces empezó lo que Condivi llama la *Tragedia de la sepultura*, prueba y martirio de diez años. Se trataba no sólo de escoger las piedras para las cuarenta estatuas, sino de hacerlas llegar a Roma por mar. Aquí tenemos a Miguel Ángel, convertido en empresario para la explotación de una cantera y jefe del transporte marítimo, tratando con los talladores de piedra, los carreteros y los marinos para procurarse el material. Basado en la grandeza de su idea, se lanzó con una energía desenfrenada a esa tarea agotadora.

De Viareggio al golfo de La Spezia, la cadena de los Apeninos roza de cerca el Mediterráneo, dejando sólo una faja estrecha de tierra entre las montañas y el mar Tirreno. En Carrara la montaña llega a la orilla con sus cabos avanzados y la cantera de mármol se abre como un valle nevado frente a las aguas azules. En esta magnífica soledad, entre los costados inmaculados de la cantera y la línea de zafiro del mar Tirreno, donde los atardeceres son hogueras de púrpura y carmesí, el artista se entregaba de manera desmedida a su sueño marmóreo de Titán. «Un día —cuenta Condivi—, contemplando una montaña que dominaba la orilla, le entraron ganas de esculpir en ella un coloso que los navegantes verían de lejos. Lo que le seducía era la facilidad que ofrecía la piedra de sacar la figura deseada, y lo que lo tentaba todavía más era el deseo de competir con los escultores de la Antigüedad, que quizá por aburrimiento o por cualquier otra razón habían esbozado esa figura.» Y el confidente del maestro añade: «Lo hubiera hecho si se lo hubieran permitido, y no pudo nunca consolarse de no haber podido llevar a cabo ese proyecto».

¿Qué figura de Adamastor calmando la tempestad, o de Prometeo desafiando a Júpiter, habría tallado Miguel Ángel en ese relato salido de las aguas? Los griegos habían tenido ideas similares, e incluso más audaces. Plutarco cuenta que un artista le propuso a Alejandro Magno de esculpir el Monte Athos, que se adentra en el Mar Egeo, como un coloso sentado, que habría sido la imagen del rey macedonio. El coloso habría tenido en una mano una ciudad, y en la otra un río que se echaba en el mar.

Ese deseo de esculpir las montañas es realmente el instinto titánico del hombre, celoso de igualarse con las fuerzas que han creado el globo y esculpido la forma de la tierra. La fantasía colosal, que persiguió a Miguel Ángel en la blanca marina de Carrara, muestra hasta qué punto ese deseo era poderoso en él.

El sepulcro de Julio II había de quedar también en un sueño. Después que con grandes esfuerzos y enorme gasto los bloques de mármol hubieron llegado por mar y por el Tíber hasta la plaza de San Pedro, Julio II cambió de idea repentinamente. Bramante, amigo de Rafael y enemigo de Miguel Ángel, había convencido a Julio II que construir su tumba en vida le habría traído mala suerte y que valía más destinar las enormes sumas de dinero que iba a exigir el mausoleo a la reconstrucción de la iglesia de San Pedro, de la que Bramante mismo era el arquitecto. El artista se vio no sólo frustrado en su sueño más bello, sino también fuertemente endeudado por los gastos de transporte. Julio II, tan caprichoso como impaciente, se negó a resarcirlo inmediatamente. Rechazado por dos veces a la puerta del Santo Padre por sus lacayos, Miguel Ángel, herido en lo vivo por esta afrenta, abandonó Roma en un plazo de veinticuatro horas y se refugió en Florencia, haciéndole decir al papa que si a partir de ahora necesitaba a su escultor, lo fuera a buscar a su casa. Bramante, quedado único maestro en la corte papal, hizo saquear los bloques de mármol diseminados en la plaza de San Pedro por el populacho de Roma. En cuanto a la famosa tumba de Julio II, no se llegó a construir.

Así se venía abajo el proyecto colosal de Miguel Ángel y del papa. El trabajo implacable que el artista le dedicó se saldó para él en una inmensa decepción, en un séquito de preocupaciones financieras y de problemas interminables que lo persiguieron durante años. Afortunadamente para nosotros, de ese trabajo de Titanes nos quedan tres piezas que valen quizá por todo el monumento. Son el *Moisés*, de San Pietro in Vincoli, en Roma, y *Los dos esclavos*, del Louvre. Por un azar singular, en esos restos preciosos se nos revela el genio prodigioso del escultor, con los dos polos de su alma y toda la novedad de su arte.

Entrad en la iglesia de San Pietro in Vincoli para ver la tumba de Julio II y la obra maestra de su escultor.[6] En una capilla lateral, domina el profeta hebreo, conductor del pueblo de Israel y señor del rayo. Un rayo pálido cae de un vitral e ilumina su figura oscura. ¿Es en verdad una estatua de mármol? Parecería un ser sobrehumano, que esté sentado allí. Su talla es tres veces la de un ser normal. En su mano izquierda tiene las tablas de la ley, con la derecha se toca la barba poderosa que fluye como un río sobre sus rodillas. ¡Qué tormenta contenida en esa inmovilidad y que concentración de la voluntad en ese descanso! Ese no necesita una espada para mandar sobre la muchedumbre. La expresión de su rudo rostro tiene algo a la vez bestial y divino y órdenes irresisti-

---

6 Gracias a un acuerdo entre Miguel Ángel y el duque de Urbino, heredero de Julio II, el escultor ejecutó el *Moisés* para la tumba del papa.

bles salen de sus ojos de chivo. Los cuernos de su frente son un resto de las llamas del Sinaí y el relámpago que brota de su magra cara de domador es un rayo de Yahvé. ¡Temblad! Porque si se levanta su frente reventará la bóveda, y si levanta la voz el trueno de su palabra hará caer los muros de la iglesia. Este Moisés es la encarnación de la Ley. Representa y personifica de alguna manera el poder divino que crea todos los seres, pero que también sabe destruirlos. Es el espíritu puro que alternativamente modela y pulveriza la materia.

Pasemos ahora al otro extremo de la creación, a su manifestación humana e individual. Observemos los *Esclavos* del Louvre, en el museo del Renacimiento. Son quizá las dos figuras más conmovedoras salidas del cerebro visionario de Buonarroti y cinceladas en mármol por su mano nerviosa. Efluvios petrificados de sus sufrimientos íntimos, de sus torturas innominadas. El *Esclavo moribundo* no está acostado, muere de pie. Criatura ideal, pero palpitante de vida y de dolor. Es un soberbio efebo, de cuerpo delicado, con una cabeza soñadora de poeta. Sabe que va a morir. Se levanta una última vez con todas sus esperanzas rotas para protestar contra el destino injusto. Con un gesto supremo, cubre su cabeza girada con el brazo, y en esta convulsión exhala su último suspiro con su alma todavía inexpresada. Esa estatua… produce un milagro… la belleza sublime en el dolor. Belleza tierna como una melodía y desgarrada como un grito, en ella podemos medir toda la novedad de la escultura de Miguel Ángel y su diferencia frente a la escultura antigua. Es el genio del dolor el que habla aquí a través de la piedra con una fuerza hasta entonces desconocida. En el Laocoonte e incluso en la Níobe no hay más que dolor físico. Aquí hay sobre todo el dolor moral, y ese dolor es infinito como el pensamiento.

El *Esclavo que rompe sus cadenas* está inacabado. Su cuerpo hercúleo, sus músculos hinchados, su rostro vago e intrépido apenas sobresalen de la piedra, y sin embargo se oye el chasquido de las cadenas que se rompen, y se presiente la formidable revancha de tantos males sufridos, de tantas humillaciones recibidas. Si el monumento de Julio II se hubiera construido según el plano primitivo de Miguel Ángel, esos dos esclavos habrían estado colocados en las dos esquinas, en la parte baja del mausoleo. Según Condivi, habrían simbolizado la victoria del pontífice sobre sus enemigos. Probablemente ésta es la explicación que el escultor le dio al papa. Pero para una mirada perspicaz, la agonía del Moribundo y el gesto del Luchador habrían sido suficientes para sacudir el edificio de arriba abajo.

Reunamos ahora los tres restos de esa tumba ideal y coloquemos los dos Esclavos frente al Moisés, y veremos frente a frente los dos polos opuestos de la naturaleza de Miguel Ángel, que son también los dos polos correlativos del Eterno Masculino, su lado divino y su lado humano. Por un lado la ley absoluta, la voluntad eterna, inviolable del Espíritu universal. Por el otro la individualidad libre, con su sufrimiento infinito, su voluntad indomable y su deseo inextinguible.

¡Qué visión penetrante y profética en esta oposición! Porque la conciliación de esos dos extremos por la jerarquía de las fuerzas psíquicas y cósmicas ¿no es acaso todo el problema del futuro?

***

Volvamos a Julio II. A pesar de sus tergiversaciones y sus impaciencias, ese papa impetuoso y turbulento había de proporcionarle a Miguel Ángel una mejor ocasión de manifestar su genio a la vez bíblico y titánico. Pero ¡cuántas aventuras había de pasar antes de que sonara la hora de la realización!

Se conoce la continuación del disgusto entre el pontífice y el artista. Se trata de episodios demasiado conocidos para contarlos en detalle. Recordaremos sólo lo esencial. El papa envía un mensaje tras otro a la Señoría de Florencia para que le devuelvan su escultor. La República florentina respeta al más grande de sus ciudadanos, pero tampoco quiere disgustarse con el papa, tanto más que por el momento es el soberano de Italia más poderoso y más belicoso. Por consiguiente suplica a Miguel Ángel para que regrese a Roma. El artista se preocupa muy poco del tema y piensa marchar a Constantinopla, donde el sultán le invita para que construya el puente que ha de unir Estambul a Pera. En eso el papa, a la cabeza de su ejército se apodera de Bolonia, expulsa a los Bentivoglio y amenaza con atacar Florencia. La República ordena a Miguel Ángel que apacigüe la cólera de pontífice y de presentarse ante él como embajador. Hay que ceder. El escultor va a Bolonia y se presenta al papa que está en la mesa en el palacio de los Dieciséis junto con varios obispos. Julio II empieza a abrumarlo con los reproches, pero a un obispo que había hablado mal del artista, le grita: «Le dices groserías que nos no hemos dicho, ¡tú eres el ignorante!» y hace echar al obispo por sus servidores. Descargada así su cólera, Julio II se reconcilia con Buonarroti. Pero tiene que sufrir un nuevo capricho y fundir una estatua de bronce colosal del papa vencedor de Bolonia, para colocarla ante la iglesia de San Petronio. Miguel Ángel le pregunta si ha de poner un libro entre las manos del Santo Padre y éste le contesta: «¿Cómo, un libro? ¿Acaso soy un literato? ¡Una espada! ¡Una espada!» La historia de esta estatua es otra tragicomedia todavía más singular que la del mausoleo. Miguel Ángel no conocía el arte de la fundición y tuvo que aprenderlo con unos obreros venidos de Florencia. Al cabo de seis meses se intenta la arriesgada empresa, pero la fundición fracasa y del molde sólo sale la mitad de Julio II. Hay que volver a empezar. Finalmente, después de seis meses de trabajo, sudor y hornos, el papa armado con su espada sale de su caparazón de greda y la estatua se erige en la gran plaza de Bolonia. Aunque formidable, la estatua no permanece mucho tiempo en ese sitio. Poco después, los Bentivoglio reconquistan la ciudad y expulsan al ejército pontificio. La orgullosa estatua es arrojada a tierra, destrozada por el populacho y los trozos vendidos al duque de Este, que hizo un cañón con ellos. ¡Qué cuadro de las costumbres de la época muestra este episodio, y qué símbolo elocuente de los peligros aunados al poder de la Santa Sede ese bronce de un papa vencedor que se transforma en cañón, listo para lanzar sus balas sobre la herencia de San Pedro!

Sin embargo el fogoso Julio II no había de conformarse con fulminar a sus enemigos y dejarse fulminar por ellos. También había de crear, y crear en belleza por medio de su escultor convertido en pintor. Desgraciado en política, sin embargo fue afortunado en el arte, porque veía en grande y sentía noblemente. De regreso a Roma, Julio II vuelve a caer bajo la influencia de Bramante, su arquitecto. Éste, queriendo perder a Miguel Ángel, aconseja al papa que le haga pintar el techo de la Capilla Sixtina. Bramante contaba con un completo fracaso del escultor, que arruinaría para siempre su crédito en la corte pontificia. Pero esta intriga, urdida por la envidia, había de resultar en una mayor gloria para Miguel Ángel. Buonarroti, que desdeñaba la pintura y no sabía nada del arte del fresco, se resistió durante mucho tiempo a la voluntad papal, pero molesto por el desafío socarrón de un rival, acabó consintiendo. De tanto pensarlo, su imaginación había concebido una cosmogonía. Como lector asiduo de la Biblia, y sobre todo del Antiguo Testamento, había visto la génesis de Moisés, la creación del mundo y el nacimiento doloroso de la humanidad proyectados bajo esa bóveda del techo. Bramante había pensado perder a su compatriota ante el papa, haciéndolo trabajar en un arte que ignoraba, y de aplastarlo con Rafael. Pues bien, él, Buonarroti, se haría pintor y superaría al pobre Sanzio, como el Sinaí cargado de truenos supera las colinas de la Judea. De esta manera el corazón titánico de Miguel Ángel, cautivo en el Vaticano, volvió a renacer para su gran obra, y el esclavo se hizo maestro.

Se puso a trabajar. Hizo llegar de Florencia a los maestros más hábiles para aprender a pintar al fresco. En seguida éstos se creyeron sus iguales, e incluso superiores. Después de tres meses, cuando hubo comprendido el duro oficio de preparar el cemento y de pintar sobre la cal húmeda, pagó a sus colaboradores y los despachó, furiosos. A partir de ahora quería estar solo, solo triturando los colores, solo extendiendo la pasta sobre el muro, solo pintando el enorme techo y su bóveda. Se instaló en la capilla como en su casa, se hizo dar la llave por el papa y no permitió a nadie que entrara. Trabajaba todo el día. Pintaba de pie sobre el alto andamiaje o recostado en una cama colgada de la bóveda, con la cabeza echada para atrás. Por la noche dibujaba, leía o meditaba. Alguna vez, con un casco de cartón sobre la frente, armado con una linterna como un nuevo Cíclope, volvía a subir a los andamios para entretenerse con los espantosos fantasmas esbozados sobre la pared. Vivió así durante cinco años, casi sin moverse, fuera del tiempo, en la Eternidad, con su gran sueño, sin más lectura que la Biblia y los sermones de Savonarola. La sombría Capilla Sixtina fue para él el antro del Carmelo. En el suyo, Elías se preparó para fulminar a los sacerdotes de Baal, impregnándose con el fuego de la meditación. En su guarida, Miguel Ángel evoca para los siglos la cosmogonía de Moisés.

Es necesario recordar la disposición de los frescos de la Sixtina para aclarar el sentido religioso y filosófico dado por el maestro a esta vasta composición. El techo de la capilla representa la creación del mundo por Jehová en un gran cuadrilátero con nueve compartimentos y doce cuadros. Este techo rectangular está sostenido por una bóveda que tiene doce ventanas en su perímetro de cuatro lados. En las pechinas, entre las lunetas, están sentados los profetas, cada uno de los cuales tiene una Sibila frente a frente. De la base de las pechinas salen, como de un zócalo, unas pilastras que sostienen una balaustrada. Entre esas columnas y sobre el balcón que sostienen, están agrupados unos altivos adolescentes de fuerza hercúlea, en variadas actitudes. Son seres poderosos de un mundo desconocido, al mismo tiempo cariátides, luchadores y videntes. Entre el cielo y la tierra, en el espacio que separa las lunetas del techo, una serie de pinturas representan a la humanidad hasta el nacimiento de Cristo.

Volvemos a encontrar aquí, aunque de forma diferente y bajo una concepción mucho más vasta, los tres mundos superpuestos que ya hemos percibido en *La Transfiguración* de Rafael: el mundo espiritual (o divino), el mundo astral (o de las almas), el mundo corporal (o terrestre y humano). Observemos bien la diferencia de atmósfera, de movimiento y de ritmo, que domina en cada una de estas tres regiones. En el techo, en el mundo divino y superior, reinan la fuerza, la calma y la majestuosidad que el Creador imbuye en su creación. Allí Jehová es el señor soberano. Lo traspasa todo con su luz creadora, sublime y cegadora. Muy distinto es el mundo del Alma, donde los Profetas y las Sibilas reinan en sus asientos y sus trípodes, en un templo aéreo. El huracán del Espíritu pasa sobre ellos. Corriente doble que se entrechoca en un torbellino terrible, el soplo que baja de arriba y la tormenta de las pasiones humanas los agitan. La tormenta levanta sus brazos, gira sus cabezas y las desmelena. No ven directamente el drama sublime del techo, pero lo presienten. Captan fragmentos, escuchan voces. Las Sibilas son mujeres robustas y temibles, algunas jóvenes, la mayor parte ancianas. La vieja *Pérsica* de nariz puntiaguda, encorvada de tanto leer, está inclinada sobre un grimorio de evocación... La hermosa *Eritrea* enciende su lámpara que acaba de apagarse. La soberbia *Délfica* está llena como una Pitonisa del hálito del Dios. El viento del Espíritu hincha las aletas de su nariz y sus pechos, y profetiza con mirada flameante.

Los Adolescentes hercúleos que se agitan y circulan alrededor de los profetas representan los Poderes cósmicos que actúan sobre la humanidad, que de manera alterna la inspiran, la excitan o la fustigan. Son los Elohim de la Biblia. Los Profetas no los ven, pero los entienden, hablan con ellos. *Daniel* escribe intrépidamente bajo su dictado. *Isaías*, majestuoso, con el brazo apoyado sobre un libro cerrado, escucha. Detrás de él un Elohim le muestra algo y parece decirle: ¿No lo ves? *Ezequiel*, con su perfil huraño e imperioso, la cabeza envuelta en un turbante, habla con un rey de Israel y grita: «¡Justicia! ¡Justicia!» Por el contrario, *Jeremías* desesperado deja caer hacia delante su cabeza poderosa bajo el peso del destino y se tapa con la mano la boca aún abierta que hace un momento gritaba: «¡Desgracia! ¡Desgracia sobre Israel!»

Pero los Profetas y las Sibilas vaticinan, vociferan y gimen inútilmente entre las pilastras de las pechinas. Porque, durante ese tiempo, sobre sus cabezas entre el cielo y la tierra, y por debajo de ellos en el abismo, la humanidad seducida por Satán, corrompida por el pecado, se precipita por caídas sucesivas como en una catarata inmensa, de la falta al crimen y de la miseria a la desesperanza. Y no se sabe, entre todos esos episodios lamentables, qué hay de más trágico, si los que escapan del diluvio alcanzados por las olas en la cima de una montaña, o los judíos devorados por las serpientes en el desierto, o Amán crucificado por Asuero, o Judit, la cortesana vengadora, heroica y mancillada, que corta la cabeza de Holofernes ebrio de placer. Y la tempestad de la vida, la fuerza devoradora del Dios creador, el viento del Espíritu que eriza el espinazo de los Profetas y hace estremecerse a las Sibilas, sigue soplando, sacudiendo hasta los cimientos la Capilla Sixtina, esa estancia oscura donde se refleja el torbellino del Cosmos.

Pero si ese espanto vertiginoso está a punto de sumergirnos, es suficiente para reanimar nuestro coraje de volver a levantar los ojos hacia la bóveda. Ese techo rectangular es una ventana abierta a todos los cielos. Allí respiran, en espacios finitos, la Fuerza, el Poder y la Majestad, allí reina como señor Jehová con su aliento creador. En su Ley Moisés había prohibido representar bajo cualquier forma el Espíritu soberano, considerando una profanación todas esas representaciones imperfectas y pueriles. Pero con el Renacimiento llegó el tiempo en que el hombre necesitaba imaginar su Creador bajo forma humana, tal como los profetas habían podido concebirlo en sus meditaciones ardientes.

Concentremos sucesivamente la atención sobre estos tres frescos: *La Creación de la Tierra, La Creación del Hombre* y *La Creación de la Mujer*, y comprenderemos que el supremo genio plástico puede contener, por la sugestión de las líneas, en un cuadro limitado: el sentimiento de la expansión sin límites, el movimiento en la inmovilidad y la vida infinita dentro de la figura humana.

Tenemos en primer lugar *La Creación de la Tierra*, una concepción de una simplicidad grandiosa. Un globo negro, rodeado de círculos de sombra y de luz, flota en una región crepuscular. A su lado Jehová, llevado por la tempestad, se cierne en el espacio. Sólo se ve de espalda y de perfil, pero el torbellino, que revuelve su manto, muestra que se ha detenido bruscamente en su carrera vertiginosa, y que va a marchar de la misma manera. Es al mismo tiempo la concentración y la expansión extremas. En esta hora del reloj celeste, su brazo se extiende hacia el globo sombrío. Separa la luz de las tinieblas, y esto es, propiamente, el nacimiento de la tierra.

Observemos ahora *La Creación del Hombre*. «Adán yace en su desnudez primigenia sobre el suelo negro de la tierra deshabitada. Una belleza viril está impregnada en ese cuerpo esbelto y vigoroso, y sin embargo una especie de indecisión, de gracia tímida se extiende sobre él y se revela en su actitud llena de expectación y en sus ojos recién salidos del sueño de la inconsciencia. Es el hombre, con su fuerza y su debilidad, sin defensa, tendido sobre la nada, pero que se anima suavemente al contacto y al soplo de Jehová. Éste, llevado por un gran viento, flota delante de él en el aire, extiende la mano hacia la criatura que se levanta a una señal y toca con el dedo el dedo del Todopoderoso. Sobre la frente del Creador hay una majestuosidad serena, los ángeles y los poderes celestes flotan en los pliegues de su manto levantado por la tempestad y miran con sorpresa, casi con pavor, al hombre que nace y se libera de la arcilla terrenal. Imposible representar con menos rasgos y en un cuadro más sencillo la misteriosa relación entre el finito y el infinito, entre el hombre y Dios. La perspectiva vulgar desaparece, las proporciones aumentan, la grandeza de las líneas acusa la inmensidad de la concepción, dan la sensación del Eterno. La tempestad donde flota Jehová es el soplo mismo de la creación y la mirada de Adán extrae el alma humana de su ojo de fuego. Como paisaje, el suelo desnudo y el abismo tempestuoso del espacio, pero entre ellos dos circula la vida de los mundos.»[7]

La Creación de la Mujer completa la obra terrestre. En la creación de la Tierra Miguel Ángel nos da el sentimiento del Infinito por el torbellino de viento que envuelve a Jehová, y por los círculos de luz y de sombra que palpitan alrededor de la Tierra. En la creación del Hombre nos lo instila por medio del efluvio de vida que va del ojo de Jehová al ojo de Adán. En la creación de la Mujer lo evoca en nosotros por la línea ascensional de la vida. La figura de Jehová, de pie y vista de perfil, toca con el pie la base del cuadro, mientras su cabeza roza la parte superior, de esta manera da la impresión de hundirse con los pies en el suelo terrestre y de atravesar el cielo con la frente. El codo de su brazo derecho está posado sobre su mano izquierda en una actitud pensativa. Con la mano derecha parece estar cogiendo algo en el espacio. Ese algo es la Mujer, que acaba de salir de la costilla de Adán dormido y que se lanza hacia el Creador, con las manos juntas en un gesto de agradecimiento y de adoración. Todavía no es la parte etérea del Eterno Femenino que sale de los arcanos de Dios junto con el Cristo y que acabará transfigurando a la mujer misma. De mo-

---

7 *Le Corrège, sa vie et son oeuvre*, de Marguerite Albana. (Introducción sobre el Genio del Renacimiento.)

mento es sólo la Hembra opulenta y fecunda, Eva, madre del género humano, graciosa ya por su ímpetu y su brinco ligero.

Si llenamos nuestros ojos y nuestros corazones con los efluvios que salen de esos tres cuadros, con tres aletazos habremos sobrevolado la terrible caída de la humanidad dentro del pesado caos de la materia y en sus destinos tumultuosos, pintados en las pechinas de la bóveda. Porque aquel que ha contemplado el espectáculo sublime de la creación, y que es capaz de revivirlo en sí mismo, siente rebotar desde el fondo de sus entrañas la chispa creadora y está seguro de que podrá alcanzar el cielo de lo Divino, por encima de los ríos de sangre y los torrentes de lágrimas, más allá de las caídas y los abismos, por la expansión de la Fe consciente y de la Voluntad.

Estas son las emociones titánicas y bíblicas, ese el nuevo sentimiento transmitido al mundo por Miguel Ángel en su epopeya pictórica. Pero cuánto esfuerzo, cuánto sufrimiento, cuánta amargura, amasados con los colores sobre esas paredes ennegrecidas por el tiempo y el humo de los cirios.

En su orgullo arisco, por escrúpulo y por soberbia de artista, con su humor receloso, el solitario fanático no quería mostrar al público su obra inmensa hasta tenerla terminada. Incluso al papa no le permitió ver ese techo hasta estar casi acabado. Julio II presionaba al pintor y Buonarroti inventaba una estratagema tras otra para evitar que se subiera al andamiaje. Unas veces desmontaba la escalera para sustituirla por una escalera de mano sobre la cual no podía subir el anciano, otras veces rompía las planchas del estrado. En cada visita el papa le preguntaba:

—¿Cuándo acabarás?

—Cuando pueda —le contestaba Miguel Ángel.

Ante una respuesta así un día el papa lo golpeó con su bastón. Pero esa misma noche le hizo presentar sus excusas por medio de un gentilhombre de su corte y le envió 500 ducados. Al día siguiente se reemprendía la disputa. Finalmente un día el papa exclamó:

—¿Quieres pues que te haga tirar desde lo alto de tu andamiaje?

Entonces el artista arisco cedió. Hizo quitar los andamios y el día de Todos los Santos de 1512, toda Roma pudo contemplar la obra gigantesca, que pronto fue la admiración de Italia y del mundo.

Ante la visión aterradora de esos profetas, el papa un poco desconcertado dijo:

—¡No hay oro en todo esto!

A esto, Buonarroti contestó con una sonrisa beatífica:

—Santo Padre, esas gentes que están ahí arriba no eran ricas, sino santos personajes que no llevaban oro y que tenían en poca consideración los bienes de este mundo.

III

MIGUEL ÁNGEL PATRIOTA
LA CAPILLA DE LOS MÉDICIS
EL HÉROE MODERNO
Y LA INSPIRACIÓN CÓSMICA

A Julio II le sucedió el papa León X. Terminada su gran obra, Miguel Ángel se fue de Roma, cargado de gloria pero medio baldado por el esfuerzo, y regresó a Florencia. En su querida y turbulenta ciudad natal se reencontró con las pasiones políticas y las luchas que habían agitado su juventud.

Desde siempre Buonarroti había sido un patriota. En su juventud había conocido a Maquiavelo y escuchado sus discursos de una elocuencia áspera, había escuchado esa voz de Bruto que azotaba a los tiranos, antes de que César Borgia no hubiera envenenado el alma del secretario de la república. Había vibrado de entusiasmo ante los sermones de Savonarola, que llamaba a la patria al arrepentimiento contra la corrupción de las costumbres y a la libertad contra el sacrílego papa Alejandro VI. Se estremeció de horror y de indignación cuando ese dominico profético que, como un nuevo Isaías, había anunciado todas las desgracias de Italia bajo la invasión extranjera, fue excomulgado y quemado vivo en la plaza del Palazzo Vecchio, al tiempo que el populacho lo apedreaba. Las palabras y la imagen del mártir habían quedado en su memoria como carbones ardientes. Aunque protegido por los Médicis y fiel a su deber de gratitud, Miguel Ángel siguió siendo republicano en el corazón. Decía en su vejez: «He servido a los papas, pero lo hice obligado». Habría podido decir lo mismo de los Médicis, menos de Lorenzo el Magnífico, su padre adoptivo, por el que guardó siempre una gran devoción. Habiendo sido atacada la ciudad de Florencia por las tropas pontificias de Alejandro de Médicis, como ingeniero Miguel Ángel fue encargado de la defensa de la ciudad. Todavía hoy se muestran en Monte Oliveto los restos de las murallas que hizo construir. Dotó la torre Nicoló con dos cañones y se vio al pintor de la Capilla Sixtina hacer guardia noches enteras para espiar los asaltos del enemigo. La posición de Miguel Ángel, entre el papa, la Señoría y los Médicis, era extremadamente difícil. Casi perdió la cabeza en la aventura, cuando la ciudad se rindió al papa por traición. Buonarroti huyó, y el sucesor de Alejandro, el papa Clemente le perdonó y le encargó de esculpir la capilla de los Médicis en la iglesia de San Lorenzo en Florencia. Esa fue la salvación del artista. De esta manera salía de las miserias de la realidad para regresar a su reino ideal. Allí no estaría ni en Roma ni en Florencia, sino en su patria divina, iluminado por las ideas eternas. Allí podría hacer brotar sus sueños más bellos del mármol inmaculado.

Entremos en esta capilla, a la que se accede desde fuera por la iglesia de San Lorenzo. Oculta en el espesor de los muros, pero ampliamente iluminada desde arriba, recibe al visitante con una

sonrisa clara en su emplazamiento cuadrado. De arquitectura florentina, con pilastras acanaladas y nobles arcos, da la impresión
de invocar toda la claridad del día. ¡Qué contraste con las sombrías profundidades de la Capilla Sixtina, qué blancura deslumbrante! Sólo se ve mármol y belleza. Sobre la puerta de ese
mausoleo se podría escribir: «Oh vos que entráis, dejad fuera toda
tristeza». Como decoración, dos tumbas engastadas en la pared.
Pero esos sarcófagos blancos, posados sobre soportes elegantes,
¿son de verdad tumbas? Una doble cornisa, cuyas volutas se
afrontan, los corona como el marco de un blasón y hace que
parezcan escudos parlantes con sus cimeras.

Sobre esas cornisas campean cuatro genios, personajes sobrehumanos, divinidades extrañas y misteriosas de esta capilla, de la
que hablaremos más adelante. Echemos primero un vistazo a las
dos figuras situadas en las hornacinas, por encima de los sarcófagos. Representan a Lorenzo y a Giuliano de Médicis.[8] No son
retratos, son figuras ideales. Lorenzo, de sobrenombre *il Pensieroso* (el pensativo), apoya la barbilla sobre la mano en una actitud
de meditación intensa. Giuliano tiene el bastón de mando y parece a punto de levantarse. Esos dos jóvenes, vestidos y armados a
la manera antigua, con una elegancia y una sobriedad admirables,
representan los dos rostros del héroe del Renacimiento y, además,
del héroe moderno en general, *el pensamiento y la acción*, que se
sostienen y penetran en su equilibrio. Como cosa curiosa, el pensador lleva un casco, y eso hace que medite aún más profundamente. El guerrero tiene la cabeza y el pecho descubiertos, pero
lleva el bastón de mando y su acción será tanto más enérgica. El
guerrero piensa con su cuerpo tanto como el otro, y el pensador
actúa a distancia con su cerebro, tanto como el guerrero. Se les

---

8 Julián, duque de Nemours, hermano de León X, y Lorenzo, duque de Urbino y padre
de Catalina de Médicis.

podría aplicar esta frase acertadísima de la sabiduría hindú: «Aquel que halla el reposo en la acción y la acción en el reposo, ese es un sabio».

Observemos ahora a los seres sobrehumanos sentados de dos en dos sobre los sarcófagos, a los pies de esos héroes y que vigilan sus destinos. Son genios poderosos y ¡qué genios! Son perfectamente dignos de los nombres universales y espléndidos que llevan: *La Aurora* y *El Crepúsculo, El Día* y *La Noche*, cuya alternancia grandiosa y regular abraza el curso de la vida humana y de la vida de los planetas. Se trata nada menos que de las más aparentes de esas Fuerzas cósmicas bajo cuya influencia evolucionan los mundos y la humanidad. El alma divina no viene de ellas, viene directamente de Dios, pero esas Fuerzas son las que las nutren y las arrullan. Ellas dibujan los cuadros y moldean las esferas en las que el alma crece y prospera. ¡Qué gracia y qué melancolía de la joven tendida sobre la tumba de *il Pensieroso*! Apoyada con ligereza sobre el codo, se levanta con dificultad. Es la Aurora. Adivina las luchas y los dolores que traerá el día que ella anuncia, y preferiría dormirse antes que verlos. Pero la ley del universo es implacable: ¡es necesario, es necesario despertar!

Y ¡qué lasitud en el flaco anciano, medio recostado y que le da la espalda y que hace pareja con ella! Es el Crepúsculo. Él sabe que todo pasa y se marchita irremediablemente, que las más grandes maravillas son efímeras, tanto si se trata de una jornada de la Tierra, de la vida de un gran hombre, o de la evolución de un planeta. Sabe que el presente es tan inasequible como un punto en el espacio o que un instante en el tiempo. Sabe que todos los seres viven por lo que ya no es y por lo que va a nacer. Pensando en ello quisiera dormirse para siempre. E *il Pensieroso* que medita allí arriba también lo sabe, pero de todo lo que le cuentan la Aurora y el Crepúsculo intenta sacar la quintaesencia inmortal.

Observemos ahora la otra estatua, el Guerrero, y contemplemos un instante las deidades que lo guardan, la Noche y el Día.

Aquí el espectáculo se hace más temible con su energía huraña y su fuerza condensada. ¿Quién es pues esa mujer, convulsionada en su sueño, cuya hermosa cabeza cae sobre el pecho, bajo el peso del sueño trágico que la oprime? Una lechuza se acurruca bajo su pierna doblada, una máscara antigua, con un rictus asustado, se aferra a la roca que la sostiene. Es en verdad una diosa, pero es también una mujer. Acerquémonos a observar su rostro medio escondido. En su perfil doloroso hay una nobleza de reina destronada y en su boca contraída un sufrimiento mudo e infinito. Parece como si llevara en su corazón el duelo por un mundo engullido, o que esté en trance de parir un mundo nuevo. ¿Será acaso la Noche de Hesíodo, que encierra el caos en su seno? No, es demasiado hermosa, demasiado fuerte, demasiado consciente incluso en el sueño. El dolor no ha conseguido marchitar su belleza. Su capacidad de alumbramiento iguala su capacidad de sufrir. Vemos como se agita en una pesadilla. Es una hija de Titán dormida, pero no vencida… Cuando sea fecundada llevará en su seno una legión de héroes. Juzgad por su pareja, *El Día*, el hijo de esa Noche. Está apoyado sobre el codo y da la espalda al espectador, y en esa espalda, que tiene la elocuencia de un rostro, se ven los músculos del torso hinchados como las olas del Océano bajo el soplo de la tempestad. En el gesto de levantarse se gira y su cara inacabada lanza a lo lejos su mirada formidable. Cuando esté de pie dirá y hará cosas terribles.

Como se sabe, este poema en mármol tuvo un epílogo poético que hay que recordar aquí para completar la psicología del escultor, porque este episodio marca un giro en la vida de Miguel Ángel. Por un lado muestra lo poco que fue comprendida durante su vida la más profunda de sus obras de arte, por el otro nos permite echar una ojeada a su vida interior que él ocultaba cuidadosamente y sentir pasar el soplo que lo inspiraba cuando esculpía los personajes sobrehumanos de la capilla de los Médicis. Un poeta amable pero superficial, Giovanni Strozzi, hizo unos versos galantes sobre la famosa Noche, de los que damos la traducción:

> *Esta Noche que ves dormitar con gracia*
> *Fue esculpida por un ángel en este mármol.*
> *Ella respira y vive. Si no lo crees,*
> *Despiértala... con seguridad te hablará.*

Fue el escultor el que se ocupó de hacer hablar a su hija de piedra. Contestó al madrigal del enamorado imprudente:

> *Me es dulce dormir y dulce ser de mármol*
> *Mientras dure el oprobio y la calamidad.*
> *No ver nada, no sentir nada es una suerte para mí*
> *No me despiertes... por favor, habla quedo.*[9]

En este cuarteto solloza y retumba el alma herida del ciudadano, que había bebido hasta las heces las humillaciones y las miserias de su patria. Después de haber esculpido en piedra la libertad perdida de Florencia, la llora en la lengua de Dante. Pero no es todo, esos versos demuestran que en esa hija de Titán, que había moldeado con sus manos ardientes y que encierra tantos secretos, él había vertido, por encima de todo lo demás, toda el alma de Italia.

---

9 *Caro m'è il sonno e più l'esser di sasso,*
Mentre che'l danno e la vergogna dura,
Non veder, non sentir m'è gran ventura;
Però non mi destar, deh! parla basso.

IV

EL PESIMISMO DE MIGUEL ÁNGEL
EL JUICIO FINAL

Con el techo de la Capilla Sixtina y la capilla de los Médicis Miguel Ángel había alcanzado, gracias a un esfuerzo gigantesco, dos cimas de las que ya sólo podía bajar. El declive fue largo pero continuado hasta su extrema vejez. El pesimismo, que le da unos tintes lúgubres, se explica en parte por los acontecimientos políticos y la decadencia de las costumbres, que ensombrecieron la existencia de este gran hombre, tan ligado a su patria. Pensemos en los desastres públicos, los espectáculos bochornosos de los que fue contemporáneo y, a menudo, testigo ocular. Primero fue la invasión de Italia por Carlos VIII, seguido de la hoguera en la que murió Savonarola; luego la riada de los españoles, de los imperiales tudescos, las masacres de Milán, de Brescia y de Ravena, los desenfrenos sádicos que mancharon la Santa Sede con Alejandro VI, las saturnales celebradas en el Vaticano, los cardenales envenenados por el papa con las hostias. Y, suprema ironía y bravata infernal, el hijo de ese papa, César Borgia, verdadero dragón bajo forma humana, brillante por su elegancia, con una coraza de belleza, Satán gozoso y triunfal, sonriente en el incesto y el fratricidio, que seducía a las mujeres con la mirada homicida y el infierno en el corazón, ese monstruo, vencedor sin aprensión ni remordimientos, que puso las regiones de Romagna y Toscana a sangre y fuego; Italia, que se desgarraba a sí misma en todos sus miembros, y finalmente, para completar el cuadro, el espantoso saqueo de Roma por los lansquenetes de Carlos V.

A partir de ese momento el peso de la servidumbre cayó como una especie de losa sobre las ciudades florecientes de la península, matando el coraje, desalentando la fe. El arte de los epígonos se afeminó en la imitación desabrida de los maestros y en la mundanidad frívola de la decadencia. Se comprende que, ante esa caída en picado en la vergüenza y en la banalidad, ante ese cúmulo de calamidades y de crueldades, de cobardías y de vicios, el alma heroica y austera de Miguel Ángel se cebara de amargura. Cuando el papa Pablo III le propuso pintar *El Juicio Final* en una de las paredes de la Capilla Sixtina, de la que ya había decorado el techo, el artista vio una ocasión para dar salida a su cólera contenida y levantar para las edades futuras, en el santuario de la cristiandad, un tribunal implacable para los crímenes de su tiempo.

El 5 de setiembre de 1535, un breve de Pablo III nombró a Miguel Ángel escultor y pintor jefe del palacio apostólico. Tenía entonces sesenta y un años y tardó seis en pintar el *Juicio Final* sobre el muro de la Capilla Sixtina que tiene 50 pies de alto por 40 de ancho… Si se mira el fresco en sentido vertical, éste se divide en dos partes. A la derecha se ve una cascada de cuerpos que ruedan de arriba abajo, son los condenados precipitados en el infierno. A la izquierda, un grupo de formas humanas se eleva penosamente hacia el cielo, son los pecadores supervivientes y los elegidos.

Considerado en sentido horizontal, el enorme fresco se divide en tres partes: arriba el cielo, debajo el purgatorio y el infierno. Entre estos dos la región donde los ángeles y los demonios se disputan las almas. Ahora, si se quiere comprender el conjunto de la inmensa composición, que es imposible abarcar de una sola mirada, se distinguen once grupos perfectamente diferenciados.

Así lo describe Condivi: «En el centro del cuadro se encuentran los siete ángeles del Apocalipsis que, con sus trompetas, llaman a los muertos de las cuatro partes del mundo para el Juicio Final. Entre esos ángeles, que hacen retumbar la trompa de la eternidad, hay dos cada uno con un libro, en el cual los que miran reconocen su vida pasada. Ante el sonido de esas trompetas se ve la tierra que se abre y la especie humana sale con gestos variados y maravillosos. Algunos, según el profeta Ezequiel, todavía no han reunido más que su esqueleto, otros están a medio cubiertos de carne, y otros lo están completamente. Los unos y los otros van vestidos de paños y de mortajas. Algunos salen con dificultad de la tierra, mientras otros ya han emprendido el vuelo.

»Por encima de los ángeles que tocan las trompetas se encuentra el Hijo de Dios en majestad, con el brazo y la mano derecha poderosa levantada, como un hombre airado que maldice los culpables y los rechaza de su presencia hacia el fuego eterno. Con la izquierda parece acoger a los buenos. Los ángeles acuden en ayudan de los elegidos a los que los espíritus malvados quieren impedir el paso. A la izquierda rechazan a los réprobos, que en su audacia ya se habían levantado. Éstos son arrastrados por los demonios que agarran a los orgullosos por el pelo y a los lujuriosos por sus partes íntimas. Debajo de ellos se ve a Caronte en su barca, tal como lo describe Dante en la laguna Estigia, donde reúne a golpe de remo su rebaño de condenados. Éstos quieren arrojarse fuera de la barca. "En ellos el temor se convierte en deseo", como dice el poeta.

»En las nubes que rodean al Hijo de Dios los bienaventurados y los resucitados forman círculo y corona a su alrededor. La madre de Cristo, temblando y temerosa, se mantiene a su lado. Como si no se sintiera segura contra la cólera divina, busca en refugio al lado de su hijo. Cerca de ella vemos a Juan el Bautista y a los doce apóstoles, cada uno mostrando al juez, al mismo tiempo que dice su nombre, el instrumento de tortura que lo privó de la vida: san Andrés su cruz, san Bartolomé su piel, san Lorenzo su parrilla, san Sebastián su flecha, san Blas sus peines de hierro, santa Catalina su rueda. Por encima del Cristo un grupo de ángeles se llevan al cielo la esponja, la corona de espinas, los clavos y la columna de la flagelación para mostrar a los culpables los beneficios de Dios y la ingratitud de ellos, y confortar la fe de los buenos.»

Si ahora nos preguntamos cual es el valor estético de la obra y su alcance filosófico, consideraremos muy alto el primero y muy inferior el segundo.

Desde punto de vista técnico del agrupamiento y del tratamiento de la figura humana, esta composición grandiosa supera en audacia y en energía las obras más gigantescas. En esta prodigiosa gimnasia pictórica, Miguel Ángel ha mostrado todo lo que se podía hacer con el cuerpo humano.[10] Se encuentran todas las poses y todos los movimientos imaginables: escorzos, caídas, cuerpos tironeados en todos los sentidos o recogidos en bola, precipitados de cabeza o lanzados al aire. Una multitud hormigueante repartida en once grupos, que perforan la pared de un azul oscuro fuliginoso con sus carnes rosáceas y sus músculos hinchados. Parecería como si un poder demoníaco jugara con esta materia humana, como un río con sus olas o como un jugador de boliche con sus bolas. Y en ese centenar de figuras no hay una que no sea anatómicamente exacta, no hay una que no sea la expresión de una pasión violenta. Desde un punto de vista psíquico, la impresión es al mismo tiempo penosa y superficial. Es la de una fuerza material, no de una fuerza moral, poder destructivo, no creador. Parece en verdad como si el Creador se hubiera arrepentido de haber creado y pusiera fin a su obra en un huracán de odio. La psicología es elemental y se reduce a dos sentimientos, la cólera y el terror. Cristo tiene el aspecto de un verdugo y los condenados parecen mártires. Entre los elegidos el terror se atenúa en un temor suplicante. En ese cielo hosco, no hay una escampada de esperanza, no un rayo de ternura. Los mismos ángeles, que llevan

---

10 Disecó nueve cadáveres para estudiar la anatomía en vivo. Su conocimiento de la disposición de los músculos y de su funcionamiento era tan completo, que no necesitaba de ningún modelo para dibujar las poses más extraordinarias. Su memoria era un museo lleno de figuras de donde él podía extraer lo que necesitaba. Una vez dibujada una figura, ya no la olvidaba y no se repetía nunca.

al empíreo los instrumentos de la cruz, suben con un vuelo pesado y sólo respiran venganza.

Se ha dicho con razón de este fresco que, por su estilo, pertenece más al dominio de la escultura que al de la pintura. Esta observación abarca también el fondo psíquico de la obra, su pensamiento, su inspiración. *Le falta más allá.* No sugiere nada fuera de lo que muestra. Su efecto aplastante es sobre todo físico. Es el *dies irae* de la humanidad, es *El Infierno* de Dante, pero sin la sutil y profunda psicología de éste. Es un cuadro del Apocalipsis tomado al pie de la letra, despojado de su sentido esotérico, de su maravilloso simbolismo y de sus perspectivas lejanas sobre el porvenir de la humanidad. ¡Qué abismo entre el techo de la Capilla Sixtina y esa gran pared! Allá arriba, se abre una brecha en lo Invisible, una visión del Eterno, abajo es un zambullirse en el infierno de la realidad en las horas más crueles de la historia.

Una obra hercúlea pero no prometeica, *El Juicio Final* de Miguel Ángel muestra que, si la indignación y el odio son a veces necesarios en este mundo para castigar la infamia y el crimen, nunca pueden ser unas Musas tan grandes como el amor y el entusiasmo.

V

VITTORIA COLONNA
LOS ÚLTIMOS AÑOS
LA GRAN RENUNCIA

Ningún hombre fue tan víctima de su genio como Buonarroti. El contraste entre el artista y el hombre sorprende y causa lástima. Mientras tenga el cincel o los pinceles en las manos, Miguel Ángel destaca como un gigante entre gigantes, un soberano en el grupo de los grandes creadores. Pero ese Titán bíblico, evocador de la creación del mundo y del juicio final, fue en su existencia diaria el hombre más humilde, más vacilante y más inquieto.

Acosado por sus hermanos, que explotaron vergonzosamente su generosidad, importunado por las preocupaciones de sus grandes empresas, atormentado por los remordimientos y los excesivos escrúpulos de conciencia, no tuvo un solo momento de verdadera alegría o de intenso esparcimiento. Para colmo de desgracia, y esto fue la causa de secretas y humillantes torturas, se sentía en condiciones de inferioridad ante una fuerza temible: el Eterno Femenino. La Mujer lo atraía y lo desconcertaba. «La fuerza de un hermoso rostro, ¡qué estímulo es para mí! Nada en el mundo me produce tanto gozo», dice en un soneto.

Por una parte la mujer excitaba su deseo ardiente de belleza, por otra trastornaba sus sentidos introduciendo en ellos la codicia, y, cosa extraordinaria en un italiano, toda concesión a la carne le parecía un pecado mortal. Sus sonetos y sus madrigales son una queja continua por su incapacidad de alcanzar la perfección moral, una alternancia de deseos desaforados y de remordimientos pueriles. Parecen los poemas de un hombre que no ha conocido el amor verdadero y que nunca ha sido amado. A pesar de ello la mujer es para él objeto de un entusiasmo ilimitado y de desolación permanente. En el fondo, este exclusivo y hosco iniciado del Eterno Masculino no había entendido nada del alma femenina. No conoció ni su fuerza ni sus debilidades, ni sus virtudes o sus vicios. Pero el cuerpo delicioso y el alma ondulante de la mujer no dejaron de turbarlo.

A medida que avanzaban los años se encerraba cada vez más en su soledad y exclamaba con Escipión: «No estoy nunca menos solo que cuando estoy solo». Pero esto le hacía sufrir cruelmente.

Escuchemos esta elegía desolada sobre él mismo: «¡Ay, ay! Cuando giro la vista hacia mi pasado, no encuentro un solo día que haya sido mío. Las falsas esperanzas y el deseo vano, ahora me doy cuenta, me han tenido llorando, amando, ardiendo y suspirando (ninguna afección mortal me es desconocida) lejos de la verdad... ¡Ay, ay! Voy y no se adonde, y tengo miedo... y si no me equivoco (¡Dios quiera que me equivoque!) veo, veo oh Señor, el castigo eterno por el mal que he hecho, conociendo el bien. Y no se qué puedo esperarme».

En los límites de la vejez sin embargo, hacia los sesenta años, conoció una mujer superior cuyo afecto reflexivo le dio un pálido rayo de esa felicidad que había buscado inútilmente.

Hija de Fabrizio Colonna y de Agnese de Montefeltro, Vittoria Colonna, nacida en 1492, pertenecía a la más alta aristocracia italiana y fue una de las grandes mujeres del Renacimiento. A diecisiete años se casó con Ferrante Francesco d'Avalos, marqués de Pescara. Su luna de miel transcurrió en el castillo del marqués, en el marco del golfo de Nápoles. Por esa ley eterna que hace que los contrarios se atraigan, la Musa grave amó locamente al hermoso caballero, el brillante capitán que había de ser el vencedor de Pavía, pero que era también un incorregible Don Juan. Vittoria, de una belleza más bien viril y de una serenidad majestuosa, era ante todo una intelectual. Ella misma se describe así en un soneto: «Los sentidos groseros, incapaces de crear la armonía que produce el puro amor de las almas nobles, no despertarán jamás en mí ni placer ni sufrimiento. Una clara llama elevó mi corazón tan arriba que los pensamientos vulgares la ofenden». Una naturaleza tan seria no estaba hecha para satisfacer al marqués de Pescara. Engañó a su mujer de todas las maneras posibles, incluso en su propia casa. No importó. Ausente o presente, fiel o infiel, ella siguió amándolo con la misma pasión. Después de su muerte ella se hizo poeta para celebrar su gloria, y sus sonetos fueron la admiración de sus ilustres amigos: Sadolet, Bembo, Castiglione,

Arios-to, etc. Esas poesías la hicieron célebre en toda Italia. Ella siguió su vida con su caro ídolo, en una soledad rodeada de amistades como en uno de esos pequeños templos circulares, construidos para los nobles pasatiempos, bajo las enramadas de una villa romana, retiros discretos y escondidos, desde donde la mirada se desliza sobre la ciudad tumultuosa y la inmensa campiña romana.

Cuando Miguel Ángel conoció a Vittoria Colonna en 1535, ella tenía cuarenta y tres años y él sesenta y uno. Se sorprendió de encontrar una mujer cuyos rasgos altivos y tristes le recordaban los de la hija del Titán, la trágica *Noche* de mármol de la Capilla Médicis. La ilustre marquesa de Pescara le pareció una reina destronada, con su perfil de águila, su boca un poco dura y su mirada imperiosa que tenía el poder de ordenar. Era una mujer viril, que parecía dotada del poder de amar conscientemente y de mandar por sí misma, cosa rarísima entre las mujeres y que Miguel Ángel no creía posible. Conquistó el corazón del gran artista desde el principio, hablándole de arte como nadie le había hablado nunca y explicándole sus propias obras mejor de como lo hubiera podido hacer él mismo. Entonces el corazón del viejo solitario ardió como una estopa. Envió a Vittoria varios sonetos de los que escapaba una llama demasiado ardiente para ser sólo espiritual. Vittoria no tuvo dificultad en calmar al viejo niño, siempre pronto a despertar en todo artista. Se fue a uno de los numerosos claustros donde tenía la costumbre de hacer retiros y le envió a Miguel Ángel una carta tranquila, llena de amistad y de razón, recordándole su obligación con el arte sublime, con su obra y con Dios. A partir de ese momento se estableció entre ellos la más hermosa relación concebible entre un genio de primer orden y una mujer de gran cultura de alma y de mente. En él el fuego siguió ardiendo bajo la ceniza y de vez en cuando daba unas llamaradas tímidas bajo forma de sonetos platónicos. Para ella fue una tierna amistad, una atención maternal, una protección inteligente que se extendió por toda la vida del artista. El alma de Vittoria siguió pues obstinadamente fiel al ingrato difunto, al infiel Francesco d'Avalos. Pero Miguel Ángel tuvo el orgullo de pensar que ella le daba la preferencia sobre todos los demás amigos.

Vittoria Colonna vivía en Roma en el claustro de San Silvestre. Cada domingo se reunía en el jardín con algunos amigos, sobre un banco de piedra próximo a una pared recubierta de hiedra. Un español, el pintor Francisco de Holanda, que fue admitido en ese círculo íntimo, nos ha dejado un recuerdo vivo de esos pasatiempos estéticos, filosóficos y religiosos en su obra *Cuatro diálogos sobre la pintura*. Vittoria está representada en su papel superior, con la gracia perfecta y el espíritu alegre de una gran dama, sin sombra de pedantería, haciéndose a un lado, sabiendo con un arte infinito y hábiles rodeos burlarse de su gran hombre receloso (Miguel Ángel) y hacerlo hablar ante un extraño. Con su alma creyente Vittoria reforzó la fe del artista, quebrantada por las decepciones y por las desgracias de la vida. Finalmente, con el ejemplo de sus *sonetos espirituales* despertó en él al poeta dormido desde la juventud. De esta manera le hizo el más valioso regalo, porque sus sonetos abstractos pero con un pensamiento escultórico y un platonismo ardiente fueron el consuelo de su vejez. Se descubre en ellos una especie de ejercicio espiritual, por medio del cual cinceló su propia alma.

La amistad sin sombras de Miguel Ángel y de Vittoria Colonna duró doce años, de 1535 a 1547, hasta la muerte de la marquesa. Pero antes de llegar a ese punto hubo una nueva herida para el corazón de Vittoria, quizá más grave que la causada por su viudedad, un choque que seguramente también resonó como un fisura en el corazón de su amigo. Desde 1534 Vittoria se había interesado apasionadamente por el movimiento de reforma religiosa que se había manifestado en la iglesia italiana, y del cual Juan de Valdés era la cabeza visible. Los sermones de Bernardino Ochino desde Siena a Nápoles la habían entusiasmado. Grandes prelados, Giberti, Sadolet y Gaspare Contarini, se habían pronunciado a favor de las reformas reclamadas y habían constituido entre ellos una sociedad para la purificación de la Iglesia, que llamaron *Collegium de emendata Ecclesia*. Se trataba no sólo de una reforma de las costumbres eclesiásticas, sino sobre todo de conseguir una cierta libertad de interpretación del dogma concedida a los fieles y de un despertar de la fe por el sentimiento individual. Inflamada por esas ideas, Vittoria Colonna las compartía con sus corresponsales Renata de Ferrara y Margarita de Navarra. Este grupo de lo más selecto fue bruscamente aplastado y dispersado por la intervención perentoria del Santo Oficio. Su cabeza era entonces Caraffa, el fanático obispo de Chieti, que fue papa bajo el nombre de Paolo IV e instituyó en Italia el tribunal de la Inquisición. Decidió destruir en ciernes la nueva secta golpeando sin piedad a los instigadores. Valdés huyó a Suiza, Ochino fue arrojado a prisión y luego llevado ante el Santo Oficio. Vittoria, aterrada, intentó resistir, pero el cardenal Pole se encargó de hacerle ver sus pretendidas herejías, demostrándole que era necesario sacrificar su propia libertad a Dios y a la unidad de la Iglesia. Vittoria era demasiado buena católica para no acatar una orden que venía del trono pontifical. Consintió no sólo a renegar de Ochino, sino que entregó sus escritos a la Inquisición. Por ese sacrificio impuesto, por esa especie de violación espiritual que ella creyó su deber consentir, su corazón quedó destrozado e impotente. No se rompe impunemente el resorte de su propio ser. Una abdicación de la voluntad hecha contra la conciencia es una especie de suicidio del alma. A partir de ese momento Vittoria ya no fue la misma. Junto con la libertad de su fe perdió también su capacidad de irradiación. Los libres encuentros de San Silvestre se suspendieron y la marquesa se retiró a un convento de Viterbo. Al cabo de unos años vino a morir a Roma, al claustro de Sant'Anna (1547). Miguel Ángel fue a verla en su cama fúnebre. La infinita delicadeza de su sentimiento, la timidez y profundidad de su gran amor se revelaron en estas palabras que le dijo a

Condivi: «Nada me abruma tanto como pensar que la he visto muerta, y que no he besado su frente y su rostro como he besado su mano… —y el biógrafo añade—: Esa muerte lo mantuvo durante mucho tiempo del todo estupefacto: parecía haber perdido el sentido».

Si consideramos la vida de Miguel Ángel después de la desaparición de Vittoria Colonna, tenemos la impresión de una puesta de sol improvisa, seguida de un crepúsculo angustioso y de una noche profunda.

En efecto, el sol espiritual que hasta ese momento había iluminado su declive, dejó de brillar para él. A partir de entonces el cielo de su alma se cubrió de una especie de crespón negro, cuya sombra se extendió sobre el resto de su existencia, marchitó sus sentimientos y oscureció sus pensamientos. Ya no hallamos trazas de aquel vigor viril, del entusiasmo poderoso que caracterizaron su edad madura, en las estatuas melancólicas o en los cuadros sombríos salidos de su cincel o de su paleta en los diecisiete años que todavía le quedaban de vida. Sus sonetos ya sólo hablan de tristeza, desesperación y penitencia. ¿Por qué esa desilusión que se parece casi a una decadencia? La respuesta hay que buscarla en la naturaleza de las relaciones psíquicas entre el gran artista y la marquesa de Pescara. Si sus naturalezas se hubieran de verdad comprendido y mezclado, su relación espiritual habría podido continuar después de la muerte de Vittoria. Por lo menos ella le habría dejado un rayo de entusiasmo y de fe en el premio de la vida. Por lo menos él la hubiera sentido siempre presente. Sin duda reinaba entre ellos la más noble simpatía, pero no había habido fusión. Sus almas se habían rozado pero no penetrado. Por su fe ortodoxa él la creía en el paraíso, pero un abismo infranqueable se había abierto entre el amante insatisfecho y la fría efigie que había visto tendida en su lecho fúnebre. En verdad ella había muerto para él. De ahí la trágica soledad que lo envolvió con un velo cada vez más denso hasta el final, a pesar de su gloria universal, de sus poderosos protectores y de sus muchos amigos.

Ya no creía en el amor pero seguía creyendo en el arte. Esto lo sostuvo durante un tiempo, pero al no sentir ya el cálido efluvio de la inspiración bajar a su corazón, y siendo consciente de una desesperanza creciente que se desprendía de sus obras de la vejez, empezó a dudar incluso del arte. Escuchemos este doloroso adiós a las dos divinidades que dieron fuerza y gloria a su carrera, la escultura y la pintura: «A través de una mar tempestuosa, el curso de mi vida ha llegado sobre una frágil navecilla al puerto común donde se desembarca para dar cuenta de toda obra pía e impía. En cuanto a la ilusión apasionada que hizo del arte un ídolo y un rey, reconozco hoy de cuantos errores estaba cargada y veo claramente lo que todo hombre ambiciona para su mal. Los pensamientos amorosos, los pensamientos vanos y gozosos ¿de qué me sirven hoy cuando me aproximo a dos muertes?... De una estoy seguro y la otra me amenaza. Ni la pintura ni la escultura pueden ya apaciguar mi alma, orientada hacia ese amor divino que abre sus brazos sobre la cruz para recibirnos» (Poesía, CXLVII).

El mundo y el amor, la naturaleza y el arte, todo ello había muerto para el anciano taciturno. Sólo un pensamiento lo dominaba: conseguir la salvación eterna trabajando en la iglesia de San Pedro. Ese monumento tenía que ser la consagración exterior, a los ojos del universo, del poder papal y de su dominio sobre el mundo. El viejo Miguel Ángel veía en el papado la única fuerza capaz de salvar a los hombres de su perversidad y de su decadencia. Había trabajado en el colosal edificio bajo trece papas, y ahora seguía pensando, según sus propias palabras «en poner la cúpula de Brunelleschi sobre la basílica de San Pedro», es decir coronarla con una cúpula tan grande como la catedral de Florencia. No llegó a ver realizado su plan, pero construyó un modelo de madera de la cúpula, acompañado de detalles técnicos minuciosos sobre la obra de albañilería. El modelo puede verse aún en el Vaticano y el plano fue ejecutado escrupulosamente por sus sucesores. Trabajar en esta obra que, en la perspectiva arquitectónica forma como la culminación de Roma y el coronamiento de las siete colinas, le parecía el modo mejor de conseguir la salvación eterna y de expiar los errores y las faltas que se atribuía. ¡Ay! Ya no trabajaba por entusiasmo sino por penitencia. Sucedía a veces que pasara la noche en una cabaña de madera construida sobre la terraza de esa montaña de piedras que es la metrópolis de las basílicas cristianas y de contemplar, desde lo alto de ese observatorio gigantesco, la Ciudad Eterna dormida bajo el centelleo del cielo estrellado.

Allí, ese anciano de ochenta y ocho años repasaba en su mente toda su vida, y no hallaba más que incertidumbre en su prodigioso esfuerzo y vanidad en sus soberbios logros. ¿Había conseguido que hablaran los profetas de la Sixtina? ¿Se había reunido con su Jehová? ¿Hacia qué destinos se encaminaba la humanidad perversa? ¿Estaba cerca el día del juicio final? ¡Ay! Para él y para el mundo los días de felicidad, de paz y de luz, prometidos por Vittoria Colonna en sus reuniones de San Silvestre, quedaban lejos. Y ella misma, la dama de sus pensamientos, ¿dónde estaba? El firmamento, que resplandecía sobre su cabeza, no le daba ninguna señal, ningún pensamiento consolador. A pesar de todas sus mortificaciones y de su trabajo frenético, el otro mundo permanecía cerrado inexorablemente. En lugar de disminuir, la distancia entre él y su profundidad insondable parecía aumentar.

Entonces extraños remordimientos se apoderaban del viejo Titán bíblico. Los poderes cósmicos, evocados por él en otros tiempos en la capilla de los Médicis, *La Noche* y *El Día*, *La Aurora* y *El Crepúsculo*, esas divinidades paganas que había adorado y captado en sus queridos ídolos de mármol, después de haberles dado forma con sus manos amorosas, esos demonios de ambos sexos ¿acaso se estaban vengando de él? Ya *El Crepúsculo* había venido y arrojado un velo sobre sus ojos, para impedirle ver la forma y los ojos del Amor. Se acercaba la gran *Noche* que iba a envolverlo con su manto negro y le ocultaría para siempre la luz de la vida eterna. Pronto su fantasma posaría la mano sobre su corazón «y el tiempo dejaría de fluir», *Beata l'alma ove non corre il tempo*, y lo haría pasar «de la horrible tormenta a la dulce paz», *de l'orribil procella in dolce calma.*[11] Pero ¿qué vendría después?

Tres días antes de morir, el intratable anciano ya moribundo, quiso salir a caballo. Cayéndose de fatiga fue obligado a desandar el camino y se acostó para no levantarse más. Entonces tuvo un sueño singular.

Se vio transportado nuevamente sobre la terraza de San Pedro. La cúpula terminada se levantaba a su lado en el cielo estrellado. En el firmamento flameaba, como un rojo cometa, su propia estrella, el astro de Miguel Ángel. Muy arriba, en una parte desierta del cielo brillaba, como un destello blanco, la estrella de la dama de sus pensamientos. Tras el fragor sordo de un trueno, le pareció que de la blanca capilla toscana, donde dominan *El Pensador* y *El Guerrero*, despertaba su hija de Titán, *La Noche* de mármol, y avanzaba hacia él. Detrás de ella marchaba *El Esclavo moribundo* y *El Esclavo que rompe sus cadenas*. Al grito de los dos cautivos liberados, le pareció que una multitud de hermanos desconocidos se despertaba en la oscuridad y que las estrellas se acercaban a la Tierra flameando como soles. También vio como la estrella de la dama de sus pensamientos se acercaba a la suya, y entonces le pareció que a través de los rayos cargados de pensamientos poderosos de todos esos astros vivos... la Tierra podía finalmente comunicar con el cielo...

Con este sueño Miguel Ángel tuvo como un presentimiento del porvenir del mundo a través de su propio esfuerzo. También se sintió convencido de que, a pesar de la tristeza que había ensombrecido sus últimos años, la luz de su genio no se apagaría y que irradiaría con todo su esplendor sobre los tiempos futuros.

11 *Poesías*, de Miguel Ángel.

VI

MIGUEL ÁNGEL,
PRECURSOR DEL ARTE MODERNO
EL GENIO DEL DOLOR
Y EL ETERNO MASCULINO

En uno de sus bellos estudios sobre el arte contemporáneo, Robert de Sizeranne ha formulado la idea de que la escultura antigua se proponía por objeto *el combate, el descanso* y *el juego*, mientras que el escultor moderno toma como tema *el dolor, el pensamiento* y *el sueño*. Esta clasificación luminosa, que abarca todas las áreas de las artes plásticas, nos servirá para juzgar la obra de Miguel Ángel en su conjunto.

Fue él en efecto el que introdujo en la escultura el sentido del dolor y del pensamiento. Nadie antes que él había infundido en el mármol tanto sufrimiento sin renunciar a la belleza, como lo hizo en el *Esclavo moribundo*, en la *Noche* y en la *Pietà* de San Pedro. Añadamos que en él no se trata de un sufrimiento pasivo, como en los Cristos crucificados y las Madonas de los Primitivos, sino un sufrimiento activo, es decir acompañado del pensamiento y de una fuerte reacción de la voluntad.

Por otra parte introdujo en la pintura el sentimiento de las grandes luchas del pensamiento, luchas cósmicas y luchas humanas. Tanto en el techo de la Capilla Sixtina como en el *Juicio Final* asistimos a la lucha de los grandes principios que se disputan el mundo, y que, al luchar, colaboran en su evolución. Los contemplamos en la figura de Jehová y de sus Elohim en su más alta actividad, los encontramos en los profetas y en los genios que trabajan bajo el huracán de la mente, los volvemos a ver que se agitan de manera inconsciente en el torbellino de la humanidad que sufre y que milita con una energía del gesto y un vigor de expresión inauditos. Pero aquí las musculaturas poderosas y los movimientos impetuosos no expresan, como en los atletas antiguos, unos combates materiales sino luchas morales y fuerzas espirituales. Se puede pues afirmar que al traducir a su lenguaje, que es el del mármol y el del fresco, las luchas gigantescas de su alma y de la historia, Buonarroti fue el más grande iniciador del arte moderno. Porque introdujo los temas sublimes del Dolor y del Pensamiento, temas de los que ni él ni el arte moderno han conseguido penetrar todos los arcanos. Se puede incluso decir que de momento sólo han llegado a los propíleos del templo.

Si ahora nos preguntamos cual es el significado trascendente de la individualidad de Miguel Ángel y de su genio, su marca psíquica y de alguna manera su blasón metafísico, diremos que es una manifestación del *Eterno Masculino*. Por esta razón se le puede llamar el Moisés del Arte. Si por un lado el titán bíblico se nos presenta como una expresión del espíritu creador, vengador y destructor, representado en la Biblia por Jehová, por un contragolpe lógico se muestra, por el otro, el adversario de su principio opuesto y complementario, el Eterno Femenino, fuerza receptiva, evolutiva, el elemento que liga el universo, que se ejerce con la conservación, la simpatía y el amor.

Buonarroti vivió solo con su ideal, como Moisés con su Jehová, y sin embargo sufrió el martirio en su soledad. Su corazón llamaba el amor sin conseguir atraerlo. No comprendía a la mujer, con su laberinto de desvíos y contradicciones, indispensables para su obra de procreación y su misión plástica, la mujer con sus eternas metamorfosis, la mujer sublime en el amor y en el éxtasis, pero llena de espejismos y de mentiras en la vida cotidiana. Fue estoico hasta el heroísmo, generoso hasta la abnegación, pero orgulloso e intratable. Ahora, quien no posea en sí el principio del amor absoluto, es incapaz de despertarlo en los demás. Sin duda es esta la razón de que, cuando ya tarde halló su ideal en una mujer, sólo encontró amistad. Digamos que esta laguna fue una condición de su originalidad y de su fuerza. El mismo artista no puede crear al mismo tiempo el Moisés y la Madonna Sixtina. El Eterno Masculino y el Eterno Femenino son las dos mitades de la Divinidad. Sólo el Cristo las reúne en una fusión perfecta. En la humanidad, como en las mismas Fuerzas, se manifiesta de manera separada. Rafael y Miguel Ángel son los dos Arcángeles del Renacimiento, pero no se puede ser a la vez Arcángel de la Fuerza y de la Gracia.

CAPÍTULO VIII

EL CORREGGIO
Y EL GENIO DEL AMOR[1]

El gran Amor es una resurrección
por medio del sacrificio.

El Rey Mago y los dos Arcángeles del Renacimiento, de los que hemos escrutado el pensamiento íntimo, intentaron la síntesis del mundo antiguo y del cristianismo por tres caminos distin-

---

[1] Antonio Allegri, llamado *il Correggio*, disfrutó en vida y después de muerto de una gran fama, pero podemos decir que durante mucho tiempo su ser íntimo y la profundidad de su pensamiento no han sido ni estudiados ni siquiera se sospechó que existieran. Sus más fervientes admiradores, Raphaël Mengs y los hermanos Carrache, sólo vieron su encanto exterior y su seducción irresistible. Ha sido necesario que una mujer enamorada de su genio se ocupara de demostrar que el *pintor de las Gracias* era también el más maravilloso *pintor del Alma*, y que una filosofía particular del amor y de la religión se desprende de su obra. Se han llenado bibliotecas enteras con libros sobre las pinturas Rafael y de Miguel Ángel en el Vaticano, pero nadie se había preocupado de descubrir las grandes ideas que se desprenden como una ronda majestuosa y como una especie de sinfonía pictórica de las cúpulas de la iglesia de San Juan y del *Duomo* de Parma. Es lo que ha hecho, con su intuición femenina y su pasión de discípula entusiasta, Marguerite Albana en su libro *Le Courrege, sa vie et son oeuvre*. En el estudio breve que sigue me he esforzado por poner en evidencia el lado esotérico y oculto de la vida de Allegri, utilizando la antorcha iluminadora proporcionada por su más fiel y más genial intérprete.

tos: *Leonardo* por el genio de la Ciencia y de la intuición, que penetraba hasta los arcanos de las causas primeras; *Rafael* por el genio de la Belleza que junta a los contrarios en la armonía divina de las formas; y *Miguel Ángel* por la fuerza de la Voluntad y el genio de la individualidad, que se identifica al mismo tiempo con la rebelión humana y con el poder divino.

Todos alcanzaron unos resultados muy diferentes.

Leonardo, después de haber profundizado en el misterio del Bien y del Mal tanto en el hombre como en la mujer, y la eterna contradicción entre lo humano y lo divino, acabó encontrando la armonía en la representación de un ser ideal: *el Andrógino*, fusión perfecta del Eterno Masculino y el Eterno Femenino, proyección de su experiencia personal y de su vida interior. Pero eso fue sólo la visión de un ideal lejano y todavía no cumplido en la humanidad.

Rafael, dotado de una maravillosa intuición del Bello, lo aplicó a la historia profana y sagrada y realizó momentáneamente la unión del helenismo y del cristianismo por medio de la gracia plástica de las formas. Platón y la Iglesia parecen reconciliados en *La Escuela de Atenas* y en *La Disputa del Santo Sacramento*. Pero eso es sólo una armonía exterior, una tregua. Los dos frescos se contemplan y se sonríen en el Vaticano, pero la disputa sigue en la realidad y se reconvierte en batalla.

Miguel Ángel, con su individualidad formidable de Titán-Profeta, llega finalmente a la condena de la humanidad rebelde, perdida en el mal, y a la abdicación de la voluntad humana ante el poder supremo de Dios. Por su naturaleza doble y su doble esfuerzo, anuncia al mismo tiempo la reacción místico-clerical que prevalecerá durante dos siglos en el gobierno de Europa y el advenimiento de la época revolucionaria por el individualismo desenfrenado que se prepara a romper todas las cadenas.

Los dos mundos, que luchaban dentro de él, como los dos gemelos en el vientre de la mujer de la Biblia, estarán más separados que nunca y se atacarán en los siglos siguientes, con una violencia bien distinta en el dominio del pensamiento, del arte y de la vida. ¿Será siempre así? ¿Están en verdad destinados por la naturaleza de las cosas a una lucha eterna, que se acrecienta en cada etapa con nuevas armas y nuevos furores?

***

Ante esta pregunta, un artista solitario del Renacimiento italiano, que vivía apartado de todos los demás y cuya personalidad casi inasequible se oculta en la sombra, pero cuya obra ha dejado tras él una estela de luz, parece contestar así: «Lo que la Ciencia, la Belleza y la Fuerza han iniciado, sólo el Amor puede llevarlo a cabo. Pero no se trata del amor terrenal, que no es más que deseo, violencia y egoísmo. Tampoco será el amor nacido de los sentidos que aspira a elevarse para enaltecerse. Será el Amor inmenso, universal que baja desde arriba para fecundar el mundo, el amor que comprende y comparte todo por simpatía, el amor verdaderamente divino que da lo que tiene y que no pide nunca nada a cambio. A éste le será permitido tejer y tender cadenas invisibles que unirán nuevamente el Cielo a la nueva Tierra. Sólo la belleza del Alma puede devolver a los hombres la armonía perdida por el desenfreno de los sentidos y los furores del odio».

El artista que así se expresa a través de su obra es Antonio Allegri, llamado *il Correggio*.

He llamado a Leonardo, Rafael y Miguel Ángel los Arcángeles del Renacimiento, porque fueron portadores de antorchas sobrehumanas. Pero si observamos de cerca esos seres maravillosos, se deduce a pesar de todo que esos hombres seguramente adquirieron su talento con un trabajo largo en anteriores existencias en la Tierra. Nada de esto con *il Correggio*. Sería difícil atribuirle una encarnación anterior en nuestro mundo. Aparece como un alma seráfica, llegada de una esfera superior, de un planeta etéreo, iluminado por un sol inmaculado. Alma bajada por una vez sobre la Tierra para aprender a conocer el sufrimiento humano. Él mismo quiso pasar por ese sufrimiento para poder mejor aliviarlo en los demás. Pudo conseguirlo pero sin turbar su naturaleza sublime y su calma trascendente. Tuvo que soportarlo con la misma suavidad que le había hecho aceptar su encarnación. Y a pesar de su martirio secreto, tenía que marchar como había venido, con una sonrisa.

I

INFANCIA Y ADOLESCENCIA

La aldea de Correggio, donde nació el pintor de este nombre, está situada sobre el Lenza, cerca de Parma, entre Reggio y Módena. En tiempos antiguos el centro de la aldea estuvo formado por un castillo fuerte y una iglesia en medio de la inmensa llanura lombarda. Antonio Allegri nació en 1492 en Correggio, de una familia burguesa que vivía con un modesto desahogo. Su padre, comerciante de telas, destinó su hijo a la carrera de las letras. El más distinguido de sus institutores fue el doctor Lombardi, hombre de cultura universal, que había profesado las bellas letras y la elocuencia en las universidades de Bolonia y de Ferrara. El joven Allegri recibió también nociones sólidas sobre todos los temas científicos y literarios que formaban la educación de entonces, y podemos estar seguros de que el alumno atesoró las lecciones de un hombre superior, pero se negó formalmente a emprender la carrera de las letras. Era de los que sólo conciben la verdad a través del prisma de la belleza. Prendado de la naturaleza en todas sus forma, se sintió atraído hacia la pintura por el encanto irresistible y dominante de una verdadera pasión. «Este grande y dulce soñador había nacido con un alma exquisita, vasta y profunda, fuerte y contenida. Su fuerza se velaba con una sonrisa suave, el hechizo de un sueño inefable planeaba sobre su vida y envolvía sus pensamientos y sus acciones con una armonía maravillosa. Rectitud del corazón, riqueza del alma, claridad y altura de una inteligencia trascendente, ese era su talento expresado en pocas palabras. Por ello, no contento con su nombre de Allegri, que sin embargo rendía bien ese tipo de serenidad, adquirió la costumbre de firmar sus cuadros con el nombre de *Lieto*, el gozoso.»[2]

¿Cómo pudo ese grande y alto genio nacer y desarrollarse en una oscura aldea? Bajo el conde Manfredi, Correggio se había convertido en una villa muy floreciente, pero no tenía ni escuela de pintura, ni museo, ni obra de arte de ningún tipo. Allegri tuvo como maestros sólo artistas mediocres. Sin duda su sentido de la belleza despertó muy pronto en él, bajo el encanto de la campiña italiana. Tuvo que sentirse extrañamente emocionado bajo los tallos esbeltos de ese follaje fino, plateado, delicado, que se mece suavemente al mínimo soplo de aire. Tuvo que palpitar ante la inmensidad de esos horizontes limitados por las cimas violetas de las colinas como por las ondulaciones menguantes de un océano lejano. Quizá también sintió el deseo de pintar ante una muchacha dormida en la hierba, ante una madre jugando con su niño bajo los grandes olmos, y entonces entrevió confusamente aquellas ninfas y madonas que su pincel acariciaría más adelante. Los primeros ensayos que se conservan de él representan uno un arriero, el otro una madona. Los dos muestran un naturalismo ingenuo.

Pero ¿cómo despertó el sentimiento religioso en esta alma suprasensible? Feliz con su sueño interior, no se encontraba a

2 *Le Corrège, sa vie et son oeuvre*, de Marguerite Albana.

gusto entre la gente y había horas en que todos los rostros humanos lo inquietaban. Entonces se refugiaba en la iglesia y permanecía en contemplación ante la Virgen dolorosa y el Cristo crucificado. ¿Por qué ese dios mártir?, ¿por qué el sufrimiento sin nombre
de su madre? Le decían que ese Jesús había salvado el mundo con
su sacrificio, pero no comprendía que eso fuera necesario, no
habiendo todavía sondeado la profundidad de la maldad y la
inmensidad de la miseria humana. Ante esos dos dolores sentía
encenderse en él un foco de simpatía parecido al fuego perpetuo
de la lámpara que ardía inmóvil en el fondo del ábside.

Ese sentimiento está expresado en uno de sus primeros cuadros, *El Cristo de los olivos*. Vemos a un Jesús arrodillado y con la
cabeza inclinada en una muestra de humildad profunda. Un ángel
que flota en el aire lo consuela. La cabeza del Cristo, sus manos y
el ángel resplandecen en la sombra. El resto del cuadro está sumido en unas tinieblas densas. Este efecto de claroscuro escenifica
materialmente la palabra: «Mi alma está triste hasta morir». La luz
misma del ángel que presenta el cáliz da la impresión de un dolor
lancinante. Todo el universo rezuma el sufrimiento y la agonía del
Cristo y el rayo que baja de arriba tiene dificultad para traspasar
esa noche opaca. Cuando el joven Allegri pintó ese cuadro, todavía no había meditado sobre el evangelio de San Juan como lo
hizo más tarde. Todavía no había medido la caída del alma en la
materia, ni el poder redentor del amor divino. Sin embargo, ante
ese cuadro ese amor nos traspasa como el presentimiento de un
dolor inexpresable. Allegri también había de encontrar su
Getsemaní, pero mucho más tarde.

El otro cuadro de juventud de Allegri, actualmente en el
Louvre, es *La Boda mística de Santa Catalina*. Este cuadro, de una
devoción ardiente e ingenua, se podría llamar: la vocación de
una santa, o el sueño de una novicia. Es con una especie de pasión
virginal que la joven Catalina intercambia el anillo de su boda mística con el niño divino, mientras la Virgen entrelaza delicadamen-

te los dedos de ambos y San Sebastián se complace en ese juego infantil, que es un pacto celeste. Si no reflexionáramos en el tema de la escena, podríamos pensar que estamos asistiendo a una boda profana, por el estallido de alegría sobre la tela pintada en la gama fuerte del amarillo oro al rojo carmesí y del azul oscuro al verde sombrío. Parece que con ese cuadro el joven Allegri, a punto de ser atrapado por las delicias terrenales, mire más lejos y se haga novio por adelantado del misterio de la Pasión de Cristo diciendo: «Yo también vengo de las alturas del empíreo y yo también sufriré lo que tú has sufrido... nos veremos allá arriba, pero mientras déjame vivir y saborear la vida». Como cosa curiosa, ese cuadro lo ofreció Allegri a su hermana como regalo de bodas. Por otra parte produjo en la zona una sensación tan fuerte que seis muchachas decidieron tomar el velo después de haber sufrido su hechizo. En su alma seráfica, Allegri todavía no distinguía los placeres terrenales de los gozos espirituales. Es natural que sus obras incitaran a uno u otro camino, según los temperamentos.

II

VIAJE A MANTUA
LA REVELACIÓN DE LO ANTIGUO
LA ESTANCIA DE SAN PABLO

Pero fuera de la tradición cristiana, ya se le había revelado otro mundo. Leonardo, Rafael, Miguel Ángel tuvieron para nutrirse los recursos de Roma y de Florencia. Allegri no salió nunca de su provincia lombarda y ni siquiera fue a Milán. Sin embargo fue necesaria una revelación para que comprendiera el arte con mayúsculas. Una sacudida violenta le dio el sentimiento de lo que era capaz, y ésta le vino de Mantua. El conde Manfredi, que ya había distinguido al joven pintor y lo protegía, se lo llevó a esta ciudad durante una permanencia que hizo en ella huyendo de la peste. Los marqueses Gonzaga habían dotado Mantua de hermosos monumentos y de grandes museos. Isabel d'Este le había añadido una rica colección de estatuas, de cuadros excelentes, de camafeos y de metallas antiguas. Finalmente Mantegna, un pintor excepcional, tan famoso por sus escorzos, había adornado el palacio ducal con hermosos frescos, entre otros la espléndida sala del *Triunfo de Alejandro*. Cuando Allegri llegó a Mantua tenía diecisiete años. Se puede imaginar su emoción ante esas maravillas, ante esas estatuas antiguas que lo miraban por primera vez, ante esas colgaduras suntuosas y esos cuerpos semidesnudos de hombres y mujeres, que un maestro del pincel hacía evolucionar ante él en cortejos suntuosos y en las poses más variadas, con un esplendor magnífico. Vio estremecerse el mármol y palpitar las telas. Ahí una multitud de formas encantadoras tuvieron que agolparse en su cerebro, un enjambre de cuerpos con carnes diáfanas tuvo que ondear sobre el lienzo estremecido de su imaginación en un flujo de luz cálida, y mil miradas que buscaban la suya petrificar en su sitio su ser inmóvil y encantado. Es ahí que tuvo que exclamar: «Este es el enlace de la vida y el ideal. Yo también llevo en mí todo un mundo, y yo también soy pintor». *¡Anch'io son pittore!*[3]

El cielo cristiano y el Olimpo griego flotaban ya en la atmósfera de Allegri como brillantes espejismos en la bruma rosada de un divino recuerdo. Reflejos de un lejano pasado y gérmenes inquietos de una vida nueva. Unos pocos rayos ardientes fueron suficientes para que se manifestaran. Al final de su carrera, enri-

---

3 Es Vasari quien le atribuye esta frase, cuyas características a lo Correggio parecen asegurar la autenticidad.

queció la galería de las mujeres antiguas, fecundadas por los dioses, con algunos ejemplares de una sensualidad sabrosa y espiritualizada. Pero desde su primera juventud tenía que ser, en ese mundo del gozo helénico, una avanzadilla de una franqueza encantadora y de una pureza virginal.

Giovanna de Piacenza, abadesa del monasterio de San Pablo en Parma, le dio la oportunidad. Era una abadesa un poco especial, según la moda libre del Renacimiento italiano, una gran dama emprendedora, mundana y audaz. Esta mujer, que sostenía el báculo como un cetro, también sabía utilizar el abanico y tener un papel brillante en sociedad. Su mente viva y su generosidad natural hacían perdonar su humor desenvuelto y sus ansias de dominio. Por otra parte, ese temperamento arrebatado tuvo que ir acompañado por una imaginación risueña y por un gusto refinado. Tenía una sala de visitas que daba a la calle y contigua con su dormitorio. Esa sala, verdadera joya arquitectónica, le hacía de salón, en ella recibía a los sabios, los poetas y los señores de Parma. Tuvo el capricho de adornar esa estancia con una escena mitológica. Su pariente y amigo íntimo, el marqués Montino della Rosa, le propuso que se dirigiera al Correggio, que unos meses más tarde se presentó a la abadesa. Al verle, Giovanna tuvo que apreciar el valor del consejo y no tuvo dificultad en entenderse con él. Nos cuenta su penetrante biógrafa: «Allegri era uno de esos personajes que no necesitan ir al mundo para que el mundo venga a ellos. Una mezcla de altura y de suavidad, de altivez natural y de gracia ingenua les da un aire de superioridad que atrae sin que se lo propongan. La serenidad sonriente de las grandes almas es una cosa tan rara y tan extraordinaria para la gente de mundo, que se impone sin herir y la encanta sorprendiéndola. De esta manera nos representamos a Allegri en sus relaciones con los señores y las grandes damas: afable, sonriente, pero algo reservado y preguntándose siempre si la obra era aceptable para él. Esta vez tuvo que serlo. Una nada es suficiente para que el artista cree todo un mundo. El pintor vio tres lunas en el escudo de la abadesa. Sobre este simple motivo, que le recordaba a la diosa griega, imaginó *La Caza de Diana*, y ese signo de la luna creciente evocó en su espíritu una escena de mitología ingenua» (Marguerite Albana).

El locutorio de la abadesa es una sala abovedada, de una simplicidad y una elegancia principescas. Es cuadrada y está iluminada por una sola ventana grande cuadrada. A la derecha de la entrada se encuentra una amplia chimenea coronada por una decoración de forma piramidal. Sobre este lienzo de pared Allegri pintó su Diana: «La hermosa cazadora, con una media luna sobre la frente, está sentada suavemente sobre el borde de un carro antiguo y se presenta de frente. Su larga túnica vela las formas soberbias de su cuerpo juvenil sin ocultarlas y deja al descubierto su pecho blanco. Su actitud expresa la velocidad de la carrera y el impulso de un movimiento fogoso. Parecería como si el aire fresco de la mañana acariciara sus brazos desnudos envolviendo voluptuosamente su cintura de diosa y de hada. Una delicada linfa virginal da color a sus mejillas delicadas y a sus labios húmedos, y confiere a sus grandes ojos abiertos una mirada llena de encanto y de felicidad. No es la Diana severa, de formas casi viriles, con el perfil cruel de la estatuaria griega, es una Diana más íntima que es sólo alegría, suavidad, abandono» (Marguerite Albana).

La bóveda de la estancia de San Pablo está pintada con un enrejado y dividida en dieciséis compartimentos por listones de estuco. Este emparrado, recubierto de un follaje frondoso, enriquecido por flores y frutas, está interrumpido por dieciséis óvalos en forma de medallón, donde destacan de dos en dos grupos de niños jugando. Es el cortejo de Diana, o más bien es el séquito natural de una doncella feliz y libre que con su belleza, su encanto y su sonrisa arrastra a esos niños al bosque. Es evidente que el pintor, al tener que acomodarse a la arquitectura del lugar, tuvo que preguntarse qué podía hacer para hacerlo tan alegre como fuera posible, sin ofender la austeridad de un claustro. Lo consiguió plenamente. Parece estar en el cenador de una viña asilvestrada. Todos esos niños que destacan contra el cielo azul, en las aberturas, dan la impresión de irrumpir en la estancia con sus grititos, sus arrobamientos y su alegría. La mayor parte de ellos llevan los símbolos de la caza. Unos se persiguen haciendo carreras o se disputan unas frutas, otros juegan con lanzas, arcos y lebreles, otros se divierten con coronas, mascarones y cabezas de ciervo. En su inocencia imitan sin saberlo la gran comedia de la vida.

Se podría decir de todos los niños pintados por Allegri lo que decía Guido Reni de uno de sus cuadros: «Los niños del Correggio, ¿siguen allí? ¿Han crecido?» Allegri comprendió maravillosamente la naturaleza infantil, que encierra a la vez Cupido y el Ángel, de la misma manera que la inocencia contiene en ciernes el deseo y el amor. Él ha separado o mezclado, matizado y graduado esas dos naturalezas con un virtuosismo que ningún maestro ha igualado. Sus niños son alternativamente o al mismo tiempo cándidos e insinuantes, ingenuos y sutiles, llenos de malicia encantadora y de ensoñaciones profundas. Sus ángeles adolescentes brillan con sus ojos luminosos abiertos y sus rizos dorados, y algunas veces están tristes y pensativos como el Amor en ciernes.

Los frescos de la estancia de San Pablo le dieron un brillo repentino a la reputación de Allegri. Los encargos le llovían de todas partes, pero a pesar de ello no se quedó en Parma. Su gusto por el aislamiento, su ausencia total de vanidad y su apego a los señores de Correggio, lo hacían volver siempre a su lugar de nacimiento. Manfredi había muerto y le había sucedido Gilberto X. Su esposa, Verónica Gambara, literata célebre, una de las bellas de la Arcadia de entonces, pero una bella, amable e inteligente, había convertido su castillo, rodeado de jardines encantadores, en una pequeña academia mundana. Protegía al pintor, le proporcionaba encargos y lo trataba como amigo de la familia, en plan de igualdad. En una de sus cartas define a Allegri como «guapo, amable y encantador». Así pues habría sido sólo una cuestión de quererlo, y el Correggio habría podido hacerse presentar a Carlos V, al Ariosto, al Aretino, al marqués de Avalos, que a menudo eran sus huéspedes. No se preocupó en lo más mínimo. Este hombre extraño evitaba a los poderosos de la Tierra y a los dispensadores de gloria, cuyos favores todo el mundo se disputaba, y que desde luego se parecían tan poco a él. Por puro agradecimiento hacia su protectora, quiso adornar su villa con frescos. Pero cuando atravesaba los bellos jardines para ir a su trabajo, cuando veía bajo un grupo de robles de follaje oscuro, lustroso por la fina lluvia de los surtidores de agua, a ese grupo de gentes ilustres, él pasaba sin detenerse. Sin duda prefería los pájaros, las hermosas fuentes de mármol, las estatuas solitarias, las escapadas alegres al campo y sobre todo las imágenes que flotaban en su mente.

Si queremos imaginárnoslo en esos momentos, hemos de mirar al autorretrato que se hizo y que se halla en el interior del *Duomo* de Parma encima de la puerta de entrada. Ésta es la descripción psicológica que da de él su biógrafa: «El busto de perfil destaca en la penumbra. Parece un hombre apoyado en la pared e inmerso en una meditación profunda. Lleva un hábito amplio con mangas anchas de color claro y cuyo aspecto descuidado hace pensar al artista en su trabajo. El rostro ovalado, ligeramente inclinado, con expresión soñadora y de aspecto distinguido, es el de una mente superior que vive en comunión íntima con la belleza y el bien. Su ancha frente, sus rasgos finos y difuminados, tienen la suavidad y la simplicidad grandiosa de los mármoles griegos. La nariz aguileña con las narinas móviles, es de una finura y una nobleza raras; las líneas de la boca, semiescondida en la sombra de la barba, la mirada vuelta hacia dentro y como velada por un sueño: todo en su fisonomía expresa un sentimiento de inefable dulzura y de maravillosa armonía. Esa cabeza pensativa y serena está sólo ocupada por su visión interior, el mundo exterior no le ha dejado ninguna huella. La grandeza de su pensamiento se mezcla con una candidez infantil y la timidez conmovedora del soñador. Este ser tiene un no se qué que no es de este mundo» (Marguerite Albana).

III

GIROLAMA MERLINI
EL CASAMIENTO DE ALLEGRI
SUS MADONAS

Aquí inicia el romance de su vida, un romance bien sencillo, puesto que se trata de un casamiento, y un casamiento feliz. Es verdad que las circunstancias íntimas que lo acompañaronlo envuelven en una aureola viva. Pungileoni refiere los hechos, lo demás hay que adivinarlo. Girolama Merlini era hija única de un escudero del duque de Mantua. Huérfana a los quince años, fue presa de una negra melancolía que la hizo declinar a ojos vista. Era una de esas naturalezas exquisitas y frágiles que un aire hace replegar sobre ellas mismas y que suspiran por otra existencia, ya que no encuentran en ésta ni paz ni satisfacción, sino más bien fastidio y hastío. El espejismo de otra vida las fascina, se abandonan al encanto sombrío de la muerte como a la atracción de un estanque profundo e inmóvil, cuya superficie se transforma en mil colores. Girolama se sentía tan segura de su final que había hecho un testamento en el que dejaba toda su fortuna a sus tíos. Un azar feliz entonces le hizo conocer al Correggio, y parece ser que percibió en la mirada de Allegri un rayo de vida que no había encontrado en otra parte, porque a partir de entonces empezó a reanimarse. La flor medio marchita se enderezó sobre su tallo y volvió a abrirse al sol del amor. ¿Era sólo el amor que había tenido el poder de reanimarla? ¿Acaso no era también ese foco de luz y de gozo divino que vibraba en el alma del joven maestro, y que extendía sobre su rostro una claridad dulce como la llama de una lámpara de alabastro? Él no dudaba. «La duda —dice su biógrafa— corresponde a las almas débiles que sólo aman a medias y que viven en el temor eterno de una decepción. Las grandes almas creen en ellas mismas, su fe se comunica a los demás por su sola irradiación.»

¡Afortunado Allegri! Pensando en ese interior encantador, alegrado por cuatro hermosos niños, se comprende todavía mejor que el pintor pudiera firmar alegre y orgullosamente sus telas con el nombre de *Lieto*. Único entre los grandes artistas de Italia, conoció el amor en el matrimonio y la felicidad en el amor.

Leonardo vivió como una esfinge indescifrable y si amó a alguien, fue esa otra esfinge, la Eva mundana, dueña del corazón por la ciencia y el pecado, la mujer cruel y sabrosa que pintó bajo los rasgos de la Mona Lisa, aquella que no se posee nunca porque su alma no se entrega, y que atrae siempre porque permanece un eterno misterio como las olas cambiantes.

Rafael sintió por la Fornarina una pasión carnal, mientras su corazón se consumía en la sed del ideal, y si, como dos sonetos suyos hacen pensar, una bella desconocida le hizo sentir la flecha del gran Eros, sólo bebió furtivamente la copa encantada donde el alma y los sentidos mezclan su embriaguez.

En cuanto a Miguel Ángel, en su juventud tuvo que conocer el deseo áspero que respiran su Baco y sus Ledas; en su edad madura amó de amor platónico a la noble Vittoria Colonna; en su vejez austera acabó condenando cualquier amor que tuviera por objeto una cosa corporal.

Andrea del Sarto amó perdidamente a su mujer, pero sabemos lo que tuvo que sufrir por esa hermosa infiel de cabello dorado y pérfidos ojos azules que se admira en los *Uffizi* de Florencia. Ticiano fue un vividor libertino, el Tintoretto pintó dos veces a su amante: en los primeros tiempos de sus amores, la puso en el *Paraíso*; pero después de que lo traicionó por otro, la puso en el *Infierno*. ¡Pobre Tintoretto! La fuerza de su amor se puede medir en este segundo retrato, porque es sobre todo en éste que aparece hermosa. Sólo el Correggio conoció el encanto de un afecto profundo y compartido, donde cada uno inspira lo que experimenta, y transcurrió sus días en la cálida atmósfera de un alma encantadora que vivía de su aliento.

Madame Mignaty cree identificar el retrato de Girolama en el tipo de madonas que el Correggio pintó después de casarse, sobre todo en las de Nápoles: *La Bella Zingarina*. Sea como fuere, viendo las Sagradas Familias de Allegri, sus madonas, y en general todos sus cuadros que se refieren a la leyenda cristiana, podemos imaginar su encanto interior. ¡Qué cálida luz, que explosión de color, qué intimidad deliciosa en *El Reposo en Egipto*, que se encuentra en el museo de Parma! ¡Qué poesía oculta en *La Bella Zingarina*, sentada a orillas de un arroyo y que, con la cabeza inclinada, contempla al niño que tiene dormido sobre las rodillas! Es la hora de la siesta y ella misma está medio dormida. Sus ojos están semicerrados, pero disfruta de su éxtasis maternal. Todo está vivo en ese rincón perdido del oasis: el espejo de agua, el pie de la Virgen calzado con una sandalia, las hojas de palmera que murmuran y el ángel que se acerca. Todo parece interesado al conmovedor misterio de la madre y del niño, incluso el conejo blanco agazapado entre la hierba y que aguza el oído.

Todavía más extraordinario es el fresco del museo de Parma, *La Madonna della Scala*, con los párpados bajados, cuyas hermosas pestañas tamizan la amorosa ternura. «La madre abraza el niño contra el pecho y éste gira la cabeza suavemente hacia el espectador. Con el brazo rodea el cuello de la Virgen, la mano se acerca al velo y descansa sobre las largas trenzas sedosas de su pelo. Pero su pensamiento vaga lejos. El sueño de un ideal está en esos ojos, que parecen ya reflejar el misterio de los mundos y están llenos de claridades deslumbrantes. El niño está completamente absorto, el hombre será la víctima. Por el contrario la madre está absorta en él, se enlazan y se envuelven tan armoniosamente que parecen un solo ser.» Si comparamos en general las madonas de Correggio con las de Rafael, encontramos que éstas tienen una belleza más singular y una elegancia verdaderamente principesca. Su porte es el de las hijas de un rey o de las hadas. Pero están más preocupadas por la perfección de su pose que por el niño, y a la larga se percibe frialdad e indiferencia. Las vírgenes de Allegri, menos bellas, menos perfectas, conmueven más por la profundidad de sus sentimientos, por su poesía exquisita y suave. Son en primer lugar madres apasionadas y que tienen «toda la miel de la maternidad».

IV

LAS CÚPULAS DE PARMA
LA ASUNCIÓN DE CRISTO Y DE LA VIRGEN
MUERTE DEL CORREGGIO

Llegamos ahora a las dos obras capitales donde el genio del Correggio se despliega con una amplitud inesperada y lo colocan al nivel de los principales maestros.

En 1520 los benedictinos de Parma le propusieron a Allegri que pintara la cúpula de la iglesia de San Juan. El pintor, que tenía entonces veintiséis años, pidió algunos meses para reflexionar. Su indecisión no dependía sólo de su modestia natural, sino también del alcance del tema propuesto. Una visión espléndida atravesó su mente bajo una luz fulgurante, pero se preguntó si era realizable. Reflexionó mucho tiempo, y sólo después de haber medido las dificultades de la empresa y sopesado sus fuerzas, aceptó pintar la cúpula y se comprometió con un contrato formal.

Si consideramos en su conjunto la gran composición de la iglesia de San Juan, sorprende el alcance y la libertad de concepción de la obra por parte del maestro. Dejando de lado toda la parte fantástica y terrible del poema sombrío que cierra el Nuevo Testamento, con los Arcángeles tocando las trompetas del juicio final, las copas de sangre, las calamidades y la Muerte montada sobre su caballo pálido, Allegri hizo brotar su obra de un punto luminoso del inicio del Apocalipsis. Sin duda se inspiró en estos tres versículos: «Mira, viene sobre las nubes y cada uno deberá percibirlo... y su rostro era como un sol que luce en todo su esplendor... y cuando lo vi caí como muerto». Lo que llamó la atención del Correggio en este pasaje fue la idea de la palingenesia universal al final de los tiempos que se halla en todas las mitologías, idea por la cual el profetismo y el mesianismo hebreos se acercan a la gran tradición aria del progreso por medio de la luz y del eterno renacer, donde el Cristo se convierte en el vínculo vivo entre el mundo semítico y el mundo ario, y luego en un símbolo de reunión para toda la humanidad. La representación del Cristo transfigurado al final de los siglos fue para Allegri la ocasión para traducir de manera plástica la grandeza moral del cristianismo a través de la apoteosis de su fundador. La luz de la verdad que se ve en el Justo consciente y triunfante ilumina los apóstoles y, a través de ellos, se comunica a los doctores de la Iglesia, a los santos y sabios situados más abajo.

Esta es la idea general de la composición en toda su simplicidad. *La Disputa del Santo Sacramento* de Rafael en el Vaticano es una glorificación de la Iglesia triunfante, ejecutada por inspiración del papado. El techo de la Capilla Sixtina de Miguel Ángel es una especie de historia universal que encierra páginas sublimes, pero donde domina el rudo espíritu del Antiguo Testamento. Aquí nos encontramos en presencia de una libre interpretación del cristianismo en un sentido más hondo y más amplio. Lo que el pintor ha querido representar es la irradiación del alma del maestro por su sola belleza, es la transmisión de su pensamiento a través de lo más selecto hasta las profundidades de la humanidad. La idea es grande, clara, filosófica, pero para imbuirla en grupos vivos, ¡qué fuego interior, que fuerza plástica ha necesitado el artista!

Llegamos a la composición principal. La cúpula perfectamente redonda que se eleva por encima del transepto recibe la luz desde abajo a través de cuatro claraboyas dispuestas en la perpendicular de las pechinas y debajo de ellas. «En la sumidad de la bóveda, la figura radiante de Cristo destaca sobre un fondo de luz ambarina de un color brillante y cálido. El pintor lo ha representado en un extraordinario escorzo, que da la ilusión de una ascensión vertiginosa. Su cabello y su ropa flotan en el viento, con el brazo derecho muestra el cielo, mientras el izquierdo bajado y la pierna doblada parecen darle un impulso nuevo. Este Cristo surca el aire con la impetuosidad de un pájaro y la majestuosidad de un hombre. Visto desde abajo da la impresión de traspasar la bóveda, de abrirse paso como el sol. La alegría de una simpatía ilimitada le da a su mirada el resplandor de un fuego verdaderamente divino. Su frente, donde brillan la verdad y la justicia, no tiene ninguna otra aureola. Una sonrisa inefable entreabre sus labios. Bebe la luz que lo envuelve y la devuelve a los buenos y a los justos como torrentes de amor. En la franja de nubes que rodean al Cristo se distingue una multitud de ángeles que parecen tejidos en la luz. Esas cabezas aéreas de querubines, con su cabellera luminosa y sus hermosos ojos oscuros, amontonados y como condensados en un círculo inmenso para ver al Cristo, sonríen con todos los matices de la pura felicidad infantil. En medio de esas masas ligeras y fluctuantes, inundadas de un día radiante, el maestro resalta con la blancura del rayo y precipita su carrera en las profundidades del cielo.»

Esta imagen del Justo triunfante, completamente aislada, conforma el centro de la composición. Debajo del Cristo, sobre el perímetro de la cúpula, se ve al apóstol Juan literalmente aterrado y como fulminado por la luz que le llega. Ya no es el joven inspirado de antes: es el viejo de Patmos que asiste al cumplimiento de su sueño. Está medio acostado sobre un gran libro que un águila negra sostiene con sus alas y mira de lleno al Cristo. Por encima de él, los otros tres evangelistas están grandiosamente acampados sobre nubes amontonadas por el viento de la tormenta. Los otros ocho apóstoles están sentados de dos en dos sobre otras nubes alrededor de la bóveda. Sus actitudes, llenas de soltura y de majestuosidad, de variedad y de fuerza, muestran las impresiones diferentes que siente cada uno de ellos ante la visión. Felipe tiene el aire taciturno, y Tadeo parece que pregunte al maestro, ya tan lejos de él, porque no vuelve a bajar sobre la Tierra. El viejo Pedro tiene su llave y muestra el cielo con tranquila seguridad, mientras que Pablo, algo inclinado, está absorto en sí mismo.

La dos figuras más notables son las de Tomás y de Santiago el Mayor. Tomás, espléndido joven, hermoso como un atleta, está echado hacia atrás. Mira al Cristo con la sorpresa y el arrobamiento de un hombre que ha dudado durante mucho tiempo y ve finalmente con sus propios ojos lo que no había creído posible. En cuanto a Santiago, su expresión es muy distinta. Con su poderosa cabeza situada sobre un cuerpo hercúleo, está sentado sobre una esquina de nube, en la que se apoya con los hombros y mira derecho delante de él. «Sus grandes ojos fijos y negros resplandecen como carbones ardientes en sus órbitas profundas. Sus cabellos y sus barbas enmarcan su rostro de perfil semítico con una selva de rizos. Es el tipo del profeta hebreo por su rudeza y su tamaño. De éste tiene el fuego oculto y los arrebatos violentos que se adivinan en la llama sombría de su mirada.» Él no ve el ideal, ve la reali-

dad: las luchas sangrientas de la historia, las pasiones desencadenadas, las crueldades cometidas en el nombre del noble maestro.
Y esos ojos que sólo ven la realidad, en medio de los otros perdidos en un mundo supraterrestre, tienen un efecto trágico. Porque
el pensamiento de ese fiero luchador permanece incierto entre el
triunfo de la justicia y el de la iniquidad, como si el pintor quisiera decirnos que esa certeza sólo se encuentra en nosotros mismos.

En las cuatro pechinas que se encuentran más abajo, entre las
arcadas, el Correggio ha dado vida a otro tipo de inspiración.
Vemos a los Padres de la Iglesia redactando la doctrina cristiana
bajo el dictado de los evangelistas. El artista ha marcado una gran
diferencia entre los que contemplan directamente al maestro y los
que sólo conocen su doctrina por transmisión. Los primeros irradian el reflejo de su luz, por así decir, están imbuidos de su fuerza
y de su belleza. Sentados en el puro éter por encima de las tempestades, lo admiran en su esplendor eterno y no necesitan razonar
para comprenderlo. Lo ven. Los otros escuchan lo que les dicen,
escriben palabra por palabra con profunda aplicación de la mente.
Cada pechina contiene un evangelista y un Padre de la Iglesia.
Trabajan y estudian con ardor. Un ángel sostiene el libro de san
Marcos, que dicta a san Jerónimo. Hermosos adolescentes, recos-
tados a ambos lados sobre las cornisas, siguen de lejos sus estudios.
En cada grupo se traiciona una fina psicología. San Juan, hermoso
como un joven Platón, explica la trinidad al viejo san Agustín, que
tiene dificultad para seguirle. Pero ese joven encantador está tan
versado en las cosas trascendentes, que demuestra su metafísica
con una gracia alada. El viejo cuenta sobre sus dedos y los cierra
de uno en uno como para mejor captar el sutil argumento.

El estilo de este fresco es muy distinto del de los cuadros al
óleo del mismo maestro. El dibujo es magistral, las posturas son
grandiosas, pero siempre naturales. Compárese el conjunto y el
detalle de la obra con *La Disputa del Santo Sacramento* de Rafael,
y se verá que el Correggio aquí supera a su rival por la hondura

de la idea, por la intensidad del sentimiento y por la franqueza de la ejecución.

Pasemos de la cúpula de San Juan a la del *Duomo*. Ésta es la obra de la madurez. Fue ejecutada entre 1524 y 1528. Allegri puso un cuidado extremo, trabajando de la noche a la mañana, multiplicando los cartones, los bocetos a la aguada y la sanguina, modelando él mismo grupos de escayola que colocaba a distancia para observar todos los juegos del claroscuro y todos los escorzos imaginables.

La iglesia de San Juan tiene un aspecto desnudo, austero, prima en ella una luz de un gris azulado que sienta bien a la visión apocalíptica. En el *Duomo* por el contrario, todo sonríe. Grandes arcadas cortan la nave con líneas armoniosas, por todos lados hay colores cálidos pero discretos que acarician la vista. Techo, pilares, paredes, toda la iglesia está pintada de arriba abajo, y cuando el sol la ilumina, una penumbra rosa y púrpura nos envuelve. Subimos las escaleras que suben al coro y levantamos la mirada hacia la bóveda de base octogonal que representa el cielo etéreo. En el cenit se lanza como un pájaro la figura del arcángel Gabriel, cuyo escorzo da la impresión inmediata de un vuelo turbulento. Precede a la Virgen para anunciar su llegada al cielo. Legiones de ángeles, arcángeles, serafines y querubines forman alrededor de la cúpula un cortejo triunfal. Todos miran, siguen o acompañan una maravilla que sube por delante de ellos.

Esta aparición deslumbrante es la Virgen. «Vestida con una túnica rosa y un largo manto azul, con los brazos extendidos, flota con la actitud apasionada del éxtasis, con la cabeza echada hacia atrás, la boca entreabierta, y una sonrisa sobre los labios. Unos ángeles en vuelo la sostienen y la llevan sobre sus brazos. Parecen todos arrastrados por el mismo soplo poderoso como nubes de verano, cuyas masas cambiantes el viento arrastra en las alturas del éter. La dicha que la transporta reparte a su alrededor una atmósfera de felicidad, penetra en la falange celeste como un perfume sutil y embriagador. Los ángeles pero sobre todo los arcángeles están como embriagados. Se lanzan, se precipitan, se juntan en todas partes en grupos sonrientes, animados, graciosos, y se comunican la feliz nueva para disfrutarla todos juntos. Algunos llegan a gran velocidad como abejas de un enjambre. Se oye como una música de voces, un susurro de alas y de velos ligeros, un concierto melodioso de instrumentos que parece resonar a lo lejos y llegar como un eco que baja hasta nosotros. Ángeles de los dos sexos se juntan y se rozan en una confusión gozosa. Unos se atraen y se abrazan amorosamente, otros intercambian un beso rápido, otros marchan para un nuevo vuelo. Es un vértigo de movimiento aéreo, de alegría sobrehumana. Pero lo que llama la atención, sorprende y extraña entre tanta gracia y encanto, es la belleza trascendente de María, la feliz virgen, la bienamada de la tierra, que se convierte aquí en la reina gloriosa de los cielos. El amor brilla en sus ojos, da color a sus mejillas, hace irradiar su sonrisa encantada, enciende con un fuego celeste el esplendor apasionado de su mirada. Jamás se pintaron o soñaron ojos como éstos. El fuego devorador del alma sale en chorros de luz. Bordeados de largas pestañas negras, realzados por el arco oscuro de las cejas, esos ojos luminosos y sonrientes, llenos de éxtasis y de felicidad, revelan todo el misterio del amor, toda la magia del sentimiento.»

Al otro lado de la bóveda se arracima en un vasto semicírculo una multitud inmensa de héroes, mujeres y santas, formando un coro de elegidos que saluda a su paso a su reina transfigurada. En esa multitud destaca la bella Eva, exuberante de vida, con el brazo izquierdo enredado en su cabellera dorada. Es tan humilde, la encantadora y gran culpable, que se tiene la tentación de considerarla inocente. Ella también busca en su divina hermana la esperanza y la redención de su alma. Con un gesto solícito de su mano derecha tiende hacia María la manzana fatal, como para excusarse de haberla cogido.

Más abajo, a la altura de las aberturas operadas en la cúpula, hay grupos de adolescentes y de muchachas que sirven en los altares erigidos en honor a la Virgen. Preparan los hacheros, queman el incienso y los perfumes en los pebeteros. Una misma ola de alegría parece pasar sobre esos hermosos cuerpos flexibles y semidesnudos. El encanto y el abandono de sus actitudes hace que parezcan más los iniciados de un misterio antiguo que los servidores de un culto cristiano. Se apoyan los unos sobre los otros o se enlazan por los hombros, perdidos en su contemplación o en la embriaguez de un entusiasmo desenfrenado. Más abajo, entre las ventanas, sobre los altares donde se encuentran los jóvenes, se perciben las figuras enérgicas y oscuras de los apóstoles. Esos hombres musculosos, de gesto poderoso, expresan todos la pesadumbre, la tristeza, la desesperanza por la marcha de la Virgen, porque ellos no pueden seguirla.

Así, en un rápido *decrescendo*, desde la cima hasta el perímetro de la bóveda se baja del cielo a la tierra. Arriba, las figuras tienen la ligereza de seres aéreos que se ciernen en el espacio, abajo, con los jóvenes y los apóstoles, los cuerpos vuelven a adquirir la solidez terrenal. A la inversa, se podría remontar de la base hasta la cima, y entonces se observaría una especie de *crescendo* de gracia y de belleza en esas masas humanas que el pintor ha sabido elevar en los aires y que giran hacia arriba como nubes ligeras. Quedaríamos sorprendidos por el movimiento acompasado, casi musical, de esas zonas palpitantes que de círculo en círculo desembocan en la figura central. Esta pintura tiene un acento distinto. La audacia vertiginosa de la ejecución iguala el entusiasmo del pensamiento. Nos da una sensación análoga a la de los coros que completan la novena sinfonía de Beethoven. Son oleadas de un gozo colosal donde todos los gozos se mezclan en una especie de ditirambo. Así se puede decir de esta obra: aquí termina la pintura y empiezan la música y la poesía.

La figura principal, la Virgen, no tiene nada del tipo tradicional, nada de la *pasividad* que encontramos incluso en las madonas del Ticiano, de Miguel Ángel y de Leonardo. Ese carácter de conciencia y de virtud activa que marca el Cristo del Correggio, brilla también en la frente de la Virgen. Es la mujer en la plenitud de sus poderes, pero también de su nobleza. En su mirada, en su expresión, estallan a la vez los sentimientos de la hija, de la amante y de la madre, pero todos esos amores parecen haberse depurado y fundido en uno solo: el amor de la belleza, de la verdad y de lo divino. La autora de la *Vida* del Correggio ha encontrado hermosas palabras para expresar la admiración que le inspira ese tipo y para definirlo: «No sólo encontramos la bondad y la belleza, la dulzura y la modestia, sino también ese relámpago del alma que sabe, que siente y que quiere el bien, que disfruta de él por su libre decisión, y que elige convertirlo en su felicidad. Fuerza activa, conciencia profunda, alma radiante, es lo que distingue tanto la Virgen del Correggio como su Cristo, y los pone por encima de los demás. Sólo un alma así tiene la fuerza de transfigurar su entorno, de crear a su alrededor un mundo nuevo». En efecto, en los grupos que la rodean y que ella atrae parece ver una Grecia espiritualizada o un cristianismo reconciliado con el mundo de los sentidos. Hay una locura dionisiaca en esos ángeles, y sin embargo todos llevan la flor de la pureza. En toda la cúpula circula y resuena una alegría triunfante, una embriaguez divina.

Regresemos al artista. Hasta ese momento su vida había transcurrido como un hermoso día sin nubes. Rodeado de visiones pacíficas, feliz en su interior, indiferente a los hombres, no había conocido la contradicción aguda entre la realidad y el ideal, entre la política y el arte, que desgarró el alma de Miguel Ángel y que imprime un sello trágico en el destino de los grandes creadores. Pero mientras completaba su obra maestra la desgracia estaba a punto de cebarse en él. Ya había vivido los rigores de un sitio cuando pintaba los frescos de San Juan. El papa había atacado la ciudad y algunos proyectiles habían caído hasta dentro de la iglesia donde trabajaba Allegri, y él se había refugiado en su aldea. Más adelante, cuando trabajaba en la catedral, llegaron la carestía, la enfermedad y la peste. «La campiña se despoblaba, los campos permanecían sin cultivar. Un aire pesado y malsano se cernía sobre la ciudad y envolvía a sus habitantes como un sudario. Perros abandonados vagaban por las calles desiertas, aves de rapiña, enardecidas por la soledad, volteaban sobre las plazas públicas. En medio de la ciudad sorprendida por el horror, un hombre tranquilo atravesaba cada mañana las calles mudas para ir al *duomo*. Era el Correggio que iba a su trabajo.» En esa época perdió súbitamente a su mujer Girolama, la madona radiante de su hogar. ¿Cómo soportó ese golpe? No se sabe. La grandeza de su dolor se puede medir por la fidelidad de su amor. Pero sin duda era una de esas naturalezas que se manifiestan tanto menos cuanto más acerado es el dolor que sienten, para las cuales la pérdida de un ser querido se traduce en una unión más profunda con él y que hallan en el dolor un aumento del entusiasmo. «Lo que es cierto es que siguió trabajando con el mismo ardor en su obra maestra y que poco después pintó la Virgen arrebatada por los ángeles. Quizá haya que ver en ese rostro inundado de felicidad sobrehumana, y en esa mirada, que está como iluminada por el esplendor de las verdades eternas, el último adiós de Allegri a la única mujer que amó. Tanto si esta pintura es o no la última declaración de amor, es la última manifestación de su talento. Más que cualquier otra irradia esa emoción sublime que es la consagración suprema de las obras de arte.»

¿Tuvo por lo menos el pintor el consuelo de ver su cúpula apreciada como se merecía? Cuando estuvo terminada hizo entrar a los benedictinos en la iglesia. Entonces quitaron los toldos y la obra de arte apareció a plena luz. Entonces, un fabriquero, que se creía un gran entendido y que sólo veía en la cúpula un enmarañamiento de figuras y de piernas, exclamó: «Esto parece una olla de grillos». Si Miguel Ángel hubiera estado en el sitio del Correggio, habría contestado a esa simpleza con una insolencia o con unas palabras cáusticas. Allegri se conformó con una sonrisa desdeñosa, pero ¿qué sentiría? Diez años más tarde, Ticiano al pasar por Parma fue a visitar el *duomo*. Los monjes, que seguían convencidos de que Correggio les había robado, le preguntaron al gran pintor de Venecia si la cúpula valía los 1.200 ducados de oro que les había costado.

—Giradla, llenadla de oro, y todavía no la habréis pagado —contestó Ticiano.

Hermosa reparación, en verdad, pero para Allegri llegaba demasiado tarde, porque para entonces ya había muerto.

***

Allegri murió imprevistamente en el mes de marzo de 1534, a la edad de cuarenta años. No tenemos información sobre sus últimos momentos. Un silencio profundo cubre su muerte lo mismo que su vida. Ningún mausoleo marca el lugar donde descansa. Aquel que Carrache llama «una naturaleza angélica» pasó por este mundo sin dejar más huella que sus obras, que brillarán siempre como un rayo de luz para los amantes de la belleza y del ideal.

***

EPÍLOGO

En el museo de Viena hay un cuadro del Correggio de una belleza maravillosa y encantadora. Representa a un san Sebastián. Pero no es la víctima palpitante y sangrante, el mártir atravesado por las flechas, tema habitual de los pintores de la Edad Media y del Renacimiento. Es el santo triunfante después de su muerte. Figura supraterrestre, cuerpo etéreo, de una sustancia fosforescente e incorruptible, que respira una vida espiritual intensa. Sólo se ve el busto del hermoso adolescente. Su pecho blanco destaca de manera luminosa sobre el fondo oscuro. Un drapeado ligero cuelga de sus hombros, tiene una flecha en la mano derecha y su cabeza pensativa está ligeramente inclinada hacia el otro lado. Su cara oval, con la nariz fina y pura destaca en claroscuro entre la masa sombría de los cabellos divididos en dos bosques oscuros, que se pierden a los dos lados en las tinieblas. Una dulzura celeste, una compasión profunda se dibujan en sus ojos, la boca exquisita podría ser la de una mujer, si el doble arco de los labios no estuviera dibujado con firmeza masculina. Inevitablemente, la mirada del observador fascinado vuelve a esos ojos únicos. El rayo sutil que de ellos emana está saturado de la melancolía indecible de los ángeles que atrae el sufrimiento y la miseria de los hombres.

De tanto mirar este cuadro me he convencido de que este fue el último del maestro y que encierra el secreto de su destino. Allí se puede leer su testamento personal, de la misma manera que su testamento filosófico se puede leer en las dos cúpulas de Parma. San Sebastián es aquí solamente una máscara y un símbolo bajo el cual reluce, en su cristal primitivo, como en su quintaesencia última, el alma del Correggio y el yo trascendente de Lieto pintado por él mismo. Esto es lo que esos ojos y esa boca me han dicho:

«Esta flecha había atravesado el corazón de una pobre alma de la tierra, de una mujer temblorosa, perdida, desesperada. Su sufrimiento y su soledad eran tales que deseaba morir, y al mismo tiempo temía la muerte. La compasión que sentí por ella me hizo comprender de golpe la fuerza infinita del Amor. Es una fuerza divina de creación y de resurrección. Brota de la misma fuente que hace nacer las flores, las almas y los mundos. Con una mirada de fuego y un gesto rápido, como el rayo, retiré la flecha del corazón de la Amada y la lancé al espacio, exclamando: "Flecha del Dolor, flecha de la Muerte, saldrás de esta alma. Vete al infinito y no vuelvas más". La flecha partió como un cohete chispeante y vibrando dijo: "Marcho, pero volveré sobre ti". Contesté: "Con mi conquista ¡te desafío!"

»Entonces los ojos de mi Amada, que eran manantiales de lágrimas, se volvieron pozos ardientes. Inmediatamente después brillaron como dos estrellas violetas bajo las pestañas negras. Y yo me consumía, como la luz se consume en los pétalos aterciopelados del iris y se zambulle en su claridad nacarada. Y me volví *Lieto*, el pintor de los gozos divinos de la tierra. Y conduje mi obra hasta el umbral de los grandes misterios. Había alcanzado el vértice de la felicidad, siempre tan próxima al abismo... ¡Ay! Como una rosa de otoño que le dice al viento helado: Llévame en una sola noche, antes de que caiga deshojada, así Girolama se la llevaron en una noche de invierno. La encontré muerta en su lecho. Todavía me sonreía y parecía darme las gracias. No, no tuvo tiempo de sentir acercarse la muerte... pero el iris violeta, acariciado por el sol, y la rosa, donde la abeja se embriaga libando su miel, ya sólo eran hierba cortada...

»Entonces la flecha perdida en el espacio volvió a golpearme con un silbo agudo y me atravesó el corazón de parte a parte. Recibí el golpe en silencio y escuché su eco extenderse en el vacío del infinito. Nadie se enteró. Mi rostro se volvió impasible y mi boca enmudeció. Como Ella me sonreía antaño así le sonreía yo al mundo. Pero hasta mi último día en mi estudio solitario, como bajo los tendidos dorados de los príncipes, en medio de las risas provocativas de las mujeres, mi alma se pareció a san Sebastián despojado de sus ropas, atado al tronco de un árbol contra el cual los arqueros crueles lanzan sus flechas sin cesar, como contra un blanco vivo, para espiar sus convulsiones, pero sin conseguir arrancarle un grito ni conseguir turbar el éxtasis de su visión que refresca el ardor de su sufrimiento. Bendito sea ese martirio, porque a través de él completé mi obra y pinté *La Asunción de la*

Virgen en el *duomo*. Los tres mundos que yo había recorrido de arriba abajo, para conocer el fondo del dolor humano, los he recorrido de abajo arriba para reencontrar el gozo divino por el poder del gran Amor y el holocausto de todo mi ser.

»He reencontrado a Girolama, y ella a su vez ha retirado de mi corazón la flecha que lo había herido. ¡Ay! Si pudieras vernos entre nuestros hermanos y hermanas, sobre nuestro planeta limpio, en el valle de los lirios, donde los árboles murmuran los nombres de los Dioses, donde, en las noches cálidas, los rayos de un astro más brillante que Júpiter y la constelación fulgurante de la Lira nos traen los mensajes de los Espíritus soberanos… verías entonces hasta qué punto yo vivo en Ella y Ella en mí. Verías que nuestras almas unidas y diversas se desdoblan a placer para confundirse nuevamente, que se reflejan la una en la otra, se metamorfosean a vista de ojo y se fecundan penetrándose. Verías también como las flechas de la muerte pueden cambiarse en cetros mágicos, en ramas sanadoras y en palmas de victoria… y sin embargo estamos listos para volver a bajar sobre esta tierra de sufrimiento para conducir los corazones errantes por los senderos de luz y a salvar las almas apesadumbradas. Porque sólo los que han sentido las flechas del dolor terrestre pueden comprender la belleza del Cielo y tienen derecho a la felicidad del Amor eterno."

CAPÍTULO IX

LAS IDEAS MATRICES
DEL RENACIMIENTO
Y SUS PERSPECTIVAS

La jerarquía de los tres Mundos es la clave
de la Ciencia, del Arte y de la Vida.

I

LA LEY DE LAS METAFORMOSIS

El Renacimiento italiano marca para Occidente un cambio drástico y un nuevo inicio de vida. Es cuando la Europa civilizada pasa de la adolescencia a la edad viril, cuando la mente humana toma posesión del Cosmos visible. En este siglo Cristóbal Colón descubre América al otro lado del Océano, Copérnico horada la bóveda celeste, Galileo lanza la Tierra al infinito al hacerla girar alrededor del Sol. El análisis adquiere ventaja sobre los sentimientos, el intelecto empieza a controlar la fe, y la razón tiende a sustituir a la autoridad tradicional. Pero en el dominio del arte, ni el análisis, ni la observación, ni la razón son suficientes para crear. Es necesaria una nueva iluminación, una verdadera revelación. Esta revelación para los hombres del Renacimiento fue el entusiasmo que les causó el descubrimiento de la naturaleza viva y el abrazo de la belleza griega, después de mil años de disciplina ascética y de reclusión en un misticismo sombrío.

No obstante, al beber profundamente en esas fuentes vivas los maestros de la época no se conformaron con reproducir tal cual la naturaleza o la belleza antigua, sino que las transformaron infundiéndoles sus sentimientos y sus pasiones. Por otra parte tampoco quisieron renunciar a la fe y a las tradiciones del cristianismo, sino que las revistieron con gracias hasta entonces desconocidas. Ese contacto ardiente sirvió para renovar en igual medida la Antigüedad y el cristianismo. El arte apasionado espiritualizó la primera y humanizó el segundo.

De esa colaboración y de ese contacto simpáticos, que hubiera escandalizado a los Padres de la Iglesia, pero del que no se escandalizaron en lo más mínimo los papas y los cardenales del siglo XVI, se derivaron a la larga una serie de concepciones intelectuales, que se convirtieron en las ideas rectoras para los siglos siguientes. Esas ideas dominan las religiones antiguas y el cristianismo sintetizándolos. Vienen de más arriba, porque descienden de la esfera de los Arquetipos, donde se elaboran por adelantado en sus grandes líneas los destinos de la humanidad. Allí se teje la trama de la evolución y se dibujan los modelos sobre los cuales la libertad humana bordará sus arabescos. Esos moldes, donde se forman los Dioses mismos, datan de un pasado inmemorial y preparan el más lejano porvenir.

Intentaré formular aquí algunas de esas *Ideas Matrices*.

***

En primer lugar, la primera de esas ideas, la idea esencial de la cual se derivan todas las demás, es la idea misma del *Renacimiento*. Porque este fue el nombre que la época se dio a sí misma en su alegría de volver a nacer, de revivir y de crear. De ahí se deriva esa sacudida profunda, esa vibración de todas las fibras, esa fiebre de innovación y de audacia. Si abrazamos con una sola mirada ese espectáculo grandioso del Renacimiento, y luego vamos hasta su fuente, éste nos revelará una ley histórica de primer orden, una ley de una importancia suprema, desconocida hasta entonces. Es decir que todas *las épocas decisivas de la historia son retornos de épocas antiguas bajo nueva forma, imprevista y maravillosa*. No se trata de renacimientos idénticos sino de *metamorfosis*.

Toda gran época es una refundición de elementos antiguos y su resurrección BAJO EL EFECTO DE UNA IDEA NUEVA.

A continuación damos una serie de ejemplos de esta ley, ejemplos anteriores al Renacimiento.

1. Cuando los arios de la meseta central de Asia inventaron la religión védica atribuida a los siete *rishis*, la concibieron gracias a la nostalgia profunda de la clarividencia que habían tenido en tiempos lejanos sus antepasados, los Atlantes, clarividencia de la que se había conservado la oscura tradición. Entre los Atlantes esta clarividencia era instintiva y natural. Los *rishis* la redescubrieron con un inmenso esfuerzo de meditación y de sabia disciplina, que llamaron *yoga*, o la doctrina de la unión (con Dios). Entonces la percepción de las fuerzas cósmicas, que era confusa y caótica entre los Atlantes, entre los hindúes se convirtió en una magnífica jerarquía, la pirámide de los Dioses repartidos en un orden soberbio. De esta manera los *rishis* crearon el cuadro grandioso de todas las religiones arias. Era al mismo tiempo un *recuerdo* y una *creación*.

2. En primer lugar Zoroastro adoptó ese cuadro, pero añadiéndole su revelación personal, la del verbo solar (Ormuz) y de la lucha del Bien y del Mal (Ormuz y Ahrimán).

3. También Egipto hizo del verbo solar el centro de su revelación, pero fecundándola con la idea del Eterno Femenino (Isis)
y de la trinidad cósmica (Osiris, Isis, Horus).

4. Última en llegar de las religiones arias, la religión helénica
se inspiró en el fondo común que le proporcionaron Egipto,
Persia y Fenicia. A pesar de ello, metamorfoseó tan completamente esta materia prima que compuso algo totalmente nuevo. No
sólo transfiguró los Dioses dándoles belleza plástica y llevando así
la forma humana a su perfección, añadió además una idea nueva,
audaz y subversiva: la de la lucha del hombre contra los Dioses,
simbolizada por los mitos de Prometeo, de Hércules y de Jasón,
así como por todas las leyendas que se mueven alrededor del ciclo
de los Argonautas y de la guerra de Troya.

5. Si consideramos por fin el cristianismo, vemos que el
hecho sublime que ensalza, es decir la manifestación del Dios
soberano en un hombre, tiene sus antecedentes tanto en la leyenda hindú de Krishna como en la leyenda egipcia de Horus, también él hijo del Dios oculto Osiris y de Isis, la Virgen Madre, la
Luz increada, el Eterno Femenino: a esta idea la personalidad de
Jesucristo sólo ha añadido el fuego del amor, un poder de sacrificio y el esplendor de resurrección que superan todo lo que se
había visto hasta entonces, y que se manifiestan, a pesar de todos
los obstáculos y de todas las negaciones, a lo largo de toda la historia del cristianismo. Pero Krishna y Horus anuncian el Cristo
como el alba y la aurora anuncian el sol.

El Renacimiento del siglo XVI se hallaba pues frente a dos
tradiciones enemigas, porque el Cristianismo había triunfado sólo
suprimiendo y destruyendo tanto como pudo la religión pagana.
Atrapados por la atracción de la naturaleza y de la belleza, los
artistas del Renacimiento ¿habrían podido rechazar y maldecir el
cristianismo como el cristianismo naciente repudió y maldijo
el paganismo? Ciertamente no. La religión de Jesús y toda la tradición cristiana estaban infiltradas en su sangre tras una domina-

ción de mil años. No habían dejado de creer en la revelación del profeta de Galilea y del mártir del Gólgota. Por otra parte Platón, que entonces se volvía a leer, podía reconciliar en cierta medida el cristianismo y la Antigüedad.

Entonces sucedió una cosa extraña. Los maestros del Renacimiento empezaron a mirar el cristianismo con los ojos deslumbrados por Grecia, y a mirar la Antigüedad griega con los ojos enternecidos por la religión de Jesús. Inconscientemente espiritualizaron los dioses y las diosas; de manera involuntaria también, pero con la misma ingeniosidad, humanizaron la leyenda cristiana. Hicieron sonreír a las santas mujeres e hicieron desfruncir el ceño a los apóstoles. En los más grandes de esos maestros se observan grandes oscilaciones entre los dos mundos opuestos y la búsqueda apasionada de sus relaciones secretas.

Tan pronto es la batalla encarnizada e implacable entre los dos mundos, como en Dante y en Miguel Ángel, como su abrazo amoroso, como en el caso de Rafael y del Correggio, tan pronto un ensayo de fusión sabia entre los elementos contrarios por medio de la alquimia de los sentimientos, de las formas y de las ideas, como en Leonardo. Pero es siempre una voluptuosidad doble, un sufrimiento doble, una doble e insaciable nostalgia del cielo por la tierra y de la tierra por el cielo.

Miremos el perfil del joven Dante pintado por Giotto en el *Palazzo Vecchio* de Florencia, ese rostro fino y severo que flota sobre la pared vacía, como un alma suspendida en el espacio y en la que la serenidad del pensador es alterada por el tormento del Más Allá; parémonos ante el busto de bronce de Miguel Ángel al *Bargello*, ese Vulcano convulsionado por una melancolía sobrehumana después de una tarea de Titán; zambullámonos en la voluntad fascinadora y fascinada que brilla en el ojo del mago Leonardo en los *Uffizi*; sondeemos la embriaguez sensual y la visión mística que se mezclan en los ojos de Rafael; contemplemos la tristeza de Serafín que baja los párpados del Correggio en el fresco del *duo-*

mo de Parma. En todos veremos la doble naturaleza, la pasión intensa, la herida sagrada. Nadan en su sueño espléndido, pero están consumidos por el eterno deseo.

El tiempo y el espacio, la divergencia de sus temperamentos, la competencia y las rivalidades los dividieron en el curso de sus vidas. Ahora que una gloria común los ha reunido en el mismo panteón, si pudiéramos preguntarles si consiguieron alcanzar la felicidad soñada, qué tipo de genio los reunió en su existencia terrestre y cuál es, según ellos, el testamento del Renacimiento, sin duda esto es lo que nos contestarían: «Nuestros contemporáneos nos alabaron abundantemente, pero nos comprendieron poco. En nuestro siglo fuimos los peregrinos de otras épocas y los anunciadores del porvenir. Nadie nos reconoció. La Estrella de los Magos nos guió a través de nuestras encarnaciones. Finalmente hemos llegado a puerto. Os quejáis en las playas ensombrecidas por la tristeza: ¡Nunca! Nosotros venimos de las esferas donde retumba el radiante: ¡Siempre! Hemos venido para revelar al mundo la gran ley de los renacimientos... en el universo inmenso, todo muere para renacer, desde la flor hasta la estrella, desde el demonio hasta el ángel, desde los hombres hasta los Dioses. Pero el hombre puede volverse a crear a sí mismo remontándose a la fuente de las cosas, ¡el Eterno!... esa es la gran fuente de juventud. Por la magia del arte el hombre posee por adelantado el paraíso al que aspira. ¿Queréis renacer escapando del ciclo fatal de las generaciones? Entonces salid del lúgubre *campo santo* de la historia, donde el polvo de los muertos dormita bajo los fríos sarcófagos y los cipreses negros, y mirad la floración de los astros en el firmamento. ¡Qué hervidero de luz en su inmovilidad! Qué fuerza de metamorfosis en su fulguración constante! Si queréis renacer y creer en la inmortalidad, mirad al cielo... y que la contemplación os atraiga y os encadene como el imán atrae y encadena el hierro.»

II

EL MISTERIO DEL ETERNO FEMENINO

Gracias a una intuición profunda los sabios de la Antigüedad comprendieron que, por sus arcanos, el origen de los dos sexos se remonta hasta el seno mismo de la divinidad. De la misma manera que todo ser vivo necesita un padre que lo engendre y una madre que lo traiga al mundo después de haberlo concebido, cobijado y elaborado por largo tiempo en su seno, se necesita en el mundo un Espíritu que lo imagine y una sustancia que lo realice. Se puede pues afirmar que el *Eterno Masculino* y el *Eterno Femenino* son las dos fuerzas cosmogónicas primordiales, indispensables para la existencia del universo en general y de cada ser en particular. Es lo que el Génesis de Moisés expresa con estas palabras: «Dios creó al hombre a su imagen, lo creó varón y mujer». En un comentario a estas palabras, un profundo pensador moderno, Saint-Yves d'Alveydre ha dicho: «La Mujer es al Hombre en el Estado social, lo que la Naturaleza es a Dios en el Universo, lo que una facultad es a un principio en cualquier punto de la jerarquía de las actividades, lo que la duración es al tiempo, la extensión al espacio, la forma al espíritu, la claridad al día, el calor al fuego, la tierra al cielo». Estas palabras expresan admirablemente el papel del principio femenino en la naturaleza, y de la mujer en la vida de la humanidad. Afinando más sobre el papel de estos dos principios, el mismo autor añade: «En este misterio se puede entrever que si el principio Masculino ejerce su autoridad y el despliegue de sus fuerzas sobre *la esencia de los seres*, el principio Femenino en el universo despliega su autoridad y revela sus poderes sobre su *sustancia orgánica*».[1]

1 Saint-Yves d'Alveydre, *Testament lyrique.*

Hallamos aquí una diferencia importante. Ésta nos muestra que los dos principios actúan de manera distinta en la divinidad y en la pareja humana. En la divinidad los dos principios coexisten en una unión perfecta y trabajan juntos en el Cosmos con una seguridad infalible. En la pareja humana los dos principios están polarizados, separados en dos seres, encargados de una obra común pero que se oponen al mismo tiempo que se atraen por sus individualidades diversas. De esto se deriva, tanto en el hombre como en la mujer, un secreto deseo de sobreponerse el uno al otro. El hombre, con su fuerza creadora, tiene la tendencia a tiranizar y oprimir a la mujer. La mujer, con su fuerza receptiva y plástica, se esfuerza naturalmente por captar y absorber al hombre. De ello se deriva una lucha perpetua que sólo puede convertirse en armonía por la comprensión recíproca y una acción concertada en el plano divino.

Si observamos las distintas concepciones del Eterno Femenino en las religiones antiguas, en el cristianismo y la Edad Media, vemos que los fundadores de las grandes religiones comprendieron desde el principio toda la grandeza y toda la fecundidad del principio femenino. Porque ya para ellos el Eterno Femenino primitivo y primordial es esa luz celeste en la que se reflejan los pensamientos divinos, primeros modelos de los seres futuros. Pero esta fuerza sólo toma conciencia de sí misma y se individualiza poco a poco en la Mujer para desarrollar su papel en la vida social y para convertirse en el espejo divino del Amor, donde se contempla y se transfigura la humanidad toda.

El Eterno Femenino tarda varios miles de años para bajar del cielo a la tierra.

Los *rishis* de la India representan al Espíritu Creador bajo la figura de Brahma, flotando en el Infinito sobre el loto celeste surgido del Tiempo y del Espacio. Alrededor de él se desarrolla, en innumerables volutas, un velo brillante y tornasolado bordado con miles de figuras. Este velo es una emanación de él mismo, su esencia más sutil. Es la Luz increada, la Esposa de Brahma. En su tejido etéreo, se reflejan amorosamente, se multiplican y toman color los pensamientos del Dios. Son todas las formas de vida. Tarda una eternidad en contemplar y cobijar esas formas innumerables antes de crear los Dioses, las fuerzas cósmicas encargadas de cambiar esas formas en seres vivos. Pero esos Dioses tampoco podrían realizar nada sin Maya, la Luz primordial convertida en el Alma del Mundo.

Esta es la concepción grandiosa e impersonal que se formaron los *rishis* del Eterno Femenino.

La de Egipto es ya más humana. Isis, que representa ella también la Luz increada, ve a su esposo Osiris desgarrado en mil pedazo por Tifón, el genio del mal. Pero fecundada por una última mirada del moribundo, trae al mundo a su hijo Horus, el salvador de los hombres. De esa manera ella se convierte en la diosa de la iniciación, de la luz interior, reflejo de la luz celeste.

Con Isis, que se repite en la Deméter griega de Eleusis, empieza esa glorificación de la maternidad y de la educación por medio del amor materno, que es la más universal y la más eterna de las funciones del Eterno Femenino en la historia humana.

La religión cristiana realiza en un punto preciso de la tierra, en un momento de la historia, la metafísica hindú y la iniciación egipcia. Si el Verbo viviente de Dios se encarnó en el niño de la Virgen María, ésta se convertirá a los ojos de sus devotos en la encarnación de la luz celeste, del Eterno Femenino.

El patetismo de su leyenda, la inmensidad de su dolor harán creer en su divinidad. Si Dios es la inaccesible majestad, si Jesús es la justicia y la redención, María será el amor consolador y la mansedumbre infinita. Porque ella ha sufrido tanto podrá perdonar mucho. Los poetas de la Iglesia contemplan su alma como un mar de dolor y de amor en el que aman zambullirse. La música de los más grandes maestros ha magnificado las palabras latinas, que son por sí mismas como un gemido de órgano acompañado por el *lamento* de una multitud afligida.

Stabat mater dolorosa
Juxta crucem lacrymosa
Dum pendebat filius.
Cuyus animam gementem
Contristantem et dolentem
Pertransivit gladius.

Por la lógica del corazón humano María se convierte en la primera divinidad de la Edad Media. El padre llamaba al hijo y el hijo
llamaba a la madre. Madre por la inmensidad del amor, virgen por
la pureza del alma, reúne en sí ese sentimiento profundo y esa
casta ternura que son la fuerza de la mujer. Por ello el corazón de
María se convierte en el centro del universo católico, el foco
de amor y de gracia al que todo aspira. Los himnos sobre ella no
se agotan. Es sucesivamente la rosa flameante, el lirio inmaculado,
la estrella del atardecer que sube sobre la mar sombría. La tierra
y el cielo la adoran.

Ad te clamant miseri.
De valle miseriae,
Te adoran superi
Matrem omnis gratiae,
O sanctissima Maria!

Si el Eterno Femenino tardó varios miles de años antes de reali-
zarse en un tipo humano con toda su fuerza de color, de amor y
de sacrificio, tardó varios siglos antes de expresarse en el arte en
Italia. Todavía enfundada en el corsé bizantino con Cimabue, la
madre de Jesús se libera con los Primitivos. En Giotto ella alcanza un patetismo elevado con las Vírgenes abrumadas de dolor o
postradas al pie de la cruz. En sus Vírgenes Madres y en sus
Sagradas Familias, los pintores florentinos multiplican los matices
del dolor sumiso, de la devoción y de la ternura. En sus Vírgenes

jardineras y principescas, Rafael despliega una finura psicológica y una elegancia que le son exclusivas. Pero se puede decir que supera a todos los demás pintores y se supera a sí mismo en su Madona Sixtina.[2] Allí ya no es sólo María, madre de Jesús, ya no es la esposa de José sentada al lado de la cuna de Belén o jugando con su *bambino* en los vergeles de Galilea, lo que evoca Rafael. Es el Eterno Femenino que se cierne en las esferas eternas lo que nos muestra bajo la figura de esa Virgen de pie sobre las nubes, entre el cielo y la tierra. De alguna manera está concebida fuera del espacio y del tiempo. Grave y solemne, consciente de su misión, presenta al universo su hijo, el Verbo encarnado de Dios, el Cristo salvador del mundo. Los dos ángeles apoyados en la base del cuadro, de los que sólo se ve la cabeza extática y los brazos, dan la impresión de sostenerla con sus miradas de adoración y de suplicarla de que no baje al abismo terrible del nacimiento y de la muerte, pero la mirada trágica del niño y su frente sublime muestran que él también sabe lo que le espera y lo acepta.

Así, el pensamiento insondable de la Providencia se ha revelado por la voluntad humana. La Mujer, emanada y descendida etapa tras etapa del Eterno Femenino a lo largo de innumerables progresiones, a través de la espiral de los siglos y de los milenios, ha tomado conciencia de sí misma remontándose a la fuente. El ciclo evolutivo se ha cerrado.

Antes de Rafael jamás la pintura había alcanzado esa altura en la expresión de la verdad metafísica y trascendente.

***

Pero ese es sólo uno de los aspectos del Renacimiento, su aspecto cristiano, místico y platónico. Tiene otro, su aspecto helénico, pagano y sensual.

2 Del museo de Dresde.

Hemos visto que fueron muchas las causas que empujaron al Renacimiento en su nuevo camino: los descubrimientos científicos, la extensión del horizonte intelectual, la nueva concepción del universo, las guerras y los viajes. Pero fueron antes que nada los poetas y prosadores griegos y latinos, redescubiertos y traducidos, la arquitectura romana y las estatuas griegas exhumadas de su sueño de siglos, los que despertaron los sentidos embotados. Digamos que la embriaguez de la Belleza llevó el Renacimiento a la Naturaleza. Los temas mitológicos se amontonaron bajo el desbastador y el pincel, no ya como cosas sagradas de culto tal como las había concebido la Antigüedad, sino con el atractivo del fruto prohibido. El arte, como la sociedad, es arrastrado en unas ansias de vida y se entrega a un desenfreno de desnudeces seductoras. Júpiter y Venus, Neptuno y Anfítrite, Baco y Ariadna, con sus séquitos de Musas, Tritones, Ninfas y Sátiros llenan las telas de los pintores y los estudios de los escultores y turban la imaginación de la humanidad renaciente.

Naturalmente todas las cosas tienen dos polos. Si en las alturas de la mente el Eterno Femenino conduce a los más sublimes arcanos de la Divinidad, en los bajos fondos de la materia conduce a los excesos de la animalidad abandonada a sí misma y desviada de su objetivo. Por la flexibilidad de su cuerpo, la sutileza de sus órganos, la delicadeza de los sentidos y la armonía de las formas, el cuerpo de la Mujer es como un microcosmos de la Naturaleza, un jardín de delicias refinado. El hombre está muy llevado a abusar de ella. De esta manera puede convertirse en el cebo del pecado, el camino florido de las caídas fatales, donde la mente, embriagada por el frenesí de los sentidos, olvidará su divino origen. La Antigüedad grecolatina se hundió en una orgía lamentable y cruel. También el Renacimiento tuvo sus excesos, que la historia conoce en detalle. Su arte por lo menos conservó en el sensualismo el freno de la belleza, pero mostró los peligros del camino y la proximidad del abismo, sin perder nada de su gracia encantadora y sin bajar nunca a la fealdad degradante del realismo.

Hay un cuadro poco conocido del Correggio llamado *La Escuela del Amor.*[3]

Se compone de tres personajes: Venus, Mercurio y Cupido. Bajo la figura de un hermoso joven, Mercurio enseña las letras del alfabeto a un encantador pequeño Amor de cabeza rubia. Éste deletrea diligentemente las palabras que le dicta su maestro y las escribe en un rollo de papel con un estilete. Su madre, de pie delante de él, majestuosa y calma en su orgullosa desnudez, sostiene el arco de su hijo y lo contempla, benévola y soñadora. Dos grandes alas salen de la espalda de esta Venus. Parece decirle al pequeño Cupido: «No soy sólo la Venus Pandemos, sino también la Venus Urania. Hagas lo que hagas, no olvides nunca que eres hijo de la Belleza. Piensa en mis alas y recuerda que tus flechas no han de hacer bajar a los hombres al Tártaro, sino empujarlos más bien a subir al Olimpo o al Parnaso». Pero la sonrisa maliciosa de Cupido muestra que una vez armado con su temible arco se permitirá todas las travesuras y todas las locuras.

Otros tres cuadros del mismo maestro, de un singular atrevimiento y sin embargo de un desarrollo irreprochable, describen el vértigo creciente que la atracción de los sexos produce en el alma humana. Se trata de *Leda y sus compañeras, Io* y la *Antíope* del Louvre. Leda y sus compañeras retozan inocentemente con un vuelo de cisnes en una corriente de agua clara. Mientras juegan con los audaces pájaros sólo degustan la frescura y el esplendor de su plumaje de nieve. El pájaro real que se acerca a Leda todavía no la ha alcanzado. La *Io* tumbada en una nube negra se extasía bajo el beso de Júpiter, del que sólo se ve la cabeza. Ella ha perdi-

---

3 Según Pungileoni, formaba parte de la colección del duque de Alba. Ignoro dónde se encuentra en la actualidad.

do el conocimiento bajo la sensación fulminante del placer. En la *Antíope*, Júpiter se presenta en un bosque frondoso bajo el aspecto de un sátiro con patas de chivo. Levanta una rama y mira, con una sonrisa de concupiscencia, a su presa encantadora y dormida, en un maravilloso escorzo en claroscuro. Esta progresión es suficientemente transparente y sugestiva. Cuando se abandona sin freno a la sumersión del deseo sensual, el hombre se desliza rápidamente de la inocencia a la obnubilación de su conciencia superior, y pronto la nobleza nativa de su personalidad será abatida por la animalidad triunfante. Allegri sólo indicó ese deslizamiento fatal en el espesor equívoco de la bacanal antigua. La continuación aparece por episodios en la pintura veneciana, especialmente en las Venus del Ticiano, que despliegan de manera impúdica su soberbia desnudez, y en sus Bacantes delirantes que manejan serpientes enrolladas en sus brazos.

***

Con una ojeada hemos abarcado todo el ámbito del arte en esa época siguiendo su doble impulso. Por un lado la ascensión vertiginosa del alma hacia el espíritu puro, por el otro la inmersión loca en el laboratorio turbulento de vida y de muerte que es la Naturaleza. La ambición del Renacimiento de lanzarse en su carrera impetuosa con esos dos deseos fue verdaderamente prodigiosa. Pero al final del camino, se encontró con una contradicción formidable: el dilema del abismo inferior y de la escalera hacia las alturas. ¿Cómo lo resolvió? ¿Encontró el medio de franquear el abismo y de fundir en un todo nuevo lo que constituye la quintaesencia del helenismo y del cristianismo, el culto de la Naturaleza y la apoteosis del Alma? ¿Penetró suficientemente en el arcano de las cosas para llevar a cabo ese milagro de alquimia? ¿Consiguió llevar sus investigaciones visionarias hasta esas fuerzas cósmicas, cuyas manos sutiles tejen el velo ondeante de Maya, para descubrir uno de sus secretos mejor guardados?

Hemos visto que, aunque no resolvió el problema, por lo menos se acercó a ese misterio y presintió su solución por medio del genio del gran Leonardo.

III

LA JERARQUÍA DE LOS TRES MUNDOS Y SUS APLICACIONES

Si se intenta condensar los resultados idénticos de la intuición religiosa, de la experiencia humana y de la sabiduría reflexiva de todos los tiempos en un concepto único, que domine y resuma todos los demás, se ve que este es el de *la jerarquía de los tres mundos.*

En todo momento, en efecto, el sentimiento íntimo, la observación y la lógica se pusieron de acuerdo para admitir, por encima del mundo visible y material, un mundo invisible y espiritual que lo anima y lo supera, y, por encima de esos dos mundos, un sistema de fuerzas y de principios que los ordena y los dirige. En una palabra, para explicar la naturaleza y la humanidad, el hombre ha tenido que creer siempre en un mundo divino. Pero en las distintas épocas de la historia, los sabios y los pueblos se han hecho representaciones diversas de ese mundo divino, y han interpretado de otro modo sus relaciones con los dos mundos inferiores.

Para el mundo grecolatino, el mundo sobre la tierra fue el más importante. Acercó los Dioses a los hombres, los mezcló los unos con los otros, unió y rodeó los tres mundos con las cadenas de la Belleza. El cristianismo concedió una importancia capital a la vida de ultratumba y aumentó hasta el infinito el ámbito del cielo alejándolo de la tierra. De esta manera introdujo en el arte una rigidez ascética y severa. Durante un tiempo la belleza física desapareció del mundo. Por el contrario, el cielo de la Edad Media se llenó de virtudes, de bellezas y de esplendores espirituales. La obra audaz y apasionada del Renacimiento, después de haber devuelto sus derechos a la Naturaleza y a la Belleza, fue hacer bajar el Cielo cristiano a la tierra, infundirle el calor y el encanto de la vida, sin despojarlo de su grandeza y de su espiritualidad.

Esta revivificación de lo Divino por el impulso espontáneo del arte demuestra por sí sola que para la humanidad en el siglo XVI tenía que establecerse una nueva relación entre los tres mundos.

Pero esto no es todo. Hay un hecho todavía más importante, y aquí tocamos el resorte más profundo de esa edad y del nuevo período que inauguró para la humanidad.

Esa época tenía que hacer un descubrimiento que abrió unos horizontes deslumbrantes sobre el universo infinito, a través de uno de las arcanos más secretos de la Naturaleza. Por sus estudios de la historia natural, sus experimentos químicos, fisiológicos y médicos, Paracelso llegó a comprender que el hombre es, por su constitución corporal y mental, un verdadero *espejo del mundo*, que no sólo todos los elementos químicos de la naturaleza se encuentran en él, sino que, por medio de su *cuerpo físico*, su *cuerpo etérico* (o vital), y su *cuerpo astral* (o su aura radiante) refleja los tres mundos (natural, anímico y mental) con el añadido de Dios, que se refleja en su alma. Porque el *yo consciente*, que forma su centro, representa en él la chispa divina.

Así, cada hombre lleva en sí los tres mundos. En las tres partes de su ser posee una tierra, una atmósfera y un firmamento. Por ellos, tanto si lo sabe como si no, está en comunicación perpetua con las partes correspondientes del Cosmos. Por eso el hombre, que Paracelso llama *microcosmos*, es un extracto, un resumen y una quintaesencia del universo, que llama *macrocosmos*.

Es este un descubrimiento de un alcance incalculable, sobre el cual se basa todo el ocultismo moderno, y que servirá sin duda de base a la ciencia futura.

Y sucedió que Leonardo hizo el mismo descubrimiento, pero de una manera completamente distinta y sin darse exactamente cuenta. El naturalista tan notable que era lo fue por poca cosa. Hizo la ascensión de los tres mundos como artista-vidente. Como pintor psicólogo, exploró la naturaleza y el hombre. En el hombre, como en la mujer, descubrió los dos polos de la vida en el misterio del Bien y del Mal, que simbolizó bajo la figura de la *Medusa* y de *Cristo*. Luego intentó establecer el equilibrio de los dos polos en el Eterno Femenino y el Eterno Masculino, pintando la *Gioconda* y el *Precursor*. Sutiles análisis, sorprendentes síntesis, maravillosa alquimia psíquica, de las que nadie, ni siquiera su autor, sospechó el alcance. Después de haber recorrido magistralmente el mundo de la naturaleza y el mundo humano, después de haber milagrosamente salvado el abismo del Bien y del Mal, Leonardo se detuvo en el umbral de lo Divino.

Perdido en su sueño de belleza, Rafael no se atormentó con esos difíciles problemas. Pero al llegar a sus últimos días, por una iluminación súbita, trazó una imagen cautivadora de los tres mundos en su cuadro de la *Transfiguración*. Allí los tres mundos ya no aparecen separados por divisiones estancas, como Dante los había representado en su *Divina Comedia*. Se muestran distintos y superpuestos, pero unidos entre sí por sus fuerzas internas y jerarquizadas en un conjunto orgánico. La muchedumbre, que discute al pie del monte Tabor, permanece en las tinieblas, como ha permanecido hasta hoy la gran mayoría del género humano. Sólo un loco, un poseso sanado, recibe a través de un desgarro en su cuerpo etérico, un delgado rayo perdido de los mundos superiores. Los tres apóstoles elegidos, dormidos en la montaña, perciben el mundo divino en un sueño, a través de la luz astral. El Cristo transfigurado que, junto con Elías y Moisés, flota por encima de ellos con un esplendor cegador, nos muestra la visión de los apóstoles y configura, con su luz propia y directa, la tercera esfera, el mundo espiritual y trascendente.

Ese mundo divino, donde Rafael penetra sólo en breves ráfagas, es en realidad el mundo propio del Correggio. Éste se mueve en él de manera consciente y con soltura como si estuviera en su país natal, porque sabe que viene de allí y que allí regresará, y que en realidad nunca salió de él. Su alma se baña en esa luz astral, increada y viva, que es el alma sutil del mundo. Sólo puede imaginar a seres que se le parecen. Sus creaciones irradian esa luz interior que les brota de todos los poros. De ahí viene esa *luz difusa* en todos sus cuadros. Sólo raramente hay *claroscuro* como en Rembrandt, es decir luminosidad sobre lo oscuro, habitualmente es *claro sobre claro*, o más bien la fulguración de los colores por efervescencia de la luz. No parece venir desde fuera, sino de dentro de los personajes. Incluso sus pinturas paganas y sensuales, la *Leda*, la *Io* y la *Antíope*, están amasadas y saturadas de ella, aunque los cuerpos de esas hermosas mortales, poseídas por un dios, de alguna manera se vuelven etéreos en la luz que destila de sus carnes como un sudor de ambrosía.

Después de haber constatado este hecho en el conjunto de la obra de Allegri, examinamos a continuación tres de sus pinturas más características: *La Noche*, cuadro al óleo, del museo de Dresde, y dos de sus frescos de Parma, el *San Juan Evangelista* (en el luneto situado encima de la sacristía de la iglesia de San Juan) y *La Asunción de la Virgen* en la cúpula del *duomo*. Veremos que esas tres pinturas expresan tres manifestaciones diversas de *la luz dinamizada en las tres esferas del cosmos*: en el mundo de la naturaleza, en el mundo humano y en el mundo del Espíritu puro. Gracias a sus concepciones sorprendentes y a su arte sugestivo, el pintor nos da a entender que, en esos tres planos, la luz destila de otra manera, en otras formas, y se percibe con órganos diferentes.

La Noche, de Dresde, representa a la Virgen con el niño Jesús y los pastores en la cabaña de Belén. «A primera vista este cuadro nos da la sensación de una luz blanca, brillante, que se percibiría en la noche oscura, y que crea en las tinieblas una especie de mancha deslumbrante. No nace de una antorcha, viene del niño Jesús acostado en su cuna, en brazos de su madre, en el centro del cuadro. No se ve la figura del recién nacido, pero su madre, humilde y sonriente, inclinada sobre él, lo envuelve en su mirada. Está como inundada por su resplandor. El brillo vivo que sale del niño se extiende por todas partes, ilumina los ángeles que flotan por encima del grupo y los pastores que están a la izquierda. Con su actitud dicen: "¡Qué luz, qué brillo divino!"»[4]

Este cuadro representa un milagro, es decir un hecho excepcional y raro, pero al mismo tiempo lo explica para quien sabe comprender el misterio a través de la estética del maestro. Aquí lo Divino, o la luz espiritual, brilla a través del cuerpo físico del niño Jesús, y esto por medio de su cuerpo etérico, que electriza y hace brillar como un cuerpo astral. De esta manera toca físicamente a los asistentes y penetra en su conciencia por la vista. Es la luz etérica condensada, desparramada en las tinieblas. Es lo Divino percibido en la carne por la emoción humana.

Observemos ahora el fresco pintado en el luneto en semicírculo, encima de la sacristía, en la iglesia de San Juan Evangelista, en Parma. «El apóstol, bajo aspecto de un hermoso joven, está sentado en el suelo, semiacostado, apoyado contra la pared. Parece tener su primera inspiración. Parece que escucha voces. Un rollo de papiro está apoyado en sus rodillas y parece a punto de escribir algo con un estilete que tiene en su mano derecha. La inmovilidad, la calma profunda, el arrobamiento del éxtasis se transparentan en la actitud y en los rasgos del Vidente. Una armo-

---

4 *Le Corrège, sa vie et son œuvre*, de Marguerite Albana Mignaty.

nía celeste penetra en su cuerpo y las ondas de una música seráfica hacen estremecerse los rizos rubios y ligeros de su cabellera, que flota sobre sus hombros. Toda la atención se concentra en la cabeza maravillosa del apóstol, girada hacia el observador y mirando hacia arriba, con los ojos muy abiertos, poderosos y radiantes, que parecen absorber toda la luz de una visión deslumbrante. El cielo, el infinito está en esa mirada ardiente. Para él ya no hay misterio, lo ha penetrado todo. Ve brillar ante él el arcángel de fuego que tiene el libro con los siete sellos y que le está hablando. El amor es su palabra, la belleza su envoltura, la luz su mirada. En esta contemplación el apóstol disfruta de la paz en el Eterno, ve a Dios mismo. Todo pasa y todo muere, él solo vive siempre. Dios es luz, la luz es Dios. Mira el ángel, escucha su palabra y transmite el verbo viviente.»[5]

Este cuadro pinta el reflejo de una *visión astral* en los ojos de un Vidente en éxtasis. Percibimos una refracción de la luz espiritual dinamizada por su mirada, que nos la devuelve.

En la cúpula de San Juan, que representa la aparición de Cristo resucitado y transfigurado al anciano de Patmos, el pintor ha intentado transportarnos a la fuente misma de lo Divino, en la tercera y suprema esfera de la vida, y de darnos al mismo tiempo una idea de su acción sobre los dos mundos inferiores. Ha hecho todo lo que el arte de la pintura le permitía. La luz espiritual está representada aquí por el Cristo resucitado y transfigurado, que se lanza en un movimiento vertiginoso hacia la cima de la bóveda. Esta luz sale de él y vuelve a bajar para iluminar directamente los apóstoles, que representan el mundo anímico, y la transmiten a los Padres de la Iglesia situados en las pechinas. Éstos, que ya no ven la verdad directamente, la discuten intelectualmente y la transmiten bajo forma de mandamiento a la muchedumbre. Es

6 Ibídem.

evidente que la verdad pierde unidad, fuerza y brillo a medida que baja a los mundos inferiores para extenderse, y que se pulveriza fraccionándose a través de todos esos prismas.

Ahora, si la ineluctable necesidad de la vida reclama esta bajada y este oscurecimiento, para la educación de las almas nuevas que nacen a la vida, el fin que la iniciación propone a lo más selecto y a todas las buenas voluntades es de remontar hasta la fuente de la Luz y de la Unidad a través de todos los grados de los mundos interiores.

No son esas largas y penosas etapas, es el regreso último a la fuente primera de la verdad lo que nos muestra el pintor, con toda la audacia del más puro entusiasmo, en su *Ascensión de la Virgen*, representada en la bóveda del *duomo* de Parma.

«En la cima de la bóveda se eleva como un pájaro la figura del arcángel Gabriel, cuyo escorzo da la impresión inmediata de un vuelo impetuoso. Precede a la Virgen para anunciar su llegada al cielo. Legiones de ángeles, arcángeles, serafines y querubines forman alrededor de la bóveda un cortejo triunfante, coro inmenso y animado de un movimiento rápido y simultáneo. La Virgen Madre eclosiona entre ellos como una rosa de amor que abre su seno perfumado al gran sol de la vida. Vestida con una túnica rosa y un largo manto azul, los brazos extendidos y abiertos, flota en la actitud apasionada del éxtasis, la cabeza echada para atrás, la boca entreabierta y una sonrisa en los labios. Unos ángeles la llevan en su vuelo. De todas partes se lanzan, se precipitan y se juntan en una ronda impetuosa, donde la música de las voces y el murmullo de las alas se mezclan al concierto de instrumentos melodiosos. Es un vértigo de movimiento aéreo y de alegría sobrehumana.

»Pero ¿Cómo describiremos esta mujer transfigurada, convertida en la novia del cielo? Jamás se pintaron ni soñaron unos ojos iguales. El fuego devorador del alma estalla en chorros de luz. Bordeados de largas pestañas negras, puestos en relieve por el

ÉDOUARD SCHURÉ

arco oscuro de las cejas, esos ojos irradian todos los amores concentrados en uno solo.»[6]

Las armonías ternarias del Cosmos, el doble movimiento de su vida, con su flujo y reflujo, se marcan así en las dos cúpulas. El fin supremo de *la Involución* es la bajada del Verbo y su manifestación completa bajo forma humana, en la sustancia terrestre. El fin supremo de *la Evolución* es el regreso del hombre a Dios, que se opera por medio de un remolino de amor y de entusiasmo, por el ímpetu sublime y la transfiguración del Eterno Femenino.

Pero la balaustrada de esta cúpula, el éxtasis tumultuoso de los apóstoles, los jóvenes y las muchachas enlazados de pie con sus hacheros sobre los altares del friso en poses encantadoras y en un estallido de alegría ante la Asunción de la Virgen, denotan en Allegri una filosofía menos sombría y más humana que las de Dante y de Miguel Ángel. No condena la humanidad a permanecer en el infierno. Con el visionario de Patmos espera para ella la bajada de la Jerusalén celeste, una época en que la humanidad, habiendo reconocido en su plenitud la jerarquía de los tres mundos, la comprenda para una nueva visión, reflejándola en su alma y en su organización social, y realizando su misión para un culto consciente de lo Divino.

***

Hemos expuesto las ideas matrices que dominan el Renacimiento italiano. *La ley de las Metamorfosis, El misterio del Eterno Femenino,* y la *Jerarquía de los tres mundos* se manifiestan ahora como tres constelaciones que se elevan y relucen con sus satélites por encima de los grandes maestros de la época. Es verdad que ni Rafael, ni Miguel Ángel, ni siquiera Leonardo y el Correggio contemplaron

6 Ibídem.

directamente esos astros. Pero esos soles nuevos y poderosos ilumi-naron sus obras, vivificaron su profundidad. Sus rayos divergentes regularon los ritmos variados y las armonías grandiosas.

Preguntémonos ahora qué tipo de enseñanza sigue dando ese maravilloso Renacimiento al mundo actual. Porque las semillas que echó en el mundo están lejos de haber producido todos los frutos, y los astros que emergieron para ellas están lejos de haber mostrado toda su brillantez. Incluso se han velado para nuestro tiempo hasta desaparecer casi del todo.

Si el Renacimiento tuvo unos resultados tan brillantes, si con-siguió realizar una obra tan inmortal como la Antigüedad y el cris-tianismo, si dio inicio a una era nueva de la humanidad destinada a sintetizar el helenismo y el cristianismo en un nuevo concepto vital, es en primer lugar porque tuvo a su servicio talentos de pri-mer orden, pero también y sobre todo *porque reconoció y glorificó en su arte la jerarquía de los tres mundos.*

Esta jerarquía significa el dominio de lo superior sobre lo inferior, del alma sobre el cuerpo, de la mente sobre la materia, de lo invisible sobre lo visible. Sin duda el Renacimiento fue grande porque contenía misteriosamente en sí misma un cierto número de sentimientos y de ideas nuevas. Pero esos sentimientos y esas ideas no habrían podido triunfar si el Renacimiento no los hubie-ra introducido en los marcos infrangibles del universo. Porque los tres mundos representan la estructura misma del cosmos, son la armazón indispensable de la ciencia, del arte y de la vida. El hom-bre, que es él mismo la imagen del universo por su triple natura-leza, no puede poseer ni todas sus fuerzas ni comprender el mundo sin esta clave. Si ignora o intenta reducir o suprimir una de las tres partes de su ser y del mundo no producirá nada que sea fecundo y sólo producirá obras abortadas.

Todos los hombres, todos los pueblos, todos los siglos que no realizan un equilibrio y una armonía de los tres mundos están desti-nados al desorden y a la anarquía, bajo una lamentable mediocridad.

¿Pero, qué ha sucedido? Desde el siglo XVI hasta nuestros días esta armonía ha sido profundamente turbada: por el trabajo extraordinario de la ciencia, únicamente ocupada con el mundo visible; por el desarrollo colosal de la industria que concentra el pensamiento y las ambiciones en los intereses económicos, la humanidad ha alcanzado una barbarie de nuevo tipo que podríamos llamar *el materialismo intelectual*. Los siglos XVII, XVIII y XIX han trabajado en sentido contrario, por sobresaltos, por movimientos bruscos, de una manera discordante y caótica. El pensamiento puro, la poesía y la música se han elevado a las más sublimes regiones del Alma y del Ideal, pero como las potencias dirigentes de la Ciencia y de la Religión no poseen las claves de la iniciación, la más esencial de las cuales es el conocimiento en profundidad de los tres mundos, los esfuerzos del Arte y del Genio sólo han actuado débilmente sobre la vida social, y el hombre ha permanecido como el ser anárquico y caprichoso que es cuando sólo vive siguiendo sus instintos.

Por otra parte, el advenimiento de la democracia en la política ha producido un verdadero acoso contra todo ideal que se eleve por encima de la mediocridad, gracias a la irrupción de las masas en todos los ámbitos. Y lo más selecto, cuyo papel eterno es el de disciplinar a las masas educándolas, se ha dejado hipnotizar por las multitudes ciegas, entregándoles la maestría que le corresponde. Así, en lugar de elevar gradualmente las masas a su nivel, tiende a rebajarse al suyo.

Es verdad que en la última guerra, que sublevó la mitad del mundo en un magnífico impulso por la Justicia y la Libertad, hemos visto que esas masas son capaces de impulsos sublimes en determinados momentos. Pero esto sólo ha sido posible porque sus guías, representadas por un cierto número de individualidades superiores, han sabido despertar en ellas la chispa divina. Gracias a ese arranque de energía el imperialismo prusiano, última y monstruosa encarnación de las antiguas tiranías, pudo ser vencido. Pero no había tocado tierra que ya las fuerzas del mal, que se agitan siempre en los bajos fondos de la humanidad, suscitaban el bolchevismo, esa otra forma de materialismo que remueve las masas humanas con la palanca de la envidia y la quimera de la igualdad absoluta. Esta avalancha de la bestia humana desencadenada, que amenaza con invadir todo el mundo, es el resultado del materialismo y del nihilismo intelectual, cultivado por una supuesta sociedad superior que se ha mezclado con la muchedumbre fomentando sus bajos instintos, a partir de la segunda mitad del siglo XIX.

El sentido de la Naturaleza se ha corrompido, el sentido del Alma se ha obliterado; el sentido de lo Divino está casi apagado. De los tres mundos el hombre ya sólo ve uno, el mundo material. Por ello el individuo desconcertado ha perdido la dirección, los poderes sociales su autoridad, la ciencia y el arte su inspiración superior. De ahí se deriva el caos intelectual y la anarquía moral en la que nos debatimos.

¿Cómo salirse de ésta? Hay que reconstruir simultáneamente la jerarquía de los tres mundos en el individuo, en la sociedad y en la ciencia con una nueva modalidad de educación moral, de iniciación intelectual y de iluminación espiritual. El individuo, la sociedad y la ciencia moral forman un todo solidario. Cada una de estas tres esferas sólo puede desplegar sus facultades de una manera normal si encuentra en las otras dos la trinidad orgánica que posee en sí misma. El individuo con mayor talento permanece impotente y descastado en una sociedad anárquica. La sociedad más rica en elementos que no está gobernada por un grupo de individuos superiores, decae y viene a menos. La ciencia más avanzada, si no está iluminada por la sabiduría, empuja al individuo a la rebelión y la sociedad a la anarquía.

La luz baja de arriba a las profundidades. No viene desde abajo. La naturaleza es aristocrática y el universo es una jerarquía.

¡Mal haya a aquellos que no cultivan en ellos mismos y en los otros la jerarquía de los tres mundos! Porque esa es la ley divina. Servirla significa trabajar en la manifestación de Dios, combatirla es oscurecerla.

La condición inicial y principal de esta reforma de la educación sería una reconciliación inteligente y desinteresada de la Ciencia y de la Religión en la persona de sus más altos representantes. Pero tememos que esto no sucederá pronto, a causa del abismo que separa estas dos mentalidades, de sus rencores heredados de una historia sangrienta y de los fuertes celos con los que estos dos poderes se disputan el control de las almas. El obstáculo más grande para que se entiendan es, tanto para la una como para la otra, esa pereza mental que prefiere tropezar con todas las piedras del camino antes que salirse del atolladero. Quizá haga falta un nuevo cataclismo tan grande como el que acabamos de atravesar para reconciliar la Ciencia y la Religión ante el horror del sufrimiento humano.*

Entre tanto ¿no se atribuye un gran papel al Arte que goza de toda su libertad y que ve abrirse delante de él los caminos infinitos de la naturaleza, de la historia y de la leyenda? ¿No podría, excavando, hacer brotar las grandes fuentes de la tierra y del cielo, y volver a ser lo que fue en las grandes épocas, el *Arte iniciador y salvador*?

A esta pregunta los maestros del pasado y los signos precursores del futuro contestan:

«Hay tres instrumentos mágicos para penetrar en los arcanos de la vida: *la Antorcha del Amor* que crea el entusiasmo, *la Lira de la Armonía*, cuyo ritmo pone en orden la Belleza, y *el Caduceo de*

---

* Se refiere aquí a la Primera Guerra Mundial. [T.]

Hermes, con las dos serpientes entrelazadas y enfrentadas, que dirige las almas cuando bajan para alojarse en la carne y las reconduce hacia los Dioses después de la muerte. Los encantos de la Antorcha y de la Lira reinan sobre los mundos inferiores. Sólo el cetro alado de Hermes conduce al mundo divino y permite mandar sobre los otros dos. *Hasta hoy la Antorcha y la Lira han sido suficientes para el artista y el poeta para sus encantamientos. Pero ahora las potencias del mal son tan fuertes, han densificado de tal manera las tinieblas que sólo el caduceo de Hermes, el cetro de la ciencia integral, podrá atravesarlas y vencerlas.*

»Así pues, expulsad la duda que roe vuestros corazones y paraliza vuestros brazos. La Antorcha y la Lira son dones de los Dioses, el cetro de Hermes es el premio de la voluntad. Sólo le pertenece a aquel que sabe conquistarlo... y para cogerlo se necesita la Fe.»

CAPÍTULO X

LA ESTRELLA DE LOS MAGOS
(EPÍLOGO)

Cuando la llama del entusiasmo sale del corazón, la
Estrella de los Magos se enciende en el cielo.

I

UN DÍA EN VILLA D'ESTE

¡Hay que dejar que la marea baje!
Mme. de Beaumont (Montmorin).

Hay lugares predestinados que parecen construidos por la
naturaleza para configurar ciertas ideas matriz ante los ojos de
la humanidad. La magia de esos paisajes no viene sólo de las tradiciones históricas, de las leyendas y de los recuerdos que los han

impregnado con sus perfumes sutiles. Se diría que esos santuarios naturales han sido esculpidos por adelantado por los dioses que ahí se veneran para que les sirvan de morada. Un ejemplo es la meseta de la cadena arábica, donde se levantan, entre el desierto ocre y el verde valle del Nilo, la gran pirámide y la esfinge de Gizeh. Otro ejemplo es la roca colocada como un altar en el centro de Ática, que presenta al cielo de Grecia, como una ofrenda votiva, la Acrópolis y el Partenón. Lo mismo puede decirse del Mont Saint-Michel, que eleva audazmente la fortaleza de la caballería y el santuario del Arcángel por encima de los furores del Océano.

Los lugares maravillosos, los monumentos de todas las épocas, las ruinas célebres, abundan en los alrededores de Roma, pero sería difícil encontrar un lugar más sugestivo que el antiguo templo de Vesta, llamado también templo de la Sibila, del que se admira la elegante columnata semicircular, por encima de la cascada de Tivoli. Los abundantes recuerdos, y una armonía grandiosa de la naturaleza y del arte, son abrumadores. En este retiro escogido del sueño se respira una melancolía suntuosa que entristece y consuela al mismo tiempo, mientras un gran misterio la domina.

Antes de salir de los Montes Sabinos, el claro y azul torrente del Anio con sus blancas espumas cae en un abismo en medio de un bosque de pinos. Se precipita en dos chorros en el abismo rocoso y forma numerosas caídas con sus volutas sonoras, para caer con una última cascada en la campiña romana, donde va a unirse al Tíber, no lejos de su entrada en la Ciudad Eterna. Al pie de este monte, cubierto de olivares y de viñas, el emperador Adriano hizo construir la famosa *villa Adriana*, cuyos monumentos, esparcidos en una circunferencia de 7 millas reproducían los edificios que más habían impresionado la imaginación del príncipe a lo largo de sus viajes. Allí podía verse la ciudad egipcia de

Canope y el templo de Serapis, los pórticos del Liceo, los jardines de la Academia y el Pritaneo de Atenas; más lejos se veía un rincón de Tesalia, el fresco valle del Tempe, santa patria de Orfeo, con sus bosquecillos y sus templos, y un arroyo que representaba el Peneo; más lejos aún, el Infierno y los Campos Elíseos, grutas de sombras y de fantasmas; por fin un estadio, un teatro y, sobre un altozano, el palacio imperial, desde donde el César contemplativo podía abarcar con una sola mirada todas esas maravillas con el panorama de las montañas de Tivoli que, para él, representaban la cadena del Monte Olimpo.

Hoy en día aquello ya no es más que un montón de ruinas invadidas por la vegetación exuberante, donde las encinas crecen sobre los muros ruinosos, mientras que las ramas trepadoras de la hiedra recaen en las salas enormes por las grietas de las bóvedas hundidas. Sin embargo, en su miseria y en su majestuosidad, estos restos desfigurados todavía evocan ante nuestros ojos, gracias a una síntesis magnífica, todo el esplendor desaparecido del mundo grecolatino.

Pero allá arriba nos espera otro espectáculo, una sensación muy distinta, si, remontando el camino que serpentea en la quebrada que rodea la cascada, superado el templo de la Sibila y la aldea de Tivoli, llegamos al altozano donde se eleva la incomparable villa d'Este, que domina desde lejos la campiña romana con su blanca fachada y sus terrazas floridas. En la villa Adriana paseábamos por un dédalo de ruinas en los Campos Elíseos de la Antigüedad. Aquí entramos sin desniveles en los jardines encantados del Renacimiento. Un golpe de varita mágica nos ha transportado al marco perfecto para un decamerón ideal del siglo XVI.

Recuerdo como un sueño lejano, pero siempre presente en mi memoria, una tarde de primavera, hace unos diez años, pasada en esos jardines colgados al borde de los montes Sabinos, donde la sonrisa de la naturaleza y la del arte se funden bajo el azul diáfano del cielo romano y realizan una especie de paraíso terrestre. Había decidido pasar allí mi penúltima jornada romana y despedirme de una Italia que no esperaba volver a ver.

Desde el balcón de la villa real había llegado a la gran terraza de abajo por una serie de plataformas. La escalera rectilínea atraviesa un bosque de mirtos y de adelfas. Se baja lentamente, ya que el ojo encantado duda entre las hermosas plantas que nos rozan y nos hablan, y la belleza del panorama que surge de todas partes y se despliega. En cada una de las pequeñas plataformas hacemos una parada. En cada una encontramos estanques frescos y surtidores de aguas cantarinas. Cada una de las matas de miosota, de violetas o de verbena se muestran en grandes jarrones de mármol, de granito o de pórfido. Uno quisiera detenerse en cada grada, porque a cada una el paisaje varía sus líneas infinitas con una gracia elegíaca y majestuosa. Por fin se llega a la gran terraza inferior, la joya de la villa, el centro de su magia única y personal. Aquí las abundantes aguas del Anio, que bajan de los montes Sabinos, se recoge en distintos canales y en un gran estanque rectangular, donde circula la ola vivaz de un color verde oscuro o de un azul de ultramar. Todavía mareada por su movimiento anterior, burbujea aquí y allá o dormita soñadora, pero lista para arrancar en nuevas carreras. Alrededor de estos estanques se yerguen cipreses varias veces centenarios, más grandes que los chopos más altos. Los troncos tienen el color del basalto, el sol, que hurga en su follaje oscuro, pone estrías de oro y vuelos de palomas blancas arrullan en ellos o se escapan en alegre ir y venir. Esos cipreses gigantes, cada uno de los cuales es un bosque, parecen ancianos sabios que cuidan celosamente estos estanques de mármol donde el Anio tumultuoso se apacigua un momento. Parecen decir a sus protegidas: «No huyáis tan pronto, hermosas ninfas, vosotras cuyas aguas alimentaban nuestras raíces. Entreteneos todavía un poco, porque nuestra vejez rejuvenece en el espejo mágico de vuestros ojos. Todo se hace más hermoso, más aéreo al reflejarse, las frondas, las flores y los rostros».

Este el marco, hoy desierto, donde se movía lo más selecto de la sociedad en tiempos del Renacimiento, cuando el cardenal d'Este hubo edificado este lugar de delicias, hecho para la vida contemplativa y amorosa. Allí tuvieron que encontrarse lo más granado de los príncipes, los sabios, los artistas y las grandes damas de Roma, de Florencia y de Nápoles. Varias parejas felices o infelices, ilustre u oscuro sueño de la *Vita Nuova*. Allí tuvieron que pasearse el cardenal Bembo y Lucrecia Borgia, Miguel Ángel y Vittoria Colonna, Rafael y su Desconocida. Se sentaron sobre esos bancos de mármol, a la sombra de las encinas verdes. Si Tasso, en lugar de hallarse en el marco limitado de Ferrara, hubiera podido leer bajo uno de esos cenadores a su Leonor su versos inflamados sobre los amores de Reinaldo y Armida o sobre la muerte de Clorinda, quizá la altiva princesa no hubiera podido resistírsele. Fueron esas mismas cortinas de rosas trepadoras y de glicinas malva que protegieron de las miradas curiosas tantos besos furtivos y abrazos ardientes. Y cuando al borde de la gran balaustrada, las parejas lánguidas volvían la vista hacia la inmensidad de la campiña romana hasta el puerto de Ostia y el mar, podían dejar descansar sus miradas ardientes e insatisfechas recordando las mayores tragedias de la historia y reviviendo sus propios amoríos en todos esos grandes amores del pasado.

La villa d'Este es una residencia encantada, donde la naturaleza es comprendida con inteligencia y tan delicadamente cultivada que responde a los pensamientos del hombre y le confía sus más íntimos secretos. Sabiamente acariciada por él, ella lo acaricia a su vez y le habla. De tanto identificarme con el genio del Renacimiento, me pareció ese día que oía cuchichear a las aguas, las flores y las estatuas de la villa maravillosa, y que esas deidades antiguas me enviaban su mensaje en un lenguaje ingenuo.

Las aguas de los estanques, de los surtidores y de las fuentes tejían un canto melancólico. Decían riendo y murmurando: «Somos siempre las fuentes cristalinas, las ninfas que brotan de las entrañas de la montaña y se alimentan de las aguas puras del cielo. Pero los hombres enviciados con sus máquinas ya no saben comprendernos. Aquí fluimos todavía felices y limpias, pero en vuestros campos y en vuestras ciudades nos torturan y nos arrojan sus fangos. ¡Oh viajero! Que pasas por este refugio sagrado, tiende la oreja a nuestras voces y ven a hablar con nosotras... porque pronto callaremos».

Y las matas de flores, apretadas en grandes ramos en sus urnas de mármol, las rojas peonías, las borrajas azules, las tiernas violetas y los pálidos asfódelos decían tristemente: «Aún somos las hijas predilectas de la tierra. El sol y los astros todavía hacen eclosionar nuestros cálices y nuestras corolas estrelladas. Pero los hombres ya no saben preguntarnos y comprendernos. Antaño les aportábamos felicidad cuando nos olían o se coronaban con nuestras guirnaldas. Nos gustaba florecer sobre las sienes de las doncellas y morir sobre el seno de las mujeres. Pero hoy nos marchitan sin amarnos. ¡Oh viajero que pasas! Recoge nuestros últimos perfumes porque pronto nos marchitaremos».

Y las estatuas ocultas en los bosquecillos decían con voz severa: «Apenas se nos tolera en este mundo hostil, nosotras, las sombras de los dioses y las diosas. Antaño estábamos casadas con la naturaleza, se nos permitió habitar en los elementos. Ahora se nos relega en los fríos museos. Aquí ya no oímos las charlas de los hermosos amantes y de los sabios coronados de flores del tiempo pasado, que nos hacían palpitar y vivir. ¡Oh viajero que pasas! Recoge nuestros últimos suspiros, porque pronto estaremos rotas».

En ese momento llego al extremo de la terraza y mi mirada abarca el vasto semicírculo de las montañas del Lacio, desde la pirámide azulada del Soracte hasta la masa ocre e imponente de las alturas de Frascati. El sol flameante se pone detrás de Ostia bajo un velo de púrpura. Por encima de él, un cortejo de nubes parecía transportar las divinidades del Olimpo sobre ruedas de fuego. De un extremo al otro la inmensa campiña romana rutilaba y se levantaba una última vez bajo el beso del dios triunfante.

—No —me dije en un aparte—, las aguas, las flores y las estatuas han mentido. Ni la Antigüedad, ni el Renacimiento han muerto, siguen vibrando en las fibras de la naturaleza y de la humanidad. Están allá, en ese cuadro, vivas, indestructibles.

Y entonces mis ojos se posaron sobre un jarrón de flores, que surgía de un seto de boj, a mi lado. Este jarrón contenía, entre algunas miosotas, un magnífico ejemplar de esa flor extraña que se encuentra también, como símbolo grave, en los más bellos jardines del mundo, en Corfú y en las islas Borromeas, y que se llama *flor de la pasión*, porque se creyó ver reproducidos en ella todos los instrumentos del suplicio del Gólgota. Su estigma triangular en efecto representa la cruz, sus estambres negros parecen martillos, las manchas de su cáliz muy abierto hacen pensar en clavos, y las extremidades amarillentas de sus hojas de un azul oscuro recuerdan la corona de espinas. Esta flor trágica ponía una nota fúnebre en ese concierto de languideces y voluptuosidades agonizantes. Después de las flores de amor y de alegría, la flor de la pasión también quiso hablarme y me dijo: «Mis hermanas felices pueden morir con una sonrisa. Yo les sobrevivo siendo la más vivaz, y lloro en silencio sobre el dolor del mundo. A esta hora la alegría y la belleza han abandonado la tierra. El único Dios que sigue reinando es el que murió en la cruz. Hay que saber sufrir y morir para reencontrar el cielo».

En cuanto el sol desaparece todo se queda en sombra. Bruscamente un velo gris se extiende sobre la villa d'Este y sus alrededores. Los enormes conos negros de los cipreses adquieren un aspecto lúgubre y ya sólo parecen fantasmas gigantes, guardianes de un campo fúnebre. Un tinte cadavérico se extiende sobre los estanques y las estatuas. En lo alto de la escalera la villa mágica había adquirido el aspecto de un mausoleo que coronara un cementerio abandonado.

Me apresuré a salir del jardín encantado que, a estas horas, había perdido toda su magia, y llegué apresuradamente a Tívoli. Allí quise hacer una última visita a la cascada y escuchar lo que decía por la noche el *Teverone* (es el nombre que los romanos han dado al antiguo Anio).

Atravesando el puente que cruza el torrente, encima de la catarata, bajé por el sendero en espiral al abismo hasta *la gruta de Neptuno*. Ya había bajado el crepúsculo. Sólo una luz moribunda iluminaba aún las paredes de la cueva excavada por las aguas en las entrañas del monte. La catarata rugía en las tinieblas con un retumbo terrible. Parecía estar en uno de esos abismos del *Infierno* de Dante, donde los demonios causan estragos. Mientras buscaba un rincón para sentarme en las cavidades de la roca, un murciélago se escapó rozándome. No se por qué, el siniestro roedor nocturno me hizo pensar en una curiosa poesía sobre el *Alma Humana* del emperador Adriano, el constructor de la villa de abajo, que antaño residió en estos lugares y había tomado posesión de toda la montaña de Tívoli como de un santuario consagrado a sus recuerdos y a su gloria. Jamás el vagar inquieto del alma después de la muerte ha sido descrito más atinadamente que en estos pequeños versos enigmáticos: *Animula vagula, blandula...* dan la impresión de surcar las tinieblas con un vuelo solapado y a tirones, como el animalillo híbrido y alado del crepúsculo.

Pequeña alma vagabunda y reluciente, huésped y compañera del cuerpo, — llama o pequeña chispa — sumergida en las tinieblas — humeantes del infierno, ¡ay! me arrastra — como una vana ima-

gen, fábula de la sombra — o negra esposa llorosa — su cuerpo
como un marido difunto. — Me condeno a la pena de nacer, — ni
viva ni muerta, — igual que un murciélago, — después de la caída
del día divino, — me arrastro nocturna y aburrida — hasta la resu-
rrección de Lucifer (la estrella matutina) donec resurget Lucifer.

Envuelto por el ruido de la cascada, que parecía a punto de arras-
trarme en su caída, me había repetido estos versos melancólicos y
pensaba: ¡Oh historia decepcionante, oh eterna incertidumbre de
las filosofías y de las religiones! El emperador Adriano fue un
gran erudito y uno de los hombres más inteligentes de su tiempo.
Había recorrido todo el imperio como artista y como pensador. Había inspeccionado Delfos, Atenas, Eleusis, Menfis y Te-
bas. Había explorado Grecia, África, España y las Galias, y por
todo había hecho construir monumentos gigantescos que de-
safían los siglos. Para sí mismo había edificado una tumba monumental, que todavía existe y que constituye el castillo
Sant'Angelo. Pero cuando, ya próximo al fin, meditaba sobre su
suerte en el otro mundo, esta elegía crepuscular es todo lo que
pudo descubrir o intuir sobre el destino de su pobre alma de
emperador, azotada por los vientos del Tártaro. La veía arrastra-
da por la tempestad ¡bajo forma de un murciélago!
    Salí de la gruta para escapar de esas imágenes lúgubres, de
esos pensamientos tristes.
    Una hora más tarde me hallaba de pie encima del abismo en
la pequeña terraza del antiguo santuario de la Sibila. La noche lo
había confundido todo en masas negras, pero la luna ascendente
ponía en evidencia, por encima del abismo como una linterna, la
elegante columnata semicircular del templo de Vesta. En las profundidades la voz del Anio, tamizada por la distancia, rodaba
majestuosa y grave.
    Entonces me vino otro recuerdo. Esto sucedió hace unos cien
años, Chateaubriand pasaba por aquí junto con su amiga,

Madame de Beaumont, ya casi moribunda. Su carroza se había detenido sobre el puente y el ilustre escritor había propuesto a la frágil enferma visitar la cascada y bajar a la gruta de Neptuno. Ella hizo un esfuerzo por levantarse pero, sintiéndose demasiado débil para caminar, se dejó caer al fondo de la berlina diciendo: «¡Hay que dejar que la marea baje!»

¡Ay! Qué resignación melancólica en este grito de una mujer sobre la inasequible felicidad en la fuga del tiempo, verdadero grito de un alma que ha buscado la paz en otro corazón, pero que no ha hallado patria ni en la tierra ni en el cielo. Y en cuanto a Chateaubriand, ¿guardó de este paisaje y de este episodio una fe más viva, una certeza más consoladora? Esto es lo que más adelante dijo sobre el tema: «Olas que os precipitáis en esta noche profunda, ¿desaparecéis más deprisa que los días del hombre o podéis decirnos qué es el hombre, vosotras que habéis visto pasar tantas generaciones?»

Así, después de dos mil años de cristianismo, el hombre no sabe mucho más sobre el destino del alma y del más allá. Por el contrario, parecería que haya retrocedido de la media luz de la duda a las tinieblas de la negación. Y sin embargo ha habido templos, profetas, videntes y sibilas. ¿Qué dirían hoy?

Estos eran mis pensamientos al final de ese día pasado en Villa d'Este. Al día siguiente, despidiéndome de Roma, de sus fuentes y de Italia, no dejaba de pensar en las palabras de la tierna e infeliz amante a su ilustre amigo, en el momento de desfallecer y de dejar este mundo. Y desde entonces, cada vez que evocaba en mi memoria el sitio de Tivoli, oía planear sobre el mugido monótono de la catarata, en el precipicio armonioso, las palabras fatídicas de Mme. de Beaumont, que se pueden aplicar a todas las cosas humanas: «¡Hay que dejar que la marea baje!».

II

UNA NOCHE EN EL TEMPLO DE LA SIBILA

Por la Muerte y el Renacimiento hacia
un Día más divino.
Shelley

Mucho más adelante tuvo el siguiente sueño. Nuevamente me encontraba solo en el templo de la Sibila. Lo mismo que antaño, unas masas sombrías me envolvían y la catarata seguía mugiendo en el abismo con su voz solemne. Pero por encima de la tierra resplandecían los jeroglíficos espléndidos del firmamento.

Entonces desde las profundidades estelares vi un astro que se acercaba mientras aumentaba de tamaño. Era una estrella de cinco puntas que arrastraba tras de sí una estela luminosa como un cometa. Su corazón incandescente fulguraba y al avanzar emitía cinco rayos de oro en el infinito espacial. Parecían cinco miradas ardientes, ávidas de perforar todos los abismos y de sondear todos los misterios.

¿Se trataba de la Estrella de los Magos, la Estrella de las encarnaciones celestes, la Estrella de los renacimientos divinos?

No lo sé. Pero de repente el astro se detuvo. Irradiaba como un sol. Sus cinco rayos se reunieron y se concentraron sobre el templo de la Sibila.

Me giré. El templo se había vuelto transparente como una lámpara de alabastro y las columnas del peristilo circular resplandecían. El santuario se abrió y percibí un grupo de una belleza resplandeciente. Alrededor del altar, de donde surgía una llama clara y derecha, aparecían tres parejas en actitudes animadas y significativas, que parecían los sacerdotes y las sacerdotisas de ese lugar consagrado a un culto nuevo.

De pie detrás del altar, y dominando las otras dos parejas, se elevaban con su «túnica de llama viva» la divina Beatriz, y a su lado un poco más abajo, estaba su poeta inmortal. Con la cabeza erguida miraba ella la Estrella de los Magos con intenso fervor. El poeta contemplaba el reflejo del astro en los ojos de su Amada, y los dos parecían unirse en su adoración para mejor absorber esa luz.

Sobre la escalera del altar, a la derecha estaba sentado, altivo como un paje y hermoso como un amante en su primer arrebato, el divino Sanzio. Cerca de él vi a una dama romana, de pie, vestida como una vestal con un velo que dejaba trasparentar sus formas encantadoras. Era su Desconocida. Ella también contemplaba la Estrella con profunda sorpresa. Rafael, que tenía cogida la dama de la mano, parecía pedirle que se sentara a su lado, pero ella con su actitud parecía contestar: «¡Oh, deja que siga mirando la Estrella!»

Al otro lado del altar, sobre el mismo escalón, vi la tercera pareja que hacía juego con la segunda. Era Lieto con su Girolama. Pero al contrario del otro grupo, el hombre estaba de pie y ella sentada. El Correggio tenía la misma actitud pensativa que en el autorretrato que se encuentra en la entrada del *duomo* de Parma. Vestido con su larga hopalanda, que parecía a la vez el traje de trabajo del pintor y una ropa de iniciado, parecía sumido en una meditación profunda. Tenía las dos manos unidas por la punta de los dedos como en actitud de oración, pero al mismo tiempo parecía proteger una pequeña luz que flotaba entre ellas. Esa luz recordaba por su forma el astro de cinco puntas e iluminaba con una débil claridad los rincones del templo. La esposa sentada a su lado se parecía a la *Madonna della Scala* del maestro. Su gesto de una ternura inefable tenía amorosamente entre los brazos y contra su mejilla al hermoso niño, cuyos ojos sonrientes brillaban como dos estrellas.

Perdido en la contemplación de ese espectáculo intentaba adivinar el sentido, cuando una luminosidad siniestra me sacó de mi arrobamiento. Venía de fuera y a intervalos teñía las paredes interiores del pequeño santuario como con manchas de sangre. Salí del templo de Vesta y situado en el peristilo miré a mi alrededor.

Allí observé otro espectáculo.

Un resplandor rojo surgía del precipicio del Anio, de donde brotaban también sordos mugidos junto con ruidos extraños. Se parecían a ese fragor como de trueno que suele preceder la erupción de un volcán. Risas, blasfemias, amenazas, se mezclaban con los rugidos de una alegría salvaje y los gritos de espanto. El infierno, celoso de las alegrías celestes vertidas sobre la tierra por el nuevo astro ¿había quizá roto sus barreras? El fuego subterráneo del globo,¿había remontado desde sus lagos incendiados, por los caminos tortuosos de la costra terrestre, hasta la fisura de la catarata? Los demonios del abismo ¿celebraban allí abajo su orgía, en *la gruta de Neptuno* y en *el antro de las Sirenas*?

Y entonces, en el borde de ese precipicio, sobre la terraza del antiguo templo de la Sibila, descubrí una cuarta pareja. La reconocí enseguida, porque me era tan familiar como las otras tres. Eran Miguel Ángel y Vittoria Colonna. En su conversación animada las dos figuras estaban salpicadas por los resplandores rojos que salían del abismo. A pesar de su jubón negro y su rostro triste, el gentilhombre florentino, armado de cincel y de mazo, con su fuerza volcánica parecía un hijo inquieto de Titán o un profeta de Jehová desterrado. Vestida de blanco como una Musa antigua, con un hombro descubierto, sus rizos flotando en el aire y coronados de laureles, Vittoria no era ya la severa matrona de su madurez. Había recuperado el esplendor y la altivez de la juventud, su perfil de águila y su mirada de fuego. Cantos de sirena y ásperos clamores surgieron del abismo, y el amante infeliz, a la vez irritado y turbado por esas llamadas, parecía decirle con los gestos a su Musa orgullosa: «Concédeme tu amor, y yo sabré derribar esos monstruos». Pero ella, más bella y más altiva que nunca le mostraba el astro resplandeciente como diciéndole: «Sube allí y me encontrarás». Él hizo un movimiento violento para abrazarla, pero de repente la bella Musa, que parecía una carne viva y palpitante, desapareció con un gran relámpago y el alma desconsolada del gran hombre se desvaneció como humo.

Esta visión me llenó de angustia, como si mi propia alma hubiera sido dispersada y disuelta en las tinieblas. Pero no tuve tiempo de echar de menos a esas sombras ilustres, porque en cuanto volví la vista de las profundidades del cielo al rincón de la terraza donde se me habían aparecido encontré en su sitio a la última pareja. Eran Leonardo y Mona Lisa. Ante su presencia sentí un gozo súbito y tan agudo que más parecía un dolor. Sorprendí a los misteriosos y grandes amantes en un momento de abandono, y mi deseo, centuplicado por una primera satisfacción, hubiera querido penetrar hasta los últimos secretos de sus pensamientos y de sus sensaciones.

El gran mago de la Ciencia y del Arte estaba erguido al borde del abismo, en la belleza de su juventud reencontrada, y en la serenidad de su fuerza leonina. En la mano tenía un compás abierto que apoyaba sobre un globo terrestre situado en el suelo a su derecha. Pero su cabeza levantada permanecía como absorta en el astro fulgurante que se había acercado y brillaba ante nosotros con toda su fuerza. La luz incandescente burbujeaba en su centro con tal intensidad que abrasaba con llamas ondeantes las cinco puntas de oro de la Estrella. Mis ojos no podían soportar el brillo cegador, pero Leonardo contemplaba el astro de los Magos como el águila mira el sol. A su izquierda su amante, la gran Maga, se apretaba contra el maestro, con la cabeza apoyada sobre su hombro y cogiéndole el brazo con las dos manos. Ella también obser-

vaba el astro radioso. De repente Leonardo tendió su compás
hacia la Estrella como para medirla. Entonces Lisa echó sus brazos a los hombros del maestro como para abrazarlo más fuerte.
Pensé para mí: «Están en la cima del éxtasis… voy a penetrar el
arcano de su misterio…»

Pero, como si por una sensación magnética la mujer hubiera
adivinado mi presencia y mi pensamiento indiscreto, soltó bruscamente al maestro y se giró hacia mí con un gesto de altivez
y de pudor ofendido. En un abrir y cerrar de ojos la Estrella
y Leonardo habían desaparecido. La noche profunda se extendía otra vez ante mí y, en un vago claroscuro, me encontré solo
frente a Mona Lisa, tal como el maestro la había pintado. Me
miraba con su sonrisa indescifrable. Me quedé confuso y mudo, temblando de miedo. Pero su ironía dejó sitio a una compasión indulgente.

—No temas —me dijo—, no te reprocho tu audacia. Muchos
hombres me han amado a lo largo de mi vida y un número todavía más grande me ha adorado después de muerta, a través de una
tela ilustre que expresa sólo una parte de mi ser. Han amado y
celebrado mi cuerpo, sólo tú has adivinado mi alma y has creído
en mi amor por Leonardo. Por esto te perdono… todo.

—Reina de todas las gracias y de todas las magias —exclamé—, ¡te doy las gracias! Pero ¿no he turbado la más hermosa de
las horas sagradas marcadas en el cuadrante de tu vida celeste?
¿No he interrumpido el arrebato supremo de tu alma con tu
maestro?

—Si piensas eso es que tu alma está todavía oscurecida por
los humos de la tierra —contestó con una sonrisa de compasión—.
Mi maestro y yo no estamos nunca solos, ni siquiera cuando nos
separamos. Siempre su imagen se cierne sobre mí, siempre le
hablo al corazón con voz profunda. Los mundos pueden separarnos… un deseo, un relámpago… y otra vez estamos juntos. Yo no
respiro sin él, él no puede vivir sin mí. Mide el universo con su

compás pero necesita mis ojos para penetrar hasta dentro de mi corazón. Entonces mi alma se desliza en la suya y yo le presto mi mirada.

Animado por su confianza, añadí:

—¿Puedes decirme, tú la más poderosa de las mujeres, lo que sufriste después de que tu maestro te abandonara tan fría y cruelmente sobre la tierra, y por cual sortilegio lo has reconquistado en el otro mundo?

Una nube gris pasó sobre su rostro, que se había vuelto blanco como el papel, y veló el brillo de sus ojos cariñosos.

—No me preguntes eso —murmuró en voz baja—. Nadie ha de saberlo, nadie lo sabrá jamás. Nadie conocerá el alcance de mi venganza, ejercida sobre los demás y sobre mí misma. Porque he sufrido los males que he causado, he sufrido las torturas que he infligido. He expiado, he sufrido, he atravesado mil infiernos… Preguntas cómo reconquisté en el otro mundo a mi Amado, que por su parte sufría las penas del infierno en un silencio de hielo. Pues bien, mira esta flor que llaman *passiflora caerulea* (y vi que sostenía en la mano una flor como una estrella, con los pétalos de un azul profundo). Mírala bien, es *la flor de la pasión*. Por una misteriosa simpatía esta flor ha sufrido en su seno el suplicio de la cruz hasta reproducir todos sus instrumentos. Sin embargo ha conservado su color y su belleza. Juzga tú lo que puede haber sufrido una mujer de fibras delicadas al sufrir todos los martirios en su corazón, sin perder nada de su fuerza y de su voluntad. Cuando mi maestro me encontró en otra esfera y reconoció en el tejido de mi alma todos esos signos del sufrimiento, mientras mis ojos habían conservado el rayo y el orgullo del gran amor, entonces fue él el vencido, iluminado por su derrota… porque entré triunfante en el arcano de su corazón.

—Me revelas secretos maravillosos —contesté— y se graban en mi mente con letras de fuego. Pero puedes decirme ahora, o adivina de los misterios del corazón, ¿qué han venido a hacer aquí los profetas de tu siglo con sus cinco Musas? Vosotros que bajáis de las altas esferas ¿nos traéis una era de gratitud y de felicidad o es una era de calamidades y desgracias lo que anunciáis?

—Eso depende de vosotros y no de nosotros. Hemos venido a deciros que los tiempos están maduros para el gran combate del Alma y de la Belleza contra las fuerzas inferiores. Si escucháis nuestro llamamiento, los Dioses vendrán en vuestra ayuda y grande será vuestra victoria y vuestra recompensa. Si os faltan la fe y el coraje, los Dioses os entregarán a las fuerzas de las tinieblas. Pero escuchadlo bien, no ha sido escuchando los vano ruidos del siglo y viendo caer la catarata del tiempo que los maestros han creado sus obras inmortales, sin acordando sus almas como liras que han recibido la inspiración desde arriba y que han edificado sus templos de belleza.

Viéndola lista para marchar me atreví a hacerle una última pregunta:

—Oh gran Musa del Amor omnisciente y silencioso, explícame aún esto: ¿por qué entre las Musas de esos grandes maestros tú eres la única a la que he podido acercarme y que me ha acogido con tanta gracia?

Sonrió maliciosamente.

—Lo sabes bien, tú y yo pertenecemos a la misma esfera. Las otras son hijas de la Fe, nosotros somos progenie del Deseo. Lo que ellas consiguen por la Gracia, nosotros lo conseguimos con grandes esfuerzos y mucho sufrimiento… pero nuestra finalidad es la misma: ¡hallar la Estrella!

—¡Ah, la Estrella de los Magos! —contesté—, la Estrella espléndida, la Estrella del Renacimiento. La he entrevisto… pero ¡ay! No fue más que un relámpago y ya había desaparecido. ¿Cuándo volveré a verla? ¿No puedes volver a traerla tú, la gran maga?

—Sólo aparece raramente —dijo Mona Lisa—, y viene sólo cuando quiere. No puedo hacer que vuelva, pero puedo hacerte

ver sus mil reflejos en el universo. Porque incluso cuando no la
vemos, está siempre detrás de nosotros y lo ilumina todo…

»Mira para aquel lado —agregó—, y verás su espejismo en la
espuma de la catarata.»

Al decir esto tendió su abanico nacarado de resplandores
opalinos hacia el espacio por encima del precipicio. Embargado
de una gran curiosidad di algunos pasos hacia el abismo. El
torrente se había vuelto más armonioso y murmuraba en la profundidad con voces diferentes. Pronto esas voces se elevaron unas
encima de las otras, como el sonido del arpa eolia cuando el viento en aumento la hace estremecerse y consigue extrañas melodías
dentro de una vasta armonía. Y del precipicio vi salir un vapor
blanco. Entonces en ese vaho luminoso, aliento de la cascada, vi
dibujarse un arco iris, como si detrás de nosotros brillara un astro
con un resplandor solar. Este arco mágico tenía los mismos colores que el arco iris del día, pero eran más etéreos y se fundían los
unos en los otros en matices infinitos. Variaban del rosa intenso al
amarillo oro, al azul de ultramar y al violeta mezclado con jacinto
que se desvanece. Por encima y por debajo de ese arco inmóvil,
que se había vuelto resplandeciente, como a través de sus tiras
coloreadas, vi subir y bajar miles de almas parecidas a torbellinos
de águilas y de golondrinas perseguidas por la tempestad.

Y detrás de mí oí la voz de Mona Lisa, que venía de lejos.
Ordenaba imperiosa y apasionada:

—Mira, mira bien el arco de las almas. El mundo astral es el
camino que une el Cielo y la Tierra y hace remontar los hombres
hacia los Dioses…

El esplendor de ese nuevo espectáculo me absorbió un instante, pero cuando me giré para darle las gracias a mi evocadora,
ella había desaparecido. El Anio gruñía en el precipicio con su
voz profunda y sólo las ruinas del templo vacío de Vesta se eri-
gían por encima del abismo. El alba apuntaba tras los montes
Albanos. En el vasto circo del Lacio, la campiña romana se exten-

día rojiza e infinita. En el horizonte, Roma perfilaba sus cúpulas como una necrópolis. Porque ya el día que avanzaba teñía de un reflejo macilento las cúpulas de la Ciudad Eterna.

ÍNDICE